湖南省教育规划课题《儿童青少年体力活动行为模型构建与实践研究》

（XJK19BTW007）

U0458282

体育教育专业学生
核心能力网络结构特征研究

李芳 著

上海三联书店

前　　言

　　教师是教育之本，是最核心、最活跃的教育资源。教师专业素养和职业能力的强弱与高低，决定了教育改革发展进程及其现代化水平，特别是当今课程改革的成败。学校体育的发展很大程度上取决于体育教师素质的高低，其中职前教师的培养质量是影响体育教师质量最大的因素，体育教育专业学生在校培养阶段是教师专业化发展的起点抑或初始化阶段，对教师整个职业生涯有重大的影响作用。随着高等教育的大众化普及，很多地方新建本科院校在设置学科专业时更多的是从学校自身原有办学条件和经济效益考虑，而忽视社会需求，致使许多专业低水平重复开设现象严重，导致高校培养的体育师资质量不高，体育教育专业的就业情况也被教育部连续几年亮红牌。一方面，当前高校体育教育专业培养目标与中小学体育教学改革实际需要脱节饱受诟病，另一方面，中小学教师专业化运动对新进体育教师要求又越来越高，体育教师专业化既是对全球教师专业化潮流的顺应，也是深化学校体育改革的必然要求。种种迹象表明，政府甚至于高校自身，对体育教育专业学生的培养目标定位不准，体育教育专业学生究竟应该具备哪些核心能力？核心能力是怎样依次形成的？形成的机制是什么？不同学习阶段的核心能力网络结构有着怎样的特征？这些问题一直是体育教师教育研究领域重点关注和研究的主题，但目前研究大多采用静态的、还原的、线性的范式，而体育教育专业学生的核心能力包含范围广，组成要素多、层级结构复杂，不确定因素也大量存在，因此，应用复杂性科学中的复杂网络从整体论的角度把握职前体育教师核心能力系统的网络结构特征，找出结构的演化机理和潜在规律是研究体育教师教育的新视角和新方法。

研究以湖南省地方新建本科院校体育教育专业学生的核心能力网络结构作为研究对象，运用文献资料法、问卷调查法、访谈法、数理统计法和社会网络分析法，借助复杂网络这一载体，应用Spss、Matlab、Ucinet、Pajek 等统计分析软件对相关数据进行整理和分析，首先对体育教育专业学生核心能力形成机制与核心能力网络结构的演化逻辑进行了推演，在此基础上，主要针对以下三个方面开展了研究：第一方面，确定体育教育专业学生核心能力的指标构成，构建体育教育专业学生核心能力网络；第二方面，解读体育教育专业学生核心能力网络结构特征，对不同年级体育教育专业学生核心能力网络结构特征进行比较；第三方面，体育教育专业学生核心能力网络结构特征对体育教育专业人才培养的启示。

本书撰写过程中要感谢我的恩师司虎克教授，无论是选题的迷茫和书籍撰写过程中的各个难关，都离不开恩师的谆谆教导！感谢上海体育学院平杰副院长、吴贻刚教授、吴瑛教授、王兴教授、张庆文教授、王红英教授、韩冬教授、刘志明教授、吴雪萍教授、曹可强教授、唐炎教授、舒盛芳教授、龚正伟教授、王丽娟教授，沈阳体育学院于秀教授，广东第二师范学院张细谦教授，南佛罗里达州立大学孙海春教授，北德州大学张涛教授，俄亥俄州立大学李卫东教授，湖南大学田祖国教授，华东师范大学熊文教授，华东师范大学尹志华博士、山东体育学院赵岱昌副教授、衡阳师范学院饶平、胡建忠、刘勇教授、衡阳师范学院黄海午、李龙副教授，以及谭小文、易乾坤、邓秀娟、陈小玲、徐辉等各位中学一线体育教师在本研究中给予的指导和热心帮助！

感谢赵丙军、郭红生、王磊、肖欣、刘兰娟、张元梁、张建华、王靖、陈君等全体司家军同门的无私奉献和倾力相助，谢谢你们的陪伴和支持！感谢同届好友陶朔秀、郑先常、徐开胜、梁伟、何敬堂等各位同学的相扶相伴，感谢吉首大学周道平院长、湖南工业大学梁朱贵老师、湖南邵阳学院姜俊老师、湖南理工学院魏瑶老师、湘南学院李儒新教授、湖南人文科技学院杨志华老师、湖南科技学院罗君波老师、湘潭大学李群力老师等、良师益友在问卷发放过程中的大力支持。感谢衡阳师范学院的领导和同事们！

感谢湖南省教育科学规划课题（儿童青少年体力活动行为促进模型构建与实践研究（XJK19BTW007））、衡阳师范学院科学基金课题（青少年体力活动促进模型构建与实证研究——基于社会生态理论视角（17D17））以及湖南省哲学社会科学课题（青少年校园足球参与行为预测与干预研究（15BYA053）的资助！

最后，特别要感谢我的先生尹龙，攻读自己博士学位的同时还要空出时间讨论我的专著，并做我坚实的后盾，辅助我的专著写作！

最后，囿于本人能力和学识，本书难免存在疏漏和不足之处，欢迎广大读者批评指正！

李　芳

2020 年 9 月 1 日于衡阳师范学院

目　　录

2 研究对象与方法

3 文献综述

8　体育教育专业学生核心能力网络结构对体育教育专业人才培养的启示

表目录

图目录

1 导　　论

1.1　研究背景

教师是教育之本,是最核心、最活跃的教育资源。教师专业素养和职业能力的强弱与高低,决定了教育改革发展进程及其现代化水平,特别是当今课程改革的成败。学校体育的发展很大程度上取决于体育教师素质的高低,体育教师素质和能力的培养可分为职前和职后两个阶段,其中职前体育教师的培养是我国优秀体育教师产生的重要阶段和源泉,加之在职中小学体育教师学习的实际生存"窘态"和职后培训"不理想"状况,职前培养质量是影响体育教师质量最大的因素[①],职前培养已成为体育教师专业化发展的起点抑或初始化阶段,将会对体育教师整个职业生涯产生重大影响。当前我国职前体育教师的培养主要由高校的体育教育专业承担,体育教育专业是体育师资培养的母机,自 1903 年江苏优级师范学堂体操科成立至今,百余年的体育师资培养为各级各类

　　① 李强,毛振明.体育教育专业人才培养质量要素的新视域——课程核心与多因互动[J].北京体育大学学报,2011,34(9):93—96,100.

学校提供了大量体育教师,为我国教育事业做出了巨大贡献,然而,我们也不能忽视培养过程中出现的大量问题,多年来,社会也对体育教师培养脱离中小学教育改革的实际需要,多有微词或批评。

地方新建本科院校,作为 20 世纪 90 年代以来为了适应高等教育大众化这一社会需求,带着服务地方区域经济这一责任,由一所或数所专科院校升级或合并组建而成,截止到 2015 年,全国地方新建本科院校达 403 所①,占全国普通本科高校的比例接近一半,它们作为高等教育的重要组成部分,为地方培养了一大批人才,但是由于这类学校办学经验和教学软件和硬件方面与成熟的高等院校相比都还存在一定的差距,作为解决高等教育大众化的主力军,地方新建本科院校体育教育专业人才培养与未来中小学体育师资质量有着密切的关系。

1.1.1 现实困境:高校体育教育专业培养目标与中小学教学改革实际需要脱节

受当时国情的影响,近代学校体育发端于洋务派学堂,1903 年《奏定学堂章程》第一次以法规形式规定学校必须开设体操科(等同于体育课),各级各类学校都开设体操科,学校体育的兴起催生了大量培养体育师资的机构,当时主要参照日本的培养模式,师资培养受军国民教育思想影响较大,体操科注重"兵式体操"和"尚武"教育②。五四新文化运动后壬戌学制将体操科改为体育课,西方体育

---

① 首份高等教育质量"国家报告"出炉[EB/OL]. 教育部官方网站, http://www. moe. cn/jyb_xwfb/xw_fbh/moe_2069/xwfbh_2016n/xwfb_160407/160407_mtbd/201604/t20160408_237171. html.

② 王健. 体育专业课程的发展及改革[M]. 武汉:华中师范大学出版社,2003.

运动项目大量传入我国,学校体育逐步"仿美",体育师资培养主要受美国教育的自然主义和实用主义思想影响,着重体育教学法培养和运动人体科学知识掌握[①],体育专业人才培养由大学完成。新中国成立后,学校体育全面"鉴苏",高校开始分类设立,分科设置专门学院培养专才,1952 年成立的华东体育学院(即上海体育学院前身)是我国现代最早成立的培养体育师资专门院校。20 世纪 60—90 年代体育师资的培养着重运动技能的学习和达标,强调运动技能领域的"一专多能",学生的教育教学能力基本被忽略,很多体育院校以具体的项目作为系部或专业即是"一专多能"思想的体现。改革开放后,国家对高校兴办的专业命名进行规范,1988 年国家教委颁布的本科院校专业目录中把之前一直称为体育专业第一次修改为"体育教育"专业,隶属于教育学类,突出了体育教育专业的"师范性"。20 世纪 90 年代以来,伴随着改革开放的脚步,我国社会由计划经济向市场经济迅速转变,教育的"三个面向"思想以及素质教育的提出和实施,高校体育教育专业培养目标定位从"中等学校体育教师"到"体育教育专门人才"再到"复合型体育教育人才",该阶段体育教育专业强调"厚基础、宽口径",学生的运动技能水平普遍下降[②]。

从体育教育专业的历史沿革来看,体育教育专业培养目标各个阶段各不相同,20 世纪 90 年代以前受前苏联的影响较大,主要注重学生运动技能的培养和达标,学生在校期间基本上以竞技训练的方式接受教育[③],文化学习和师范性培养基本上被忽略,加之

---

① 尹龙,李芳.高校转型背景下体育教育专业的困境与消解[J].体育研究与教育,2014,29(5):67—71.

② 王健,黄爱峰,季浏.实用性与唯理性:体育教师教育实践观辨析[J].武汉体育学院学报,2007,41(11):61—64.

③ 李强,毛振明,王烨.论体育教育专业学生运动技能学习的理性回归[J].沈阳体育学院学报,2010,29(5):108—110.

国家和社会当时对竞技体育的高度重视,中小学体育教学中基本上以竞技体育项目为主,教学中强调学生运动技能学习的规范和规格,对具体的教学组织和教学方法基本采用"竞技训练"专业方式,中小学体育教学的内容、方法、手段发生了偏差[①],体育教学形式枯燥乏味,挫伤了学生体育学习的积极性,造成绝大部分学生兴趣不高,产生"望而生畏"的心理[②]。90 年代后,从宏观上讲,随着市场经济转型,素质教育、终身教育、教育国际化等思潮对高校体育教育专业办学影响巨大,具体表现在越来越注重学生的通识教育和社会适应性的培养,从表面上来讲,体育教育专业学生招生人数逐年增加,而中小学体育师资日趋饱和,需求量逐年下降。于是,很多学者认为体育教育专业学生应该培养"厚基础、宽口径"的复合型人才,以提高体育教育专业学生的社会竞争力[③]。国家颁布的 03 版普通高校本科体育教育专业课程方案即是基于这样的背景提出。课程方案中术科学时减少,学科课程明显增多,结果造成体育教育专业学生的运动技能普遍下降,去"专业化"趋势明显,从众多中小学等用人单位的反馈也证实了这一点[④]。在当前中小学的学生体质普遍下滑的实情下,很多学校想通过"一校一品"、"一校一赛"的形式来提高学生体质,开展体育活动,但大多苦于没有合适的体育教师,全国推广的校园足球计划中师资的缺失即是

① 孔庆波,朱子祥.基于竞技视角的体育教学现状与改革思考[J].体育学刊,2014,21(4):101—103.

② 王广虎.体育教学改革必须走出四大误区[J].成都体育学院学报,1998,24(1):53—57.

③ 黄汉升,季克异.我国普通高校本科体育教育专业课程方案的研制及其主要特征[J].体育学刊,2003,10(2):1—4.

④ 李强,毛振明.体育教育专业人才培养质量要素的新视域——课程核心与多因互动[J].北京体育大学学报,2011,34(9):93—96,100.

最好的例子,上海实行的高中体育专项化改革也同样面临着这样的问题。

已有成果表明,学生教师在校期间所受的教育以及教师对其影响在其一生的职业生涯中的影响是巨大的[①]。仔细分析导致上述现象的原因可以发现,90年代前高校体育教育专业学生过于强调运动技能忽视教育能力的培养是导致从教后只注重自身技能是否规范、缺乏对竞技项目教学的"改造和加工"能力、不善于分析学生的特点和需求的直接原因,中小学体育教学改革对竞技体育进课堂的争论和非议从某种程度上来说是高校培养目标偏离所致。90年代后,尤其是1999年高校扩招后,地方新建本科院校大量兴办体育教育专业,低水平重复开设现象严重,体育教育专业毕业生结构性过剩[②],高校培养体育师资的思路整体偏离专业内涵[③],术科课时明显降低门类又增多,加之生源本身专项技能差,造成"一专也不专,多能也不能","文不文来武不武"[④]。中小学体育教师运动技能下降、专项教学和训练的师资缺乏都是当前高校培养体育师资的明镜。因此,可以说中小学体育教学改革的成功与否与高校体育教育专业的培养目标是"密不可分",无论是90年代前的只注重运动技能,还是90年代后运动技能的淡化,其实质都是与中小学体育教学改革需要相脱节。我国已进行的8次中小学体育课程改革的经验也告诉我们,课程改革的成败就在于教师

①　李芳,尹龙,司虎克.国际上体育教师教育研究的热点与前沿分析[J].体育学刊,2015,22(2):97—102.

②　李芳,尹龙,谢亮.高校转型背景下体育教育专业的挑战与机遇[J].南京体育学院学报(自然科学版),2015,14(3):14—17.

③　唐炎.现行体育教育本科专业课程方案存在的问题与改进建议[J].体育学刊,2014,21(2):61—64.

④　赖天德.学校体育改革热点探究[M].北京:北京体育大学出版社,2003.

的专业化水平,而职前培养是体育教师专业化发展的初始化和重要阶段。

1.1.2 时代需求:我国中小学体育教师专业化发展

职业是社会分工和发展的产物,我国近代体育教师职业的出现是伴随当时的政治和社会需要而产生,是学校体育制度化的标志之一[①]。因每个时期体育教师的职责和定位不同,体育教师常常和"师父"、"退伍军人"、"教练员"等称号多少有些关联,体育教师的社会地位和专业形象较为低下。在当代应试教育背景下,体育课程在世界范围内面临着"生存"的危机,体育教师在很多不发达地区是由非"专业"人员担任,"会体育就可教体育"的现象常有发生。进入 21 世纪以来,青少年体质健康持续下滑引起了国家和家长的日益重视,伴随教师专业化运动和素质教育的大力推行,体育教师的专业标准和社会期望价值将会越来越高。

20 世纪 80 年代前后,以提高教师社会地位和师资质量为主要特征的全球性教师教育改革进行的如火如荼。我国从 90 年代起也逐步施行了教师专业化制度和措施。从 20 世纪 90 年代颁布的《教师法》和《教师资格条例》到 2015 年的教师资格证"国考"的正式实施,无论是师范专业还是非师范专业想要获取教师资格证越来越难,国家对教师入口把关越来越严。2011 年,国家为了落实教育规划纲要,构建教师专业标准体系,建设高素质专业化教师队伍,相继颁布了《教师教育课程标准》,包括《幼儿园教师专业标准(试行)》、《小学教师专业标准(试行)》和《中学教师专业标准(试行)》(以下简称《专业标准》)。《专业标准》是在借鉴世界许多发达

---

① 黄爱峰.体育教师教育专业化研究[D].南京:南京师范大学,2005.

国家教师专业化制度的基础上,从专业理念与师德、专业知识、专业实践能力等三大方面制定了我国的教师专业标准,是建国以来国家层面第一次颁布关于教师专业要求、教师专业管理制度的政策性的正式文件①。对于这个标准,我们可以理解为这是国家为了提高教师队伍的素质,对于教师资质及准入制度的严格把关。《专业标准》作为国家对于中小学合格教师的最基本专业要求,是中小学教师开展教育教学活动的基本规范,因此它的出台是各级教育行政部门教师队伍培养、考核等各项工作开展的重要标准,高校师范专业作为培养中小学教师培养的基地,《专业标准》也必然成为其培养目标的标尺,体育教育专业作为培养中小学体育师资的摇篮,也必然是如此。高等体育教育改革应以《专业标准》为依据,将《专业标准》"学生为本、师德为先、能力为重、终身学习"的基本理念②全程贯穿在体育教师培养的各个环节当中,培养符合《专业标准》的大批新型体育教师和创新人才。近期,相关学者也从体育学科这一特定的学科角度研究我国体育教师专业标准,并尝试推广,但目前为止,还没有哪个版本的《体育教师专业标准》真正得到学界一致认可。

　　总之,体育教师专业化是对全球教师专业化潮流的顺应,深化学校体育改革的需要。无论是从提高体育教师的社会地位还是中小学体育教学质量的保证,体育教师专业化都是必经之路。因此,在高校扩招和生源质量下降的背景下,高等体育教育专业学生培养如何与《专业标准》的目标相一致? 如何使高等体育教育专业改

---

　　①　教育部文件.《专业标准》[EB/OL]. http://www. moe. gov. cn/srcsite/A10/s6991/201209/t20120913_145603. html. 2013. 12. 2

　　②　教育部文件.《专业标准》[EB/OL]. http://www. moe. gov. cn/srcsite/A10/s6991/201209/t20120913_145603. html. 2013. 12. 2

革与中小学体育教育改革一脉相承？也就是说，当前高校体育教育专业的核心问题是如何实现由以往的着重"资格取得"转向现在的着重"专业精进"①。

1.1.3 市场需求：体育教育人才市场需求要求人才培养供给侧进行改革

高等教育的产品——高校毕业生，在接受了数年的高等教育后能否达到市场需求，能否通过其消费的教育服务来提高其劳动能力，成为高等的专业人才，是检验高校教育是否成功，也是决定着高等教育的层级的重要指标。高等教育人才培养供给侧是指满足市场劳动力需求，包括对受教育对象进行知识与技能的培养，因此体育教育人才培养供给侧主要是培养符合中小学体育教育所需要的人才。通过体育教育人才培养供给侧——高校体育院系的有效人才输出，通过劳动力市场使得体育教育人才培养需求侧——中小学用人单位产生适当的回应，另一方面，中小学体育课程改革使得体育教育人才培养需求侧即中小学用人单位对中小学体育教师提出新的要求，这一新的要求通过市场反馈给体育教育人才培养供给侧即高等体育院系体育教育专业，形成一条产品供应链。体育教育人才培养供给侧要根据市场的需求进行各个方面的调整与完善，促进人才的合理化结构调整和整体综合素质的提升，提高高校对转型和改革的认识，更加重视学生综合能力的培养，让高等教育产品——高校毕业生所具备的能力和素质适应社会和市场的需要，提高毕业生的质量，同时还要随时关注劳动力市场的需求，与用人单位沟通交流，从而推进高校的可持续发展。

---

① 黄爱峰.体育教育专业的发展与改革[M].武汉：华中师范大学出版社，2008.

1.2　问题的提出

　　从高校体育教育专业培养的历史与现况来看,体育教育专业学生能力培养的着重点是由"专才"向"通才"转变,无论是90年代前的"只注重运动技能"的培养还是90年代后"运动技能的逐渐弱化",其实质都是与中小学体育教学改革需求脱节的不同表现。1999年高校开始扩招,地方本科院校的新建扩大了体育教育专业招生规模,招生生源整体上运动技能日益下降,加之课程方案等多因素导致了体育教育专业学生专业属性的弱化,毕业生的素质受到用人单位和学界的批评。一方面,高校培养的体育师资质量不高,另一方面,中小学体育教师专业化对新进体育教师的要求又越来越高,导致了体育教育专业学生的就业结构性矛盾,体育教育专业的就业情况也被教育部连续几年亮红牌。尤其是在地方新建本科院校,这种情况更为突出,这一现象的产生与新建地方本科院校目标定位与培养措施不相适应是有关系的,这些学校在设置学科专业时忽略了社会的需求,考虑得更多的是学校自身原有办学条件和经济效益,致使许多专业低水平重复开设现象严重,造成了"千校一面"、"千军万马争过独木桥"的局面①。

　　实质上,体育教育专业学生在校培养阶段是教师专业化发展的起点抑或初始化阶段,对教师整个职业生涯有重大的影响作用。种种迹象表明,政府甚至于高校自身,对体育教育专业学生的培养目标定位不准,尤其是与中小学体育教学改革实际需要脱节,体育教

---

　　①　潘懋元,董立平.关于高等学校分类、定位、特色发展的探讨[J].教育研究,2009(2):33—38.

育专业学生应该具备哪些核心能力？核心能力是怎样依次形成的？形成的机制是什么？不同学习阶段的核心能力网络结构有着怎样的特征？目前的相关研究仍不甚深刻、不够全面和具体，比如目前体育教师专业标准还没有出台，研究大多采用静态的、还原的、线性的范式。由于体育教育专业学生的核心能力包含范围较广，其组成要素多、层级结构复杂，不确定因素也大量存在，因此核心能力系统的演化会呈现出一个复杂的动态行为特性和"涌现"出大量的整体特性，核心能力的形成是一个典型的复杂系统。原有的静态、还原、线性的研究范式已经不能满足这一系统的研究，而复杂网络作为近年来快速兴起的对复杂系统进行结构分析的研究工具，可以作为描述复杂系统的有力工具。因此我们可以采用复杂性科学中的复杂网络来从整体论的角度把握职前体育教师核心能力系统的网络结构特征，找出结构的演化机理和潜在规律。具体以湖南省地方新建本科院校体育教育专业学生为研究对象，首先对体育教育专业学生核心能力形成机制与核心能力网络结构的演化逻辑进行推演，在此基础上，主要拟从以下三个方面开展研究：

研究一：确定体育教育专业学生核心能力的指标构成，构建体育教育专业学生核心能力网络；

研究二：体育教育专业学生核心能力网络结构特征和不同年级体育教育专业学生核心能力网络结构特征比较；

研究三：体育教育专业学生核心能力网络结构特征对体育教育专业人才培养的启示。

1.3　研究目的意义

职前体育教师核心能力的形成是一个典型的复杂系统，

其系统的演化会呈现出一个复杂的动态行为特性，并"涌现"出一些整体特性。而采用复杂性科学中的复杂网络，可以直观描述这一过程，整体把握其结构特征，找出结构的演化机理和潜在规律，形成有意义的定性和定量的结论。而且，这一研究还将拓展职前体育教师核心能力研究的路径与方法，具体包括运用数学方法构建职前体育教师核心能力网络模型，推演职前体育教师核心能力网络结构的统计学特征，对地方新建本科院校体育教育专业不同年级学生的核心能力网络结构进行实证分析等，进而为高校体育课程教学改革、体育教育专业人才培养方案，以及国家体育教师专业标准的制定，提供参考依据。

1.4　研究的基本思路

1.4.1　研究假设

假设1：体育教师教育系统是一个典型的复杂系统，具有复杂系统具备的各种特性：整体性、非线性、自组织性、非还原性和动态过程性。

假设2：体育教育专业学生的核心能力网络结构具备"无标度"网络特征。

假设3：体育教育专业学生的核心能力网络结构具备较短路径长度和高聚集性，因此属于"小世界"网络。

假设4：体育教育专业学生核心能力网络结构的核心节点是体育教育设计类能力和教学实施与管理类能力。

假设5：体育教育专业高年级学生的核心能力网络结构稳定性较强，低年级学生的核心能力网络结构稳定性较弱。

1.4.2　主要研究内容

（1）理论分析：体育教师教育体系的复杂性；体育教育专业学生核心能力系统演化逻辑与体育教育专业学生核心能力形成机制；

（2）实证研究：

① 体育教育专业学生核心能力网络结构的建立

② 湖南省地方新建本科院校体育教育专业学生核心能力网络结构特征

a 湖南省地方新建本科院校体育教育专业学生核心能力网络结构统计学特征

b 湖南省地方新建本科院校不同年级体育教育专业学生核心能力网络结构特征比较

（3）研究启示：体育教育专业学生核心能力网络结构特征对体育教育专业人才培养的启示。

1.4.3　研究的重点和难点

研究的重点是构建体育教育专业学生核心能力网络结构，计算相关统计学指标，分析体育教育专业学生核心能力网络结构的特征，阐述其对体育教育专业人才培养的启示。

研究的难点在于体育教育专业学生核心能力的测量的准确度以及软件的应用，对学生核心能力的各个指标采取的测量方法的准确度直接关系到研究的精确性，软件的掌握程度关系到数据的处理的精确度及最后的研究结果。

1.4.4　研究可能的创新点

第一，在体育教育专业学生专业能力结构中，引入复杂性科学研究方法,拓展了体育教育专业学生核心能力结构研究的路径与方法。

　　第二,运用数学方法,构建体育教育专业学生核心能力网络模型,推演体育教育专业学生核心能力网络结构的统计学特征,是将复杂网络理论与实际系统相结合的一种新的尝试,同时也将复杂网络与复杂系统的理论和方法在实际系统分析中的应用拓展。

1.4.5　研究技术路线图

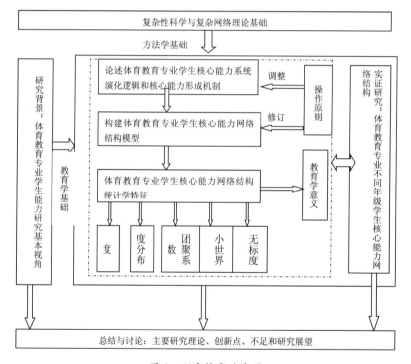

图1　研究技术路线图

1.4.6　预期结果

　　推演体育教育专业学生核心能力的形成机制和体育教育专业学生网络结构的演化逻辑,在此基础上,对湖南省地方新建本科院校体育教育专业学生的核心能力进行调查与分析,构建湖南省地方新建本科院校体育教育专业学生核心能力网络结构,描述湖南省地方新建本科院校体育教育专业学生核心能力网络结构统计学特征,对比不同年级体育地方新建本科院校体育教育专业学生的网络结构,阐述核心能力网络结构对体育教育专业人才培养的启示。

2 研究对象与方法

2.1 研究对象

本研究以湖南省地方新建本科院校(1999 年以来新设的为地方经济发展培养人才、提供服务的普通本科院校①)体育教育专业学生的核心能力及其各子能力之间的关系形成的网络结构作为研究对象。

2.1.1 问卷调查对象

研究选取湖南省地方新建本科院校设置了体育教育专业的 13 所院校作为研究样本,按随机抽取学号的方式抽取 13 所学校的大一——大四的体育教育专业学生各 30 名共 1560 名学生作为调查对象,进行问卷的发放,最终有效调查样本量为 1357 人。

2.1.2 访谈对象

访谈对象共 30 人,其中专家(包括从事体育教育研究工作的

① 孟贤军,翟振东.地方新建本科院校向技术应用型大学转型的思考[J].陕西教育:高教,2014(12).

专家——教授 2 名，副教授 2 名；中高职称体育教师 4 名；中学主管校长或教研组组长 8 名共 16 名，详见表 12），访问他们对体育教育专业学生核心能力的涵括范围和相关指标；另一部分为体育教育专业学生 14 人，首先访问他们是否有从事体育教师行业的意愿，再针对有意向从事中小学体育教师工作的学生，进一步咨询他们对于未来从事体育教师行业所需要具备的核心能力的看法。

2.2　研究方法

2.2.1　文献资料法

根据研究的需要收集与复杂网络、体育教育专业学生能力培养、体育教师教育、复杂性科学在体育中的运用、核心能力相关的专著与国内外文献以及相关政策法规，分别以"复杂网络"、"能力和体育教育专业"、"核心能力""体育教师教育"、"复杂性科学与体育"等为主题词，通过 web of science、中国知网、ProQuest 学位论文全文数据库、Ebsco 搜索相关中英文文献和硕博士论文共计 5000 多篇，通过上海体育学院图书馆、上海图书馆、衡阳师范学院图书馆以及读秀等途径收集相关纸质、电子著作 100 余部，经过初步阅读后去掉一些低相关文献 1000 多篇，低相关著作 20 余部，剩下 3000 多篇相关文献和 80 多部专著建立一个文献数据库；通过对国内外相关文献的整理和分析后，运用可视化数据处理软件 CitespaceⅡ对核心能力、体育教师教育等领域的相关文献进行一个全景式扫描，探索这些领域的研究热点与前沿问题及未来的研究趋势，了解国内外对于学生核心能力、体育教师教育、复杂性科学视野下的体育相关研究的现状及研究的发展脉络，对现有的理论和文献进行梳理和评价，总结现有研究中存在的不足，阐述后续研究的出发点和研究方向。根据整理和分析的结果提出研究假设,设计研究方案。

2.2.2 访谈法

为了更好的确定体育教育专业学生核心能力的测量指标,在文献综述的基础上,研究选取了 16 名从事体育教师教育、学校体育教学领域的专家(教授 2 名,副教授 2 名);中学主管体育方面的校长和体育组组长各 4 人次共 8 名,中高级职称的经验丰富的体育教师 4 名和从事体育教学工作意向强烈的体育教育专业学生 14 名作为访谈对象,采用半结构式访谈方式,设计了有关体育教育专业学生核心能力构成因素的访谈提纲对访谈对象进行访问,收集相关资料。

2.2.3 问卷调查法

(1) 问卷的设计

为了能更全面的反映出体育教育专业学生的核心能力网络结构,对于网络节点的选取,研究综合国内外体育教师专业标准中关于体育教师的能力要求以及体育教师专业能力等相关文献的结果,结合体育教师教育研究领域的专家、中小学体育教师以及从事中小学体育教师招聘与管理的管理人员有关职前体育教师(体育教育专业学生)应该具备的核心能力的相关意见,再结合访谈法(访谈提纲见附件 1)回收的结果编制《体育教育专业学生核心能力专家咨询问卷(第一轮)》(附件 2 第一部分)发放给相关专家(教授 5 名,副教授 3 名,中高职称体育教师 4 名,中学主管校长或教研组组长 4 名共 16 名),据专家回馈的信息进行修改和调整后,编制《体育教育专业学生核心能力专家咨询问卷(第二轮)》(附件

2),再次发放给相关专家(教授 4 名,副教授 3 名,中高 4 名,中学主管校长或教研组组长 4 名共 16 名,处于尊重各位专家的隐私出发,因此专家姓名用拼音字母代替,详见表 1)对问卷的内容和结构效度进行检验后编制《体育教育教育学生核心能力测量问卷》(预调查版)(附件 3),问卷采用五级李克特量表的形式。

表 1   内容效度检验专家一览表

姓名	职务或职称	所在单位	姓名	职务或职称	所在单位
WYG	教授、院长	上海体育学院	XW	副教授	华东师范大学
SHC	教授	南佛罗里达州立大学	LWD	教授	俄亥俄州立大学
TY	教授	上海体育学院	ZCQ	教授	广东第二师范学院
SSF	教授	上海体育学院	TXW	中高	衡阳市第五中学
GZW	教授	上海体育学院	LJB	中高、副校长	衡阳市第一中学
TZG	教授	湖南大学	YL	中高	娄底市第八中学
YX	教授	沈阳体育学院	LRT	教研组组长	长沙第一中学
ZDC	副教授	山东体育学院	GT	副校长	湘潭市第二中学
YZH	副教授	华东师范大学	DLJ	中高、校长	冷水江市第六中学
YSJ	副教授	安徽师范大学	YS	教研组组长	株洲市第五中学
ZT	副教授	北德州大学	WL	中高	长沙市第七中学

《体育教育教育学生核心能力测量问卷》(预调查版)包括三个维度(分别是专业理念与品格、学科专业知识与能力、学科教学知识与能力),十四个二级指标(主要包括教学设计、运动训练能力、运动项目内容知识、教学组织与管理等)、121 个具体的测试题项,每个题项的内容对应一个体育教育专业学生子核心能力,要求学生根据自己的实际情况进行评定并勾选对应分值,每个测量项目采用 LIKET5 级测量方式进行设定,分别由"非常符合""符合""一般""较不符合""完全不符合"五个等级组成,分别记作 4、3、2、1、0 分。

问卷编制后对湖南省新建本科院校的体育教育专业四个年级的学生采取简单随机抽样的方式在每个年级抽取 10 名共 520 名学生进行预调查,回收问卷 520 份,剔除有漏填、错填情况的问卷 22 份,有效问卷 498 份,有效回收率为 95.8%,根据预调查回收的数据对问卷进行了信度和效度分析后,根据探索性因子分析的结果剔除了 36 个题项,抽取了十个公共因子,确定了正式版的《体育教育专业学生核心能力测量问卷》(正式问卷)(见附件 4),具体题项 85 项。

(2) 问卷的信、效度检验

首先由专家判断法对问卷的内容效度进行了评判,并运用探索性因子分析和科隆巴赫(Cronbach)所创的 α 系数以及折半信度等方法在此对正式问卷进行了信度和结构效度分析,其中探索性因子分析结果与预调查因子分析结果基本一致,问卷的 Cronbach α 系数为 0.977,斯布折半系数值等于 0.883,Guttman 折半系数值等于 0.883,信度系数均大于 0.8,由此说明问卷的内部稳定性和一致性较好,问卷的内容效度和结构效度均比较理想。再采用重测法(间隔一周之后对调查对象中的一所学校的同一批调查对象进行再次调查)对问卷的跨时间信度进行,两次调查结果的 R 系数等于 0.852,说明本次调查的跨时间信度较好。

(3) 问卷的发放与回收

确定正式问卷后,对湖南省 13 所新建本科院校的体育教育专业学生采取随机按学号抽取的方式在每个年级抽取 30 名学生,发放前由教师调查员详细说明填写要求,组织学生在教室当堂填写完成然后采取当堂回收,共发放问卷 1560 份,回收问卷 1560 份,剔除有漏填、错填行为的问卷后,有效问卷 1357 份,有效回收率为 87%。

2.2.4 数理统计法

（1）构建数据库

将问卷回收的数据采取一人录入一人核对两人一组的方式输入到 SPSS20.0 中，建立体育教育专业学生核心能力研究数据库。

（2）数据处理

① 通过 SPSS20.0 将前面输入到数据库中数据，首先运用因子分析（探索性因子分析）和信度检验（科隆巴赫（Cronbach）所创的 α 系数以及折半信度方法）等对问卷进行信、效度检验；

② 运用单因素方差分析以及多重（两两）比较检验各个年级核心能力 10 个二级指标之间是否存在年级间的显著性差异；

③ 将 SPPS20.0 中的数据转换成 EXCEL 格式，运用 Matlab2009 编写相关程序来计算 85 个体育教学专业学生核心能力子能力之间的相关系数，选择存在强相关关系的两个节点之间记得分为"1"，弱相关关系的两个节点之间记得分为"0"得出一个由"0"与"1"组成的二分相关矩阵，确定体育教育专业学生核心能力网络结构 85 个节点之间的"边"的关系。

2.2.5 社会网络分析法

社会网络分析法（SNA）是用来研究社会网络中个体之间的信任、友谊、沟通和工作等关系网络的方法，社会网络分析法是把复杂多样的关系形态表征为一定的网络构型，然后基于这些构型及其变动，阐述其对个体行动和社会结构的意义。本研究利用社会网络分析法对关系属性的解释，将体育教育专业学生的核心能力各要素之间的关系作为一种无向关系结构属性进行研究。

在运用问卷调查和数理统计方法确定好体育教育专业学生核

心能力网络结构的"节点"和"边"之后,运用 pajek 软件绘制体育教育专业学生核心能力网络结构拓扑图以及各个年级的网络拓扑图,再运用数学方法计算出体育教育专业学生核心能力网络结构的统计学特征(度、度分布、平均路径长度、集聚系数等),并对其进行解读。

2.2.6 逻辑推理法

运用归纳与演绎、分析与综合等逻辑方法对数据结果及相关资料进行处理和分析,并应用相关理论进行解读。

3 文献综述

3.1 体育教育专业学生能力研究述评

3.1.1 能力的概念界定

能力,辞海解释为"通常指完成一定活动的本领。包括完成一定活动的具体方式,以及顺利完成一定活动所必需的心理特征[①]。"国外将能力理解为胜任力或竞争力,是决定个人能否胜任工作的重要影响因素,主要包括个人所具备的技能、个人特质以及知识等个人素质。

在我国,为广大学者所普遍接受的能力定义为"在个体的生理基础上,可以通过教育和培养等方式提高的,个体在实际工作过程中展现出的诸如知识、技能和态度等一系列特征[②]。"

现代心理学认为,人的能力主要分为:(1)基本能力;(2)工作能力,即人的创造力、模拟力、动手能力、表达能力等;(3)特殊能

---

① 辞海.缩印本[M].上海:上海辞书出版社,1980.
② 秦永杰.基于核心能力的临床医学专业学位硕士课程体系构建研究[D].第三军医大学,2012.

力,指从事专业工作所需要的能力①。也有相关教育理论指出,能力可以分为三个层次:第一层是核心能力,代表的是在特定领域内,高标准优秀人员所具备的最能体现该领域特色和职业标准的特殊能力;第二层是相关能力;第三层是基础能力②。

我们这里要研究是能力教育理论中的第一层次:核心能力,亦即是心理学中的特殊能力(体育教育专业学生将来从事体育事业所必须具备的能力)。

3.1.2　体育教育专业学生能力的相关研究

提高人才培养的质量作为高等教育的核心任务,是实现建设人力资源强国和创新型国家战略目标的关键环节,但目前当前大学生实践能力和创新能力不强是我国高等教育的关键领域和薄弱环节。体育教育专业作为高等教育的重要组成部分,其培养的学生也存在着这方面的不足。

我国体育教育专业的培养目标:体育教育专业作为我国高等教育重要组成部分,也是我国体育类院校的主流专业,其主要的目标是培养宽口径、厚基础、强能力、高素质的复合型的人才。以培养体育教师为本、辐射其他体育相关领域,根据"健康第一"的指导思想和全面实施"全民健身计划纲要"的需要,应进一步拓宽专业培养口径,拓宽学生的知识面,同时也增强学生选课的灵活性,调动学生学习的积极性和主动性,提高他们的社会适应能力③。教

① 　张瑞华.北京市高校体育教育专业实习生专业能力的调查与研究[D].北京体育大学,2011.

② 　王明伦.高职教育人才培养规格的研究[J].职教论坛,2002(12):21—23.

③ 　郎健,李永明,王长权.我国部分高校体育教育专业本科课程设置的比较研究[J].沈阳体育学院学报,2006,25(2):67—69.

师专业化理论中指出,教师之所以成为优秀教师的原因,不仅仅是他们的知识和方法,而更重要的是教师对学生、对自己、对他们的目的意图和教学任务所持的信念。

要提高学生的就业竞争力,就要提高学生的能力,这在体育教育专业创建以来就得到了广大学者和研究人员的共识,因此有关体育教育专业学生能力的研究成果也是颇为丰厚的。

(1) 国外体育教育专业学生能力相关研究

随着社会的进步和经济的发展,人们对于健康和生活质量的关注程度越来越高,迫切需要更多的专业人士对他们的健身行为和休闲娱乐进行指导。国外一些大学为了适应广大人民群众的需要,对原有的以专门培养体育教师为培养目标的体育教育专业进行了调整和改革,具体落实在培养目标、课程设置和办学方向的修订上。更有部分学校将体育、健康和休闲娱乐三大专业合并到一起,以满足社会对于体育人才的需求[①]。如此这般,体育教育专业的学生就多了很多的就业机会,但是社会和市场对他们的要求也更高了,要求他们不仅要能上好体育课,还要能兼任健康教育课程,同时要具备大众体育指导和管理的能力。

美国体育学院学士学位培养计划对培养学生运用所学的体育专业知识独立而又能以创新型思维的方式来解决体育领域相关问题的能力进行了重点强调。

爱尔兰都柏林城市大学的凯罗尔(Carol Dunning)针对提高体育教育专业学生的教学能力,进行了一个学生教师、实践指导教师二者合作的教学实践计划,结果表明指导老师与学生教师之间

---

① 钱铭佳,杨静珍,李伟民等.对培养未来文武双全,德才兼备的体育师资的研究——97 首届全国体育教育专业大学生基本功大赛的分析与思考[J].北京体育大学学报,2000,23(1):70—72.

的互动与合作对学生的教学和学习实践能力都有着积极的影响①。

由于体育教育专业学生能力的复杂性和难以评估性，Danielson C 确定了 22 个指标并进行聚类分析分成几大类用来评估学生的学习和教学实践能力，让经验丰富的教师加强对实习教师的指导，为师范类专业教学实践这样一个具有巨大社会影响力的专业提供一个更好的分析框架②。

Jimoh Shehu 和 Martin Mokgwathi 对波士顿大学 1998—2004 年间体育教育专业学生的教学实践能力的数据进行归纳总结，找出其中的核心关键能力例如组织能力、教学能力、专业能力、器材运用能力等几大类对六年期间学生教学实践能力进行总体评估③。

Steve Georgakis 对中美英澳四国体育教育专业的培养目标进行了对比分析发现美国和英国的培养目标主要以培养"通才型"为主，学生就业面得到了一定的扩充，而中国主要由于教师资源的缺乏，主要以培养"专才型"为主，而澳大利亚在体育教育培养与社会需求联系有待加强，即学生的动态核心能力方面还需要进一步提高④。

---

① Dunning C, Meegan S, Woods C, et al. The impact of the COPET programme on student PE teachers' teaching practice experiences[J]. European Physical Education Review, 2011, 17(2): 153—165.

② Danielson C. Enhancing professional practice: A framework for teaching[M]. ASCD, 2007.

③ Mokgwathi J S M M. A discourse analysis of the National Sport and Recreation Policy for Botswana. [J]. Sport Education & Society, 2007, 12(2): 193—210.

④ Georgakis S. Comparative Physical Education Pedagogy in Teacher Training: Innovation in Comparative Education[A]. Papers from the 8th International Conference on Comparative Education and Teacher Training [C]. 2010(8): 33—37.

（2）国内体育教育专业学生的能力相关研究

在中国期刊网核心期刊库以主题为"体育教育专业学生能力"进行检索只发现7篇文献，以主题为"体育教育专业学生"并含"能力"检索共发现462篇相关文献。整体研究呈现波浪式递增的趋势，年均发文量达29篇（如图2所示）。

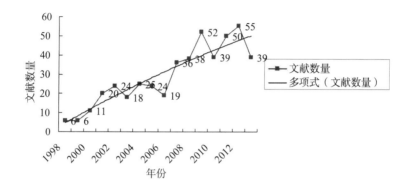

图2　体育教育专业学生能力研究的文献数量图

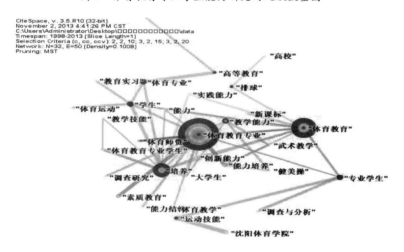

图3　体育教育专业学生能力研究关键词共现图

从文献的关键词共现网络（图3）可以看出，研究主题主要集中在体育教育专业学生的教学能力、实践能力、创新能力、教育实习等子能力,围绕能力的培养也有不少相关研究,各专项教学能力的培养也是体育教育专业学生能力研究的一个热点。

体育教育专业学生到底应该具备哪些方面的能力(能力结构),已经具备了哪些能力(能力评价),学校应该通过何种途径来提高学生的能力(能力培养途径),这些问题学校体育研究人员都进行了系列的探讨。由于我国体育教育专业的人才培养目标主要是培养既能胜任学校体育教育、教学、训练和竞赛工作,还能从事学校体育科学研究、学校体育管理及社会体育指导等工作的复合型体育教育人才[①]。因此研究人员在开展体育教育专业学生的能力研究也不可避免的围绕着体育教师的"专业能力"来展开。

① 国内体育教育专业学生的能力结构

能力是胜任工作所必备诸如知识与技能和态度之类的个人特质,因此体育教育专业学生能力则是学生为了完成体育教育工作任务所必备的生理素质和心理特点的综合表现,主要是以个人智力为基础,在教学和训练过程逐渐形成,进一步发展成未来从事体育教育活动所必需的专门性能力[②]。

各位学者对于体育教育专业学生应该具备的能力的研究角度各有差异,有些专家学者是从整体的角度展开研究。大部分的研究成果认为专业能力和适应能力是体育教育专业学生的能力结构的重要组成成分[③],姜国成 1992 年提出了体育教育专业学生的能

---

① 教育部关于印发《全国普通高等学校体育教育本科专业课程方案》的通知[EB/OL]. http://www.moe.gov.cn/srcsite/A17/moe_938/s3273/200306/t20030619_80793.html

② 张学研,王崇喜. 对普通高校体育教育专业学生能力培养与评价的研究[J]. 体育科学,2000(6):15—18.

③ 龚健. 对体育教育专业学生能力结构的思考[J]. 教育与职业,2006(20):137—138.

力主要包括以下四个方面：自学能力、组织教学能力、创造能力、社会活动能力，同时还要注意培养学生组织比赛的能力、观察分析能力、表达与写作能力等①。

陈显松在其研究成果中认为体育教育专业的能力结构主要有以下因素：自学能力、表达能力、组织能力、社会活动能力、科研能力、发现创新能力②。

谭学彪则认为体育教学能力、运动训练能力、社交能力、组织管理能力、表达能力、自学能力、开拓创新能力、教师基本能力③等是体育教育专业学生要重点掌握的。

张学研认为体育教学能力、品德教育能力、体育社会活动能力、科研创新能、运动训练能力和掌握运用工具能力是体育教育专业学生应该具备的基本能力，并在这些基本能力的基础上提出了每个基本能力包括的子能力④。

李翠玲建议体育教育专业学生的能力培养从训练指导能力、科研能力、教育能力教学技能以及社会社会工作能力五个方面展开⑤。

刘平清，沈建文也认为体育教育专业的学生能力包括教学能力，训练能力，组织竞赛能力，科研能力，组织管理能力及社会体育

① 姜国成.浅谈师范专科学校体育教育专业学生能力的培养[J].成都体育学院学报,1992(1):84—87.
② 陈显松.新时期体育教育专业学生能力的培养[J].福建体育科技,1998(4):16—18.
③ 谭学彪,贾宝国,权翠等.养成教育与体育专业学生能力培养[J].和田师范专科学校学报,2008(6):182—183.
④ 张学研,王崇喜.对普通高校体育教育专业学生能力培养与评价的研究[J].体育科学,2000(6):15—18.
⑤ 李翠玲.加强高师体育教育专业学生能力的培养[J].山东师大学报(自然科学版),1998(2):102—104.

(群众体育)指导能力 6 个方面[①],[②]。

李波从基础体育课程改革对体育教师的要求提出体育教育专业学生的能力还应该关注树立健康教育观念、构筑宽厚的知识基础、具备开发和利用课程资源的基本能力以及信息素养的培养[③]。

也有研究从学生能力的个别组成成分开展,如不同专项的教学能力[④],[⑤]、裁判能力[⑥]、科研能力[⑦]、社会适应能力实践能力[⑧],[⑨],[⑩]等子能力方面展开更微观的阐述。

部分学者还从体育专业学生的非专业能力进行了相关研究,指出语言表达能力、组织能力、理论知识能力以及适应环境的能力对体育专业的学生的就业有着积极的影响。

② 国内体育教育专业学生能力的评价

白震利用模糊数学原理,构建了评价体育教育专业学生专业

① 刘平清.谈体育教育专业学生能力的培养[J].四川三峡学院学报,1999(2):91—92.

② 沈建文.从"能力结构"的形成谈高师体教专业学生能力培养方案[J].湖北体育科技,2005(1):37—39.

③ 李波,孙卫红.课程改革背景下的体育教育专业学生的能力培养[J].山西师大体育学院学报,2008(1):82—83.

④ 冯岩.我国体育院校体育教育专业学生基本体操教学能力培养的研究[D].北京:北京体育大学,2012.

⑤ 秦云兴.论对学生创造能力的培养[J].中国体育科技,1997(Z1):78.

⑥ 孔超.高校体育教育专业学生篮球裁判能力培养的研究[D].西安:陕西师范大学,2012.

⑦ 夏健松,韩冰楠.构建普通高校体育专业学生科研能力的培养体系[J].体育学刊,2004,11(4):97—99.

⑧ 邓韵.体育教育本科专业学生专业实践能力培养探析[D].长沙:湖南师范大学,2009.

⑨ 张永贵.论高师体育教育专业学生实践能力培养[J].河西学院学报,2007,23(2):80—82.

⑩ 艾军.体育教育专业学生田径教学能力的培养与评价的研究[J].沈阳体育学院学报,2001(2):53—56.

能力的评价体系,并对指标的权重和评价的标准等进行了详细介绍,从定量的角度对学生掌握的能力进行评定[①]。李佳构建了以专业知识、技能与素质包括的各项指标,采取重要—表现度分析法对高尔夫专业的本科生进行了评估,并在此基础上提出了一系列提高其专业能力的途径与方法[②]。

③ 国内体育教育专业学生能力的培养途径研究

广大科研工作者和体育教师都为提高体育教育专业学生的能力培养做了大量的工作和贡献,大部分学者公认的是体育教育专业培养的学生要能适应社会的发展,主要从课程设置、教学实践以及设置合理而科学的学生评价体系等方面来展开学生能力培养[③],[④]。

具体来说,陈显松认为提高体育教育专业学生的能力可以通过以下途径展开:转变观念;加强理论知识和技术学习;教学过程中注重运用理论知识、技术能力;加强教学能力的培养;调整好课堂与第二课堂的关系堂的关系;科研能力的培养[⑤]。

张学研提出提高体育教育专业学生能力可以从以下几方面着手:首先要对招生制度进行改革,从源头上抓学生质量;其次要加强学生思想教育和职业道德教育,提高学生的思想境界,让他们喜爱自己的专业;另外要对加大实践性教学环节的力度,进一步改进

---

① 白震. 高校体育专业学生专业能力评估指标体系的设计及模糊综合评判[J]. 湖北体育科技,2000(2):66—68.

② 李佳,付业勤. 高尔夫专业本科学生专业能力的构成与评价[J]. 高教论坛,2012(2):95—98.

③ 张学研,王崇喜. 对普通高校体育教育专业学生能力培养与评价的研究[J]. 体育科学,2000,20(6):15—18.

④ 龚健. 对体育教育专业学生能力结构的思考[J]. 教育与职业,2006(20):137—138.

⑤ 陈显松. 新时期体育教育专业学生能力的培养[J]. 福建体育科技,1998(4):16—18.

教学方法、转变教育思想和观念;同时要配以课程设置改革,实现教学计划的优化;再者可以积极开展课外活动,加强教学基本功训练;最后对课程考试制度进行改革,建立学生能力的科学评价体系,从定量和定性相结合的角度对能力进行考查,[1],[2]。

沈建文提倡从树立正确的体育教育专业学生培养目标建立体育教育专业学生合理的知识结构确保体育教育专业学生教育实践质量三个途径来提高学生的能力结构[3]。

李波针对体育课程改革的需要提出培养体育专业学生的能力途径:改革高校体育教育专业的培养目标和评价体系改革高校体育教育专业的课程体系和教学内容提高体育教育学生的教育实践能力在体育院校开展信息素养教育[4]。

小结:当前国内关于体育教育专业学生的能力研究多集中在能力结构、能力评价、能力培养途径这三个方面来进行的,但是对于体育教育专业学生最应该具备哪些未来从事体育事业的核心能力以及核心能力的形成过程与机制这一方面的研究成果还比较少见,这也为我们的研究留下了足够的就空间。

3.2 中外体育教师教育研究热点与前沿

"善之本在教,教之本在师"。教师是教育之本,是最核心、最

---

① 张学研,王崇喜. 对普通高校体育教育专业学生能力培养与评价的研究[J]. 体育科学,2000(6):15—18.

② 张学研. 提高高校体育教育专业学生能力的对策[J]. 湖北体育科技,2000(3):73—75.

③ 沈建文. 从"能力结构"的形成谈高师体教专业学生能力培养方案[J]. 湖北体育科技,2005(1):37—39.

④ 李波,孙卫红. 课程改革背景下的体育教育专业学生的能力培养[J]. 山西师大体育学院学报,2008(1):82—83.

活跃的教育资源。改革开放以来,我国传统的"师范教育"为庞大的基础教育提供了大量的师资力量,为我国教育事业做出了巨大贡献,但由于"师范教育"的封闭性、理论性、终结性等特点导致了原有的教师培养方式不能适应教育的改革和发展需要①。随着科学技术的快速发展和知识经济时代的到来,知识的更新速度越来越快,教师无论从"自我发展"还是"教书育人"的角度都需要不断更新自己的知识结构,加之课程改革的推进、综合性大学渗入教师教育培养领域、基础教育中教师数量的饱和等现实背景也对我国教师的能力和质量要求越来越高。因此,提高教师的专业化水平,培养高质量的教师队伍是我国建设教育强国的当务之急。因此,21世纪初,教育管理部门提出了"师范教育"向"教师教育"过渡,"教师教育"较于"师范教育"的内涵更为丰富,更为适应于当今世界的科技知识的更新加速和教育普及程度的提高,体现与时俱进。2011年10月,我国颁布了教师教育课程标准,制定了幼儿园、小学、中学教师专业标准,开启了新一轮的教师教育改革,但具体的学科教师专业标准还没有出台。

体育教师素质的高低在很大程度上决定了学校体育的发展水平,体育教师的专业化发展是提升体育教师素质的根本途径,而良好的体育教师教育又是实现体育教师专业化的必然之路。国内外有关体育教师教育的研究成果甚多,怎样理顺这些成果,总结出近年来这一领域的研究热点和趋势,对于从事体育教师教育研究的作者会有一定的导向作用。欧美发达国家在20世纪中期就相继开启了体育教师教育改革,体育教师教育进程和趋势的研究日益

---

① 钟启泉,王艳玲.从"师范教育"走向"教师教育"[J].全球教育展望,2012,41(6):22—25.

炽盛,相关研究成果丰硕,而我国的体育教师教育研究还处于论证和起步阶段。"它山之石,可以攻玉",我们迫切需要搭建国际视野的学术交流平台,通过交流与对话为我国体育教师教育学术研究和实践发展提供宽广的国际视野和立体的背景参照。鉴于此,研究通过对美国的 Web of Science 数据库和中国的 CNKI 数据库所收录的体育教师教育有关文献,运用定量与定性相结合的方法,探索和比较国内外体育教师教育研究热点与前沿,为我国学者进一步深化体育教师教育研究提供参考依据。

长期以来由于学科之间独立性导致许多领域的前沿与热点问题都是研究者对收集的资料进行定性分析得出,知识图谱在一定程度上可以使所确定的研究课题更加"科学"、"精确"和"客观",可以避免受到专家研究背景、个人偏好及知识结构影响[1]。知识图谱以引文分析方法和信息可视化技术为基础,利用引文间引用关系及文献耦合,寻求论文相互关系以及相似程度的聚类,形成一组文献引用的知识演进网络[2]。借助图谱的直观性,研究者可透视整个研究领域的重要文献,理顺研究目标和知识网络,把握研究前沿发展的最新趋势,客观展现研究领域的发展和历史演进过程[3]。运用跨学科知识,通过定量与定性研究相结合,探索当前国际上体育教师教育研究的热点与前沿,具有较好的理论价值和现实意义,有助于我国体育教师教育研究者树立新视角,为学者进一步深化研究体育教师教育提供参考依据。

---

① 王琪,胡志刚. 国际奥林匹克运动研究前沿的知识图谱分析[J]. 西安体育学院学报,2011,28(4):433—436.

② 张春合,刘兴. 基于知识图谱的国外高校竞技体育研究前沿与发展动态[J]. 上海体育学院学报,2014,38(1):70—74+83.

③ 秦长江. 基于科学计量学共现分析法的中国农史学科知识图谱构建研究[D]. 南京:南京农业大学,2009.

3.2.1　中国体育教师教育研究热点与前沿

以中文期刊网（CNKI）中选取高级检索选取主题为"教师教育"并含主题"体育"，来源级别勾选（SCI）（EI）（核心期刊）（CSS-CI），检索出 1997 年到 2014 年 18 年间有关学生体育教师教育方面的核心期刊文献 143 篇，检索时间为 2014 年 8 月 1 日。检索出相关文献后采用 txt 形式进行保存后，采用现在流行的 CiteSpace、Ucinet6.0、bibexcel 软件对当前我国近年来有关体育教师教育研究内部特征以及外部特征运用定量与定性相结合的方法进行分析。

3.2.1.1　中国体育教师教育研究的时空分布

（1）我国体育教师教育研究的时间分布特征

学术文献数量的变化情况是衡量某领域发展的重要指标，对其文献分布做历史的、全面的统计、绘制相应的分布曲线，为评价该领域所处阶段，预测发展趋势和动态具有重要意义。从图 4 的我国体育教师教育文献的年度分布情况来看，我国体育教师教育研究的热情基本呈平稳上升的趋势。

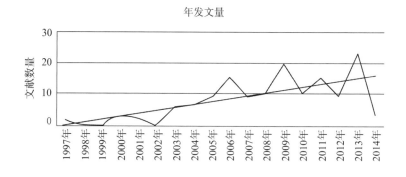

图 4　我国体育教师教育研究年发文量变化趋势

（2）我国体育教师教育研究的机构分布特征

在我国从事体育教师教育研究的主要机构还是集中在各大学的体育院系,尤其以师范性院校为主,这也与教师教育的师范性息息相关,其中发文量在四篇以上的机构分别是华中师范大学体育学院(8)、江南大学体育学院(6)、华东师范大学体育与健康学院(6)、福建师范大学体育科学学院(5)、河南师范大学体育学院(5)、山西师范大学体育学院(4)、河南大学体育学院(4)、上海体育学院体育教育训练学院(4)、华东师范大学(4)、湖南师范大学体育学院(4)、郑州大学体育学院(4)、南京师范大学体育科学学院(4)、淮阴师范学院体育系(4)。

（3）我国体育教师教育研究的核心作者与作者合作

在我国体育教师教育领域,核心作者(发文量较高)群主要有王健(16篇)、黄爱峰(10篇)、季浏(8篇)、潘凌云(6篇)、顾渊彦(6篇)、吴昊(6篇)、林陶(6篇)等,而影响力较大的作者群(被引用次数最多的作者)主要有王健、黄爱峰、季浏、潘凌云、林陶、吴昊、赵丽萍、赵进等。观察核心作者群和高影响力作者群可以发现王健、黄爱峰、季浏、潘凌云、林陶、吴昊等作者既是核心作者、又是该领域的高影响力作者,因此他们为我国的体育教师教育研究作出了不可磨灭的贡献,堪称该领域中的专家学者,他们的文献值得意愿从事体育教师教育研究的人员好好拜读。图5描述的是我国体育教师教育领域,各作者之间的合作网络关系,从网络中节点的大小也可以看出我们在之前描述的核心作者群内的作者节点较大,中心度较高。其中,以王健为中心,包括季浏、黄爱峰、汪晓赞、吴昊等作者在内的13在内的完全联通网络图示体育教师教育领域中最大的合作团体,其次是唐玉荣、宋艳、谭刚等7人组成的团队,此外彭国强、项闲林、时霖等四人组成的团队,其他的团队基本上以

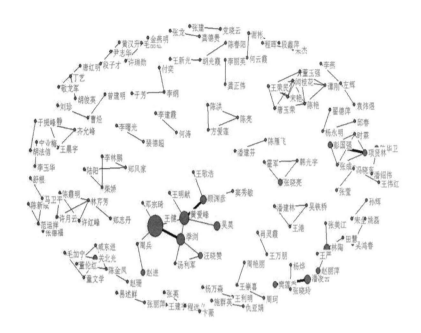

图 5 我国体育教师教育研究领域作者合作网络图

2—4 人为主,这也说明在体育教师教育研究领域中,合作程度不是很高,小团队现象比较明显。而几个大团队中,经过仔细分析各团队成员间的关系,他们之间的合作关系主要集中在同事、同学、师生,学科领域都局限在体育领域,这也是局限合作网络规模的直接因素,如果能加强多学科间的合作,拓宽合作范围,如有可能加强国际合作,取得的成就将会更加显著。

3.2.1.2 中国体育教师教育研究的前沿热点分析

(1)体育教师教育研究的关键词聚类分析

关键词和主题词作为表达文献核心内容的浓缩和精华,它们的出现频率可以用来确定某一领域的研究热点和发展方向[4]。从表 2 和图 6 可以看出,我国体育教师教育研究的前沿热点主要集中在 4 个方面,其一是研究的关注点从只关注体育教育专业师范生的培养向现行的"体育教师职前、入职、职中教育一体化"过渡,具体包括体现职前体育教师——即体育教育专业学生的关键词(体育教育专业、专科专业等)、就职的体育教师(体育教师、体育师资、学校体育教师、中小学体育教师等关键词);其二是体育教师教育手段多样化,主要是教育(教师教育、体育教师教育、继续教育、师资培养、教育、体育、职后教育),具体的操作方法是通过改革培养目标、进行课程设置的修订从而促进进一步的教学改革来更好的培养体育师资(体育教学、教学改革、培养模式、培养目标、课程设置、课程改革、教育改革、课程等);其三是体育教师的专业化发展(学校体育、专业化、发展、教师专业化、教育教学能力);其四则是体育教师教育要借鉴其他国家其他学科的研究成果(日本、多科性、生命科学)。

表2　体育教师教育领域关键词排名

排序	频次	中心度	关键词	排序	频次	中心度	关键词
1	93	0.75	"体育教师"	16	7	0.01	"发展"
2	35	0.16	"教师教育"	17	7	0.09	"日本"
3	21	0.2	体育教师教育	18	7	0.15	"教师专业化"
4	19	0.18	"继续教育"	19	6	0.02	"培养目标"
5	19	0.1	体育教育专业	20	6	0.02	"课程改革"
6	15	0.31	"体育教育"	21	6	0.01	"教育"
7	15	0.11	"学校体育"	22	6	0.17	"学校体育教师"
8	14	0.06	"专业化"	23	6	0.1	"教育教学能力"
9	11	0.09	"课程"	24	6	0.05	"专科专业"
10	10	0.04	"体育教学"	25	6	0.03	"教育改革"
11	8	0.02	"教学改革"	26	6	0.13	"中小学体育教师"
12	8	0.02	"培养模式"	27	6	0.12	"多科性"
13	8	0.3	"体育师资"	28	6	0.02	"生命科学"
14	8	0.02	"课程设置"	29	6	0.03	"体育"
15	8	0.12	"师资培养"	30	6	0.01	"职后教育"

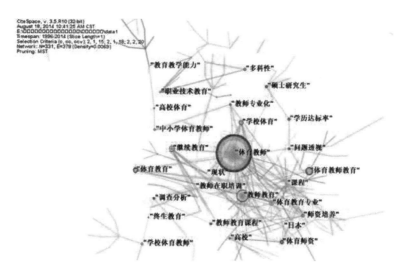

图 6 我国体育教师教育研究领域关键词共现图

（2）体育教师教育研究的内容聚类分析

① 体育教师教育现状分析

回顾历史，审视现状，展望未来，要更好的开展一个领域进一步的研究，了解此项研究的现状必不可少，因此我国体育教师教育研究的重点之一正是体育教师教育的现状分析。目前我国体育教师教育主要还是集中在职前体育教师的培养即体育教育专业学生人才培养模式的研究：孙思哲（2005）、王胜利（2005）、刘芳（2006，2009）、王宽（2008）、左辉（2009）、方爱莲（2010）、关北光（2013）针对当前我国体育教育专业人才培养模式进行了梳理与评价；其次职中体育教师教育的培养自然也是体育教师教育的研究重点之一，刘斌（2013）提出新教师的入职教育流于形式，不重视教育理论科学性，教育学方面的知识缺失，姜全传（2007）则针对在职体育教师的继续教育展开了研究，发现当前体育教师继续教育较为低效，提出要加强体育教师的人文素质、学习能力、创新能力的培养，郑琪（2003，2005）发现当前体育教师的在职继续教育主要以学历达标、取得文凭或专业合格证书为目的。

② 反思体育教师教育存在的问题与改革建议

体育教育专业发展已经百余年了,逐渐由"师范教育"过渡到"教师教育",期间取得了不小的成就,但是问题也不少。因此对过去体育教师教育所存在的问题进行反思并提出相应建议自然也是国内教师教育研究学者的关注点之一。王健(2000,2007)、常智(2003)、曾小玲(2005)、黄爱峰(2005)、张德福(2007)、王宽(2008)、龚正伟(2009)、翟少红(2009)、刘斌(2013)、王崇喜(2012)总结出当前我国体育教师教育主要还存在以下几个方面的问题:培养目标不是很明确、课程设置不是很合理(重学科课程教育、轻专业理论与技术教育的偏差)、培养方法欠妥,教育过程中缺乏师范性、实践性,教师培养与基础教育脱节,继续教育模式较为低效。提出改革体育教师教育课程模式,重塑体育教师专业化基点、构建和完善体育教育学学科体系、对体育教育专业的同步配套改革,引导体育教师的价值取向往非功利化方向发展,转换教师角色,实现体育教师继续教育由"扩容"向"升级"的模式转型等完善体育教师教育的良好建议。

③ 体育教师教育专业化发展途径

2011年,教育部出台《教育部关于大力推进教师教育课程改革的意见》规范我国教师教育课程改革,为了实现体育教师的专业化,提高其地位,课程的改革是其手段之一。关北光(2013)、王宽(2008)、裴德超(2011)、王崇喜(2012)、潘凌云(2009,2012)、张晓玲(2008)、王健(2007,2008)、邱雨(2009)、翟少红(2009)、李健(2005)、翟德萍(2005)、吴昊(2004)等都为体育教师专业化的发展提供了很好的建议,诸如通过发展教师共同体来促进体育教师的专业化、构建并完善体育教育学学科体系、改革完善体育教育专业的培养目标、课程体系、制定体育教师专业标准、职后教师的继续培训采用多种培训方式结合、将一般教师教育学科教师教育以及职前后等整合贯通等都不失为体育教师专业化的发展途径。

④ 中外体育教师教育比较及启示

由于我国传统体育教师教育主要以掌握运动技术为目标,相对美国、日本及英国等体育教师专业化程度较高的国家来说,还有很多需要学习的地方,因此学者们通过学习外国体育教师教育的先进经验,从而提出发展我国体育教师教育专业化的建议。顾洲彦(2003)对中、日体育教师教育与体育健康课程;李丽(2006)对中国、日本、美国的中小学体育教师教育特色、教育目标、专业与课程设置、教学计划、学习评价及职后教育的特点;林陶(2007,2008)对中国与日本的高校体育教育专业技术课程以及专业化课程标准;刘志民(2000)对中美英体育教师的教育价值取向;王建宇(2010)对中美学校体育教学法教材的内容进行比较后发现中国教材面宽而不细,而美国与日本主要强调教学过程,尤其是课堂管理,健康课程较多,提出构建提出健全我国体育教师教育的法律内涵,构建具有教育学科和体育学科并重的体育教师课程标准的共同框架,关注健康教育和技术技能的建设,注重"标准化"和"多元化"的融合发展,回归体育教育实践。段子才(2010)针对2001版和2008版美国初始体育教师教育标准进行比较分析,程传银(2013)对欧美国家关于体育教师教育的研究动态进行了梳理,尹志华(2012)针对美国 NBPTS 体育教师专业标准,为学校选取体育教师提供评价标准,赵进(2010)对我国体育教师专业标准进行了背景、内容分析,为我国体育教师专业标准的制定出谋划策。

小结:

① 我国体育教师教育领域的研究文献数量呈现逐年稳步上升的趋势。

② 作者机构分布多为高校体育院系,作者数量多但合作程度不高。

③ 研究热点中体育教师专业化、体育教师教育的发展方式问题是重点。

④ 体育教师教育领域主要关注的是体育教师教育现状分析、百年来的反思进取、国际比较与借鉴、专业化发展途径。

3.2.2　国际体育教师教育研究热点与前沿

以 Web of Science 平台的 SCI、SSCI、A & HCI 数据库中的科学引文索引数据库中体育科学和教育科学领域 2004—2013 年 10 年间有关体育教师教育方面的文献作为研究对象采用现在流行的 CiteSpace、Ucinet6.0、bibexcel 软件对当前国际有关体育教师教育研究内部特征以及外部特征运用定量与定性相结合的方法进行分析。进入 Web of Science 检索页面,检索主题词为(ts＝"physical education teacher Education ＊")文献类型为(Article)数据库＝SCI—E、SSCI,A&HCI,入库时间＝2004—2013年,共检索出相关索引文献 1603 篇,检索日期 2014 年 2 月20 日。

3.2.2.1　体育教师教育研究领域的外部特征分析

(1) 国家(地区)分布

表3　国际体育教师教育研究国家(地区)
分布排名(发文量＞30,排名前十)

排名	国家(地区)	文献数量	所占百分比
1	USA 美国	472	38.85%
2	ENGLAND 英国	135	11.11%
3	BRAZIL 巴西	111	9.14%
4	AUSTRALIA 澳大利亚	87	7.16%
5	SPAIN 西班牙	85	7.00%
6	TURKEY 土耳其	55	4.53%
7	CANADA 加拿大	50	4.12%
8	FRANCE 法国	33	2.72%
9	GREECE 瑞士	31	2.55%
10	IRELAND 爱尔兰	31	2.55%

　　根据 web of science 自带分析结果表明(鉴于篇幅,此处只列出排名前十的国家为地区),在体育教师教育这一研究领域,1603篇文献主要来源于 45 个国家和地区,在这当中发文量超过 30 篇的国家有以上列举的 10 个。Web of Science:由 ISI(美国科技信息研究所)编制的,因涵盖多学科、高质量的信息内容而著称于世。Web of Science 精选全球 8600 多种顶尖的学术期刊的文献信息,收录了自然科学、工程技术、社会科学、艺术与人文等诸多领域内最具影响力的期刊。美国视教育为国家首任,因此在这方面的研究也处于最为领先的地位,十年来,在这一领域的发文量为 472篇,排名第一,其次是英国 135 篇,值得一提的是中国在体育教师教育这一研究领域的为 web of science 这一权威数据库收录的文献仅为 17 篇,排名 17 位,但纵观国内体育教师教育研究的研究,研究成果也是颇为丰厚的,这也可能与语言有着重要的关系,因此建议国内从事相关领域的专家学者加强英语语言能力的提升,能在国际领域内有所突破。

（2）来源出版物分布

表4　国际体育教师教育文献来源出版物分布(前十位)

排名	来源出版物	刊出数量	百分比
1	运动与体育研究季刊	172	14.16%
2	体育教学学报	118	9.71%
3	运动、教育与社会	88	7.24%
4	欧洲体育教育评论	79	6.50%
5	体育教育与体育教育学	56	4.61%
6	运动	55	4.53%
7	体育教育与运动动机杂志	44	3.62%
8	探索	29	2.39%
9	美国能源科学与技术教育部社会和教育研究	24	1.98%
10	感知与运动技能	21	1.73%

在国际体育教师教育研究领域,刊出相关文献最多的十本期刊如表4所示,前三名分别是《运动与体育研究季刊》《体育教学学报》《运动、教育与社会》。不同的期刊对所刊出的文章有着不同的倾向性,了解体育教师教育领域内对此类文献刊出量较高的来源出版物,可以为研究人员提供投稿对象的参考,使其中稿的几率更高。

（3）时间、研究机构分布

仔细观察2004—2013年的年发文量,这十年来国际上有关体育教师教育研究热忱不减,发文量随着时间的推进逐年上升,这也正与体育教师专业化的关注度越来越高相呼应。体育教师教育2004年—2013的文献每年被引用的数量也从一定方面说明了国际体育教师教育领域的研究热忱。承担体育教师教育领域的科研机构99%以上的都是高校,这也与体育教师教育这一学科特色相吻合。

（4）作者分布

从事体育教师教育研究的高产作者表中显示，在此领域中，发表系列论文最多的作者是 Nate McCaughtry，其在这十年中就发表了相关论文达 24 篇之多。表 5 中列出的核心作者都是体育教师教育研究领域的领头人，可以成为我国立志从事这方面研究的学者的请教对象和合作对象，他们的相关经典代表作也值得我们仔细拜读。

表 5　体育教师教育研究文献的核心作者分布表

作　者	文献数量
Nate McCaughtry	24
Juarez Vieira do Nascimento	10
Pamela Hodges Kulinna	10
Melinda A. Solmon	9
PH Kulinna	9
Andy Smith	8
Ann MacPhail	8
Bo shen	8

如图 7 国际体育教师教育的作者合作网络图中显示，Nate McCaughtry 既是核心作者，也是与相关领域作者合作较多的作者，以他为中心，boshen、macdonalD. cothran DJ、kulinna PH、Banville D. Kirk D. Haerens L、Macpgail A 等作者组成了体育教师教育领域的核心作者群，她们之间形成了一个真正意义上的合作团队，其次是以 Mcbride RE、Gao z、Zhang t、Gu xl、Xiang p、Carson RL 等六人组成的完全联通网络（六人中有四人是中国学者），其他的作者合作网络仅限于 2—4 人网络，这也说明在国际体育教师教育研究领域，合作密度较高，形成了较为固定的研究团队。这也给我国体育教师教育学科领域的研究人员提供

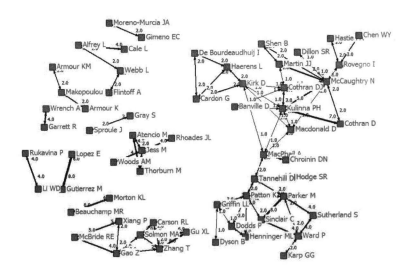

图7   国际体育教师教育领域作者合作网络图

了很好的合作对象的参考,鼓励我国研究人员走出校门,跨出国门,开展国际间的交流与合作,提升我国这一领域研究人员在国际上的地位。

3.2.2.2   国际体育教师教育研究的内容特征分析

(1) 国际体育教师教育的研究热点

关键词作为文章主题的概括和作者研究重点的提炼,它是从文献的标题、摘要中提炼出来的,对其进行共现分析,对于把握以个研究领域的热点问题是非常有意义的[①]。从 1603 篇文献中提取了 1540 个关键词,总的词频数为 13762 次,每个关键词的出现平均的频数是 8.94 次,此外,对数据进行了标准化处理,即将同、近义词进行合并,例如:Physical-education(Physical-educations),school(scools),student(studengts),perception(perceptions),

---

①   李芳,司虎克.国际学生体质健康领域的研究热点与前沿分析[J].首都体育学院学报,2014,26(1):40—45.

sport（sports），behavior（behaviors）teacher（teachers）sport
（sports）合并成 Physical-education、Physical-education、student、
perception、sport、behavior、teacher、sport，并将它们的频数累计
成关键词的出现频次，最后，提取出频数大于 20 次以上的 54 个高
频关键词，其总词频数达到 5578 次，占关键词总频数的 40.53%。
每个高频关键词平均出现的频率为 103.2 次。由平均出现的频次
课推测这 54 个高频关键词基本上代表了当前国际体育教师教育
领域前沿的主流领域和研究热点。运用科学计量学方法，通过 bi-
bexcel 软件，对这些出现频次超过 20 词以上的 54 个高频关键词
进行共现分析，生成共现矩阵，然后利用 ucinet 软件，进行关键词
共现图谱再通过聚类分析和因子分析，分别绘制以高频关键词为
内容的国际体育教师教育前沿知识图谱，从而客观形象的显示体
育教师教育的研究前沿和热点问题。

从国际体育教师教育前沿研究领域的高频关键词共词知识图
谱，可以看出由高频关键词聚类成的 4 个主流知识群，他们分别组
成了当前国际教师教育前沿研究和热点问题。

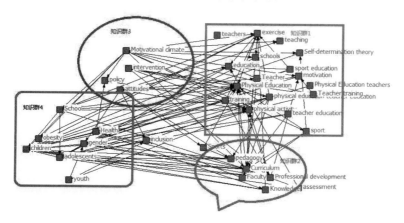

图 8　国际体育教师教育领域关键词共现图

对这 4 个知识群的内容和位置的解读后可以发现他们之间的相互关系，知识群 1，physical education，education，teaching，teacher，sport，physical activity，exercise，physical education teachers，sport education，teacher education 等高频关键词的出现，一方面可以被阐述为此研究领域主要集中在通过教师教育、运动、锻炼的形式培养体育教师，另一方面由于之前的研究发现新体育教师的学业成绩在高中时低于平均水平（chatoups，2007），而近年来，虽然学习成绩还是低于高中的平均水平，但是比过去的几代从事体育教育的新教师而言，已经有了大幅度的提高，也从一定程度上说明了体育教师的文化学业素养较以前相比有了很大的提高（Mccullick，2012）而 girls 这一高频词的出现可以理解为女性体育教师的比例正在不断增加。

知识群 2，curriculum，perception，knowledge，performance，pedagogy，program，achievement，professional-development，perspective，ability，competence 这些高频关键词的出现则揭示了当前体育教师所应该掌握的内容知识：包括课程知识、专业知识、教育学知识、即进行身体培育以及和教育相关的学科知识和教学能力等。此外，体育教师还应理解对一个人进行身体的培养和教育有关的体育教育的内容和学科概念。

知识群 3，Children，student，adolescents，school，youth，classroom，health，gender，obesity，overweight，body 这些高频关键词的出现可阐述为，作为即将踏上体育教师行业的学生体育教师而言，了解学校学生——青少年儿童的个体特征及发育规律是非常有必要的，同时不同的学生在学习方法和途径上的区别也是体育教师应该了解和钻研的，如此才能有区别而又恰当的对青少年个体进行身体培育的指导。United-states 这一词的高频出现则从一定程度上揭示了美国对体育教师教育这一研究领域投入了很大的关注度,这方面的研究成果很多,这也反映了与美国对教育的高度重视,同时与此前的文献来源国家中美国位列第一的研究结果想呼应。

知识群 4,model,,self-determination theory,self-determination,self-efficacy,intrinsic motivation,attitudes,motivation,behavior,prevalence,fitness,prevention,beliefs,participation,Intervention(介入),inclusion。这些高频词的出现说明了国际体育教师教育主要以自我决定理论作为指导,其中自我决定理论把动机分为内部动机(Intrinsic motivation)、外部动机(Extrinsic motivation)和无动机(Amotivation)三种类型。这也是要求体育教师要理解和应用个人和团体的动机和行为,来创造一个安全的学习环境,培养积极的社会影响、约定学习行为和自我动机。同时能够根据国家和州所颁布的体育教师标准的基础,计划开发多种发展性的、适当的教育策略和教育模式,来指导学生进行身体教育。

(2) 国际体育教师教育研究引文分析——知识基础

皮尔逊(persson,1994)在《美国信息科学学会会刊》指出知识基础是由引文文献的被引文献组成的,知识基础在相当长的一段时间内非常稳定[1]。因此对被引文献进行共被引分析,找出高被引文献,有助于确定一个研究领域的知识基础。通过知识基础的共被引分析,可以更进一步的了解本研究领域的热点,本研究利用citespaceⅡ对国际体育教师教育领域所收录的 1603 篇文献进行了参考文献的共被引分析,得到一个共被引文献的知识图谱。选取参

---

① 尹 龙,李 芳,司虎克,等. 基于知识图谱的国际足球训练研究现状与前沿分析[J]. 山东体育学院学报,2014,30(2):47—53.

考文献作为分析的节点，以 1 年为时间分割线，阈值设置 c（2，2，18）cc（3，2，19）ccv（4，4，20）后，运行软件得到 168 节点，231 条连线的共被引知识图谱（图略）。选取引用频次在 50 次以上的文献作为国际体育教师教育研究知识基础的具体分析对象（表 6）。

表 6　高被引文献（频次＞50）分布表

作　者	被引文献（出版源）	频　次
Kirk，D	Teaching Games for Understanding and Situated Learning：Rethinking the Bunker-Thorpe Model	226
McCaughtry N	The Emotional Dimensions of a Teacher's Pedagogical Content Knowledge：Influences on Content，Curriculum，and Pedagogy	69
Susan Capel	The interaction of factors which influence secondary student physical education teachers' knowledge and development as teachers	65
Matthew Curtner-Smith	Preservice teachers' conceptions of teaching within sport education and multi-activity units	65
Hong-Min Lee	Impact of Occupational Socialization on the Perspectives and Practices of Sport Pedagogy Doctoral Students	63
Bain，L. L.	Undergraduate physical education majors perceptions of the roles of teacher and coach	63
Pamela A	Enhancers and Inhibitors of Teacher Change Among Secondary Physical Educators	63
Dowling，	'Are PE teacher identities fit for postmodern schools or are they clinging to modernist notions of professionalism?' A case study of Norwegian PE teacher students' emerging professional identities	62
Bryan A	Practitioners' Perspectives on Values，Knowledge，ands skills needed by PETE participant	62
McMahon，Eileen	Learning to teach sport education：The experiences of a pre-service teacher	61

（续　表）

作　者	被引文献（出版源）	频　次
Stran，Margaret	Impact of different types of knowledge on two pre-service teachers' ability to learn and deliver the Sport Education model	59
Gay L. Timken	New Perspectives for Teaching Physical Education：Preservice Teachers' Reflections on Outdoor and Adventure Education	57
Stylianou，Michalis	Physical Education Teachers' Metaphors of Teaching and Learning	53
Woods，Amelia	National Board Certified Physical Educators：Background Characteristics，Subjective Warrants，and Motivations	50

　　理解式教学法（TGFU）是邦克和索普在 1982 年提出的用来替代传统的、技术主导的方式来进行游戏教学和学习的一种方法。在 19 世纪末、20 世纪初引起了体育研究人员的一股热潮，Ann MacPhail 的《教学游戏的理解和情境学习：反思邦克—索普模型》一文作为研究 TGFU 的代表作主要是对这一教学模式进行了反思和改良。[①]

　　虽然教师学生情感的认识通常不纳入教师研究"学科教学知识"研究，但 McCaughtry N 在其研究中采用了哲学的方法对最近的教师知识情感进行研究。通过一个中学体育老师的案例研究来说明教师如何了解学生的情感，以及这些情感怎么样联系自己的思想来决定教育内容，课程和教学法。通过 4 个月的观察和访谈收集相关数据后使用恒定的比较分析。通过三个主题来展示学生

---

　　① 　Kirk，D. ；MacPhail，A. Teaching Games for Understanding and Situated Learning：Rethinking the Bunker-Thorpe Model［J］. Journal of Teaching in Physical Education. 2002，21：177—192.

情感的如何影响这位老师的选择，1. 排序以及制定的课程单元，2. 在上课时方便大家学习她的教学操纵，3. 以及她与学生个人和学生群体的互动。最后围绕需要扩大教师的学科教学知识，以及加强对学生情感的认识在教学中的重要性这一中心展开讨论。对研究情感在教学中的作用以及未来发展方向提出了很好借鉴。[①]

Susan Capel 为了观察关注度与社会化之间的相互关系及其它们对学生体育教师的教学知识与教师专业发展的影响。六名职前体育教师完成了按月记录其在整个一年的职前教师教育课程的过程。在六月份实习结束采访了这些学生的老师和他们学校的导师均。对她们的回答进行归纳分析。结果发现影响这些学生的全年教师发展的一个主要因素是他们自己对自己的过渡关注，为了通过这项考核，他们的教学设计和他们教学的内容被改写。这些影响是由实习前或实习中教师社会化所造成的。反过来，这也影响了她们对不同课程的重要性及价值的看法在此基础上更进一步讨论了职前体育教师怎么真正成为一个教师的历程。从而为体育教育专业毕业生成为一名真正体育教师提供了指导意义。[②]

为了了解职前体育教师对教学教育和多项运动组合教学的概念 Matthew Curtner-Smith 选取了 15 美国职前教师，对他们早期的现场教学过程中体育教育和的多项运动组合教学进行归纳总结。[③]

———————————

① Nate McCaughtry. The Emotional Dimensions of a Teacher's Pedagogical Content Knowledge: Influences on Content, Curriculum, and Pedagogy[J]. JTPE. 2004, 23 (1).

② Susan Capel; Sid Hayes; Will Katene; Philipa Velija. The interaction of factors which influence secondary student physical education teachers' knowledge and development as teachers[J]. European Physical Education Review. 2011, 17(02): 183—201.

③ Matthew Curtner-Smith; Seidu Sofo. Preservice teachers conceptions of teaching within sport education and multi-activity units[J]. Sport, Education and Society. 2004, 9(3): 347—377.

Hong-Min Lee 对体育教育学博士生进行调查研究职业社会化对她们的观点和做法的影响。研究结果证明学生的研究生教育是特别有效的,功能相当强大的。这很大程度上是因为从业重点硕士学位课程教学并参与本科生的教师教育的教师影响力的较大,对于职业社会化了解透彻。[①]

Bain,Linda L 通过对 80 名体育教育专业毕业生进行调查研究后结果显示教师与教练的角色冲突与角色紧张主要与她们的期望角色联系紧密。[②]

Pamela A 在文中指出中学体育教师角色的促进剂来自教师的自信和观念,以及领导、同事以及学生的认可。而影响中学体育教师角色变化的抑制剂是地区的政策和做法,教育优先事项。文中可以让我们更好地了解老师的变化过程,将有助于中学体育教师设计出更有效的专业发展课程。[③]

Dowling 通过分析学生教师这一新兴的专业身份,不仅揭示了学生对专业的主观意义,同时也分析了当前体育教师教育现行的有关的专业知识教学结构。[④]

Bryan A. McCullick 在《体育教师从业参加者需要的价值观,

①　Hong-Min Lee;Matthew D. Curtner-Smith. Impact of Occupational Socialization on the Perspectives and Practices of Sport Pedagogy Doctoral Students[J]. JTPE. 2011,30(3):296—313.

②　Bain,Linda L.. Undergraduate physical education majors' perceptions of the roles of teacher and coach. [J]. Research Quarterly for Exercise and Sport. 1983,54(2):112—118.

③　Pamela A. Bechtel;Mary O'Sullivan. Enhancers and Inhibitors of Teacher Change Among Secondary Physical Educators[J]. JTPE. 2007,26(3):221—235.

④　Dowling,Fiona. Are PE teacher identities fit for postmodern schools or are they clinging to modernist notions of professionalism?' A case study of Norwegian PE teacher students' emerging professional identities[J]. Sport,Education and Society. 2011,16(2):201—222.

知识和技能展望》一文中指出想要从事体育教师这一职业的大学毕业生首先应热爱体力活动、自己身体健康同时要持有一颗热爱孩子的心，在此基础上能够区别对待、因材施教。此外，诚实、具有强的社会适应能力，有致力于教育专业的决心，也是作为一名合格体育教师的必备条件。文中建议具体可由她们的学生来判别谁会是好的体育教师，文章针对体育教师教育提出了很多宝贵的意见和建议。①

McMahon，Eileen 从职前体育教师的角度确定和理解研究促进或抑制教学模式的机制，研究过去的教学经验和学校文化是怎样影响体育教师教育。②

《不同类型的知识对两个职前教师的学习和传递运动教育模式能力的影响》一文探索了运动教学和体育教育的教学不同的知识类型和它们所收购并开发这方面的知识的途径的相对重要性。③

Gay L. Timken 针对职前体育教师对于是在一个体育活动教学法课程中融入教学和户外探险教育的看法开展了研究。运用了教师信念，职业社会化和体验式学习等理论，最终研究结果对于体育教师教育的启示在于引入新颖的体育刺激学生强烈的情绪反应因为挑战与感知和（或）实际的冒险行为一样都可以作为激发学生

---

① Bryan A. McCullick. Practitioners' Perspectives on Values，Knowledge，ands skills needed by PETE participant[J]. journal of teaching in physical education，2001，21：35—56.

② McMahon，Eileen；MacPhail，Ann. Learning to teach sport education：The experiences of a pre-service teacher[J]. European Physical Education Review. 2007（NO. 2，）：229—246.

③ Stran，Margaret；Curtner-Smith，Matthew. Impact of different types of knowledge on two preservice teachers' ability to learn and deliver the Sport Education model. [J]. Physical Education and Sport Pedagogy. 201015（3）：243.

信念改变的一个可行性办法。[1]

《体育教师的教学隐喻》一文的理论指导思想为隐喻教学文化和职业社会化。其目的是审查在职体育教师的初期(进入行业前)、现期,教学隐喻、相关因素以及由她们的教学经验所形成的教学隐喻的潜在区别。通过不断比较和分析归纳揭示三个主题和几个副主题:(一)流动性(自己的定义,隐喻的组合),(二)形成教学的初步意见(涵化,专业社会化),以及(c)进化力量和制约因素(经验,考试成绩的压力,时间分配,资源)。这些结果都将影响职前及在职教师教育课程。[2]

《美国教育委员会认证的体育教师:背景特征、主观认证及动机》研究向1200名被美国教育委员会认证的体育教师中发放了819份问卷后回收了334份,最后随机访谈了60名。结果发现这60名教师中以女性为主(79%),白人(78.9%),持有硕士学位的居多(71.1%),大部分在基层(55.1%)工作。平均年龄为45岁,平均有20年的教学经验。美国教育委员会认证的体育教师的主观认证包括以下几个方面:自身热爱和享受体育活动;能再工作中即教导、帮助儿童中获取快乐;持续坚持运动,从事相关体力活动。而动机主要是对自我的挑战、国家的激励机制以及对自身专业发展的期望。[3]

---

① Gay L. Timken; Jeff McNamee. New Perspectives for Teaching Physical Education:Preservice Teachers' Reflections on Outdoor and Adventure Education[J]. JTPE. 2012,31(1):21—38.

② Stylianou, Michalis; Kulinna, Pamela Hodges; Cothran, Donetta; Ja Youn Kwon. Physical Education Teachers' Metaphors of Teaching and Learning. [J]. Journal of Teaching in Physical Education. 2013,32(1):22—45.

③ Woods, Amelia Mays; Rhoades, Jesse Lee. National Board Certified Physical Educators:Background Characteristics, Subjective Warrants, and Motivations. [J]. Journal of Teaching in Physical Education. 2010,29(3):312.

综上所述,近十年来国际体育教师教育的研究热点还是教师社会化(包括入学前的社会化、入职前的社会化、职业中的社会化)的一个延续,不过更关注了学生体育教师的社会化、体育教师的专业标准、体育教师的教学内容、教学环境以及大学体育教师对学生教师的影响、体育教师的心理对职业的影响方面。

(3) 国际体育教师教育研究发展趋势

CiteSpaceⅡ软件中的膨胀词探测(burst detection)技术和算法,通过探究主题词词频的时间分布,将其中频次变化率高的词(burst term)从大量的词中探测出来,依靠词频的变化趋势可以预测今后体育教师教育健康研究的发展趋势①。以关键词为节点,以一年为分割点,运行软件,结果以 Timezone(时区)的方式显示,得到了可以描绘国际体育教师教育研究发展趋势的时区视图,得到变化频率在最高的相关的膨胀词(见图 9)。图 5 显示的是由一组最新热点构成的研究前沿,它代表着一个研究领域当前的思想现状,从该图可以看到近 10 年来的体育教师教育研究的发展脉络,以及研究前沿与当前的研究热点之间千丝万缕的联系②。

从图 9 中代表研究前沿的那些突变词与关键词中,关键词变化率最高的词是 teacher-educator(教师教员),膨胀系数达到了12.6,这就说明多年来一直不变的体育教师教育的重点一直没有离开过培养体育教师的大学教师。学生教师在校期间多受的教育以及教师对其影响在其一生的职业生涯中的影响都是不可磨灭的。其次,methods-course(课堂方法)、job-satisfaction(工作满意

① 赵蓉英,王 菊.图书馆学知识图谱分析[J].中国图书馆学报,2011,37(192):40—49.

② LIVINGSTONE,MBE. Energy-expenditure and physical-activity in relation to fitness in children [J]. proceedings of the nutrition society,1994,53 (1):207—221.

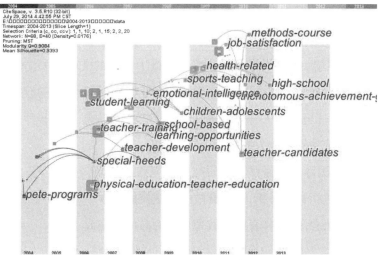

图 9 国际体育教师教育发展趋势的时区视图

度)、health-related(与健康相关的)、sports-teaching(体育教育)、emotional-intelligence(情商)、trichotomos-achivement-goal(成就目标三分法)、student-learning(学生学习)、teacher-training(教师培训)、leaning-opportunities(学习机会)、teacher-development(教师发展)、teacher-candidates(教师候选人)、special-needs(特殊需求)、phyisical-education-teacher-education(体育教师教育),从这些高突变词来看,国际体育教师教育的研究趋势更倾向于对学生的心理特点进行深入分析,通过有效的课堂技能教学和提高学生学习、实习的机会,保证体育教师教育计划的高质量完成。

小结:

① 承担体育教师教育领域的科研机构99％以上的都是高校,这也与体育教师教育这一学科特色相吻合。在国际体育教师教育研究领域,作者合作密度较高,形成了较为固定的研究团队。

② 国际体育教师教育的研究热点主要集中在体育教师的文化学业素养、当前体育教师所应该掌握的内容知识、对学生的个体

特征与发育规律的了解、根据学生的心理创造学习环境、根据国体育教师标准开发多种发展性的、适当的教育策略和教育模式。

③ 国际体育教师教育研究领域近十年来的文献更关注的是学生体育教师的社会化、体育教师的专业标准、体育教师的教学内容、教学环境以及大学体育教师对学生教师的影响、体育教师的心理对职业的影响等方面。

④ 国际体育教师教育研究的研究前沿更倾向于对学生的心理特点进行深入分析,通过有效的课堂技能教学和提高学生学习、实习的机会,保证体育教师教育计划的高质量完成。

3.2.3　中外体育教师教育研究前沿热点对比分析

3.2.3.1　中外体育教师教育研究外部特征对比分析

（1）中外体育教师教育文献来源出版物分析

表7　中外体育教师教育文献来源出版物分布（前十位）

排名	来源出版物 （国际/国内）	刊出数量 （国际/国内）	百分比% （国际/国内）
1	体育教育教学杂志/北京体育大学学报	122/14	10.12/11.1
2	运动、教育与社会/教育与职业	97/13	8.05/10.3
3	欧洲体育教育评论/体育学刊	89/11	7.39/8.7
4	体育教育与体育教育学/中国成人教育	73/9	6.06/7.1
5	运动/武汉体育学院学报	63/7	5.29/5.6
6	运动与体育研究季刊/山东体育学院学报	55/5	4.56/4.0
7	体育教育与运动动机杂志/教学与管理	46/4	3.62/3.2
8	探索/广州体育学院学报	36/3	2.39/2.4
9	美国能源科学与技术教育部社会和教育研究/继续教育研究	24/3	1.99/2.4
10	学生健康杂志/其他	20/57	1.66/45

如表 7 所示,国际体育教师教育研究领域排名前 10 的期刊的发文总量达 625 篇,占样本总量 1205 篇的 51%,说明这十本期刊对体育教师教育方面的研究成果颇为青睐,而国内排名前九的刊物的发文总量为 69,占近 56%,因此这九本刊物也是国内体育教师教育领域的主要来源期刊。这也说明在体育教师教育领域,这些期刊对相关研究成果更感兴趣,可以作为其投稿的主要备选期刊。

(2) 中外体育教师教育的年发文量对比分析

学术文献数量的变化情况是衡量某领域发展的重要指标,对其文献分布做历史的、全面的统计、绘制相应的分布曲线,为评价该领域所处阶段,预测发展趋势和动态具有重要意义[①]。从图 10 的中外体育教师教育文献的年度分布情况来看,我国体育教师教育研究的热忱基本呈平稳上升的趋势,而国际体育教育研究的发

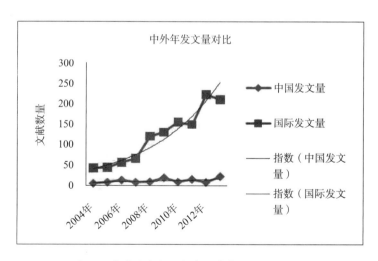

图 10　中外体育教师教育研究年发文量对比图

① 尹龙,李芳. 基于知识图谱的学生体质健康研究[J]. 福建体育科技,2014,33(1):49—51.

文量呈现增长态势更为明显。这在一定程度上发映出,不论是在国内还是在国际上,体育教师教育研究这一领域都处于一个蓬勃发展的时期,各国学者都很关注这一论题。

(3) 中外体育教师教育文献的 H 指数对比分析

从 Web of science 数据库引文分析报告中得出国际体育教师教育领域论文的 H 指数为 32,但国内体育教师教育领域论文的 H 指数仅为 17(CNKI 数据库分析结果),两者之间相差较大。H 指数越高,说明在这一领域的研究不仅在数量上还是质量上都发展到了一个较高的阶段,因此国际上对体育教师教育研究的质量处于一个较高的层面,随着我国体育教师教育改革的进一步推进,各个学科的教师专业标准将相继出台,此领域的研究前景较好,无论从国际还是国内的背景来看,国内学者都应对这一领域的研究充满信心。

(4) 中外体育教师教育文献的研究机构对比分布

表8 中外体育教师教育文献的研究机构分布表

排名	研究机构 (国际/国内)	文献数量 (国际/国内)	百分比% (国际/国内)
1	加州州立大学/华东师范大学	39/9	16.18/7.1
2	利默里克大学/华中师范大学	31/7	12.86/5.6
3	韦恩州立大学/上海体育学院	30/5	12.44/4.0
4	昆士兰大学/福建师范大学	26/4	10.78/3.2
5	俄亥俄州立大学/江南大学	26/3	10.78/2.4
6	拉夫堡大学/山东体育学院	26/3	10.78/2.4
7	伯明翰大学/河南师范大学	25/3	10.37/2.4
8	亚利桑那州立大学/山西师范大学	25/3	10.37/2.4
9	阿拉巴马大学/湖南师范大学	23/3	9.54/2.4
10	北卡罗莱纳大学/南京师范大学	22/3	9.12/2.4

从中外体育教师教育文献的研究机构分布表来看,国际与国内承担体育教师教育领域的科研机构99％以上的都是高校,这也与体育教师教育这一学科特色相吻合。国际研究机构主要集中加州州立、利默里克、韦恩州立等大学,国内则主要集中在华东师范大学、华中师范大学和上海体育学院,这些信息能为从事体育教师教育研究的学者提供进一步深造、交流、合作的方向。

(5) 中外体育教师教育文献的核心作者与作者合作网络分布对比

表9 中外体育教师教育研究文献的高产作者分布一览表

国际核心作者	文献数	国内核心作者	文献数
Nate McCaughtry	22	王 健	6
Kulinna Ph	20	黄爱峰	5
Mckenzie Tl	13	季 浏	4
Macphail A	12	潘凌云	3
Ntoumanis N	11	吴 昊	3
O'sullivan M	10	林 陶	3
Do nascimentoJv	10	顾渊彦	2
Cothran D	10	赵丽萍	2
Smith A	9	赵 进	2
Martin JJ	9	汪晓赞	2

从事体育教师教育研究的高产作者表中显示,在此领域中,国际发表系列论文最多的作者是 Nate Mc Caughtry,其在这十年中就发表了相关论文达22篇之多,而国内最高的王健发表的相关论文仅为9篇,与国际核心作者之间还有一定的差距,还存在很大的提升空间。表7中列出的核心作者都是国内体育教师教育研究领域的领头人,可以成为立志从事这方面研究的学者的请教对象和合作对象,他们的相关经典代表作也值得我们仔细拜读。

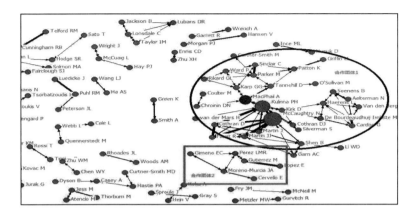

图 11　国际体育教师教育的作者合作网络图

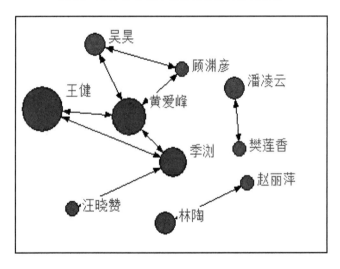

图 12　中国体育教师教育的作者合作网络图

从图 11 国际体育教师教育的作者合作网络图（选取发文量5 次以上的高产作者）中显示，Nate McCaughtry 既是核心作者，也是与相关领域作者合作较多的作者，以他为中心，Kulinna PH，Macphail A，Parker M、Haerens L、Cothran DJ、Banville D.Kirk D. Martin J 等作者组成了体育教师教育领域的核心作者群，她们之间形成了一个真正意义上的合作团队（黑色椭圆圈），其次是以 Perez LMR，Gimeno EC，Gutierrez M，Moreno-Murica JA，Cervello E，Lopez E 六人组成的完全联通网络（绿色矩形圈出），其他的作者合作网络仅限于 2—4 人网络。图 12 国内体育教师教育的作者合作网络图（选取发文量 2 次以上的高产作者）中显示，王健、黄爱峰、季浏、顾渊彦、吴昊、汪晓赞六人形成了国内的核心作者群，其他作者之间的合作关系并不稳定。总的来说，在国际体育教师教育研究领域，合作密度较高，形成了较为固定的研究团队。这也给我国体育教师教育学科领域的研究人员提供了很好的合作对象的参考，鼓励我国研究人员走出校门，跨出国门，开展国际间的交流与合作，提升我国这一领域研究人员在国际上的地位。

3.2.3.2 国内外体育教师教育研究的内容特征分析

（1）国内外体育教师教育的研究热点对比

关键词作为文章主题的概括和作者研究重点的提炼，它是从文献的标题、摘要中提炼出来的，对其进行共现分析，对于把握一个研究领域的热点问题是非常有意义的[①]。从 1205 篇国际体育教师教育文献中提取了 2337 个关键词，总的词频数为 9944 次，每个关键词的出现平均的频数是 4.26 次；从 126 篇国内体育教师教育文献中提取了 501 个关键词，总的词频数是 1366 次，每个关键词的平均频数为 2.67 次。此外，对数据进行了标准化处理，即将同、近义词进行合并。运用科学文献计量学方法，借助 citespace Ⅱ 软件对关键词进行共现分析，以 2004—2013 年 1 年为一个分割线，在阈值项选项中选择"Threshold In-

---

① 李芳，司虎克.国际学生体质健康领域的研究热点与前沿分析[J].首都体育学院学报，2014，26（1）：40—45.

terpolation（阈值插值）"，阈值分别设定为（2，2，15；3，2，18；3，3，20），选择 Minimum Spanning Tree 算法，对国际上 1205 篇文献和国内 126 篇文献的关键词进行共现分析，从中选择前 20 名的高频关键词制成表 10。通过聚类分析和因子分析，分别绘制以高频关键词为内容的国内外体育教师教育前沿知识图谱（见图 13、图 14），从而客观形象的揭示国内外体育教师教育的研究热点问题。

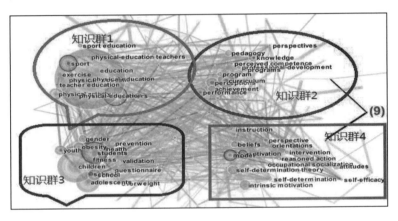

图 13　国际体育教师教育研究高频关键词共现图

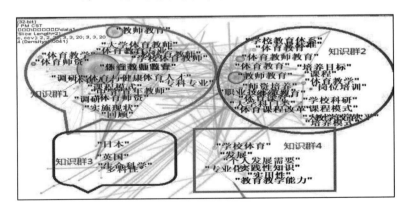

图 14　中国体育教师教育研究高频关键词共现图

表 10 中外体育教师教育研究领域高频关键词一览表(前 20 名)

序号	国际 高频关键词	频次	中心度	序号	国内 高频关键词	频次	中心度
1	physical education (体育教育)	276	0.1	1	体育教师	51	0.67
2	children(儿童)	150	0.06	2	教师教育	30	0.59
3	physical-education (体育教育)	118	0.12	3	体育教师教育	24	0.18
4	students(学生)	111	0.15	4	体育教育专业	20	0
5	adolescents(青少年)	102	0.04	5	专业化	18	0.08
6	teachers(教师)	96	0.13	6	体育教育	18	0.07
7	sport(运动)	79	0.15	7	学校体育	18	0
8	curriculum(课程)	76	0.06	8	中国	16	0
9	physical activity(体育活动)	76	0.12	9	教师专业化	15	0
10	education(教育)	69	0.03	10	培养模式	14	0
11	intrinsic motivation (内部动机)	62	0.08	11	美国	14	0.17
12	school(学校)	62	0.08	12	课程标准	14	0.21
13	perceptions(感知)	61	0.07	13	高校体育教师	14	0
14	youth(青少年)	61	0.14	14	中学	13	0
15	knowledge(知识)	55	0.05	15	体育与健康	13	0
16	gender(性别)	54	0.06	16	体育卫生	13	0
17	health(健康)	54	0.02	17	体育教学	13	0
18	model(模式)	54	0.11	18	发展	13	0.04
19	performance(绩效)	54	0.06	19	培养目标	13	0.06
20	attitudes(态度)	51	0.15	20	大学体育	13	0.09

从国内外体育教师教育前沿研究领域的高频关键词一览表(表 10)和国内外高频关键词共现图 13 和图 14 中可以看出由高频关键词聚类成 4 个主流知识群,他们组成了当前国内外体

育教师教育研究热点。（表 11 是国际研究热点，表 12 为国内研究热点）

表 11   国际体育教师教育领域文献的研究热点

知识群	关键词及内容概述
1 教师的培养及学生教师社会化	physical education(体育教育)，education(教育)，teaching(教学)，teacher(教师)，sport(运动)，physical activity(体力活动)，exercise(练习)，physical education teachers(体育教师)，sport education(运动教育)，teacher education(教师教育)，Socialization(社会化)等关键词说明国际上体育教师教育的研究对象为体育教师(包括职前和职中)，培养体育教师教育的手段——教师教育、运动、锻炼，学生教师的社会化。Girls(女性)这一高频词的出现可以理解为女性体育教师的比例正在不断增加。
2 教师的知识结构及师生共情	curriculum(课程)，perception(感知)，knowledge(知识)，performance(绩效)，pedagogy(教学法)，program(程序)，achievement(成绩)，ability(能力)，professional-development(专业发展)，perspective(判断法)，competence(能力)等关键词说明体育教师应掌握的内容知识——课程知识、专业知识、教育学知识、即进行身体培育以及和教育相关的学科知识和教学能力等实践性知识。此外，empathy(移情)则强调教师与学生之间的共情作用对于教师的成长也是非常关键的，因此体育教师与学生之间的情感也是国际体育教师教育研究的热点之一。
3 身心发展规律与教学	Children(儿童)，student(学生)，adolescents(青少年)，school(学校)，youth(青少年)，classroom(课堂)，health(健康)，gender(性别)，obesity(肥胖)，overweight(超重)，body(身体)等关键词说明未来体育教师的教学对象主要是青少年，她们应该了解学校学生——青少年儿童的个体特征及发育规律是非常有必要的，尤其针对当前青少年肥胖现象剧增和体力活动严重不足的现实情况，不同的学生在学习方法和途径上的区别也是体育教师应该了解和钻研的，如此才能有区别而又恰当的对青少年个体进行身体培育的指导。
4 动机与课程模式的设计	model(模式)，self-determination theory(自我决定理论)，self-determination(自我决定)，self-efficacy (自我效能)，intrinsic motivation(内部动机)，attitudes(态度)，motivation (动机)，behavior(行为)，prevalence(流行)，fitness(健康)，prevention(预防)，beliefs(信念)，participation(参与)， Intervention(介

（续 表）

知识群	关键词及内容概述
	入），inclusion（包含）等关键词说明国际体育教师教育研究主要以自我决定理论作为指导，其中自我决定理论把动机分为内部动机（Intrinsic motivation）、外部动机（Extrinsic motivation）和无动机（Amotivation）三种类型。要求体育教师要理解和应用个人和团体的动机和行为，来创造一个安全的学习环境，培养积极的社会影响、约定学习行为和自我动机。同时能够根据国家和州所颁布的体育教师标准的基础，计划开发多种发展性的、适当的教育策略和教育模式，来指导学生进行身体教育。

注：学生教师来源于"student-teacher"翻译，即我国通常的实习教师，特指未来要从事教师行业并且承担教学活动的在校大学生，强调其学生和教师的双重身份，下同。

综合表 11 的观点，国际体育教师教育的研究热点主要集中在体育教师的培养以及学生教师的社会化、当前体育教师所应该掌握的内容知识以及师生间的共情作用、对学生的个体特征与发育规律的了解、根据学生的心理创造学习环境、体育教师的动机、根据国家体育教师标准开发多种发展性的、适当的教育策略和教育模式。而总结表 12 的内容发现，国内体育教师教育的研究热点中体育教师专业化、体育教师教育的发展方式问题、体育教师教育的改革以及国际借鉴是重点。

表 12　国内体育教师教育领域文献的研究热点

知识群	关键词及内容概述
1 对象与方法	体育教育专业、专科专业、体育教师、体育师资、学校体育教师、中小学体育教师、调研、实施现状、回顾等关键词说明国内体育教师教育研究的对象主要是职前体育教师及职中体育教师，方法多采用对现状的调查与资料法对过去的回顾。
2 教师教育改革	教师教育、体育教师教育、继续教育、师资培养、教育、体育、职后教育、体育教学、教学改革、培养模式、培养目标、课程设置、课程改革、教育改革、课程等关键词可以解释成国内体育教师

（续　表）

知识群	关键词及内容概述
2 教师教育改革	教育的手段主要是通过教师教育,具体的操作方法是通过改革培养目标、进行课程设置的修订从而促进进一步的教学改革来更好的培养体育师资。
3 教师专业化	学校体育、专业化、发展、教师专业化、教育教学能力等关键词说明国内发展体育教师教育的目标即为学校体育提供教学能力强的专业化的体育教师。
4 国际借鉴	日本、英国、多科性、生命科学等关键词说明国内体育教师教育借鉴的其他国家、其他学科的研究成果。

（2）国际体育教师教育研究热点的知识基础

皮尔逊(persson,1994)在《美国信息科学学会会刊》指出知识基础是由引文文献的被引文献组成的,知识基础在相当长的一段时间内非常稳定[①]。因此对体育教师教育研究的被引文献进行共被引分析,找出高被引文献,有助于确定该领域的知识基础,从而更进一步的了解本研究领域的热点。本研究利用 citespace Ⅱ 对国际体育教师教育领域刊载的 1205 篇文献所标引的参考文献进行了共被引分析,得到其引文共现图谱。以参考文献作为图谱节点,以 2 年为时间分割线,阈值设置 c(2,1,15)cc(2,2,18)ccv(4,3,20)后,运行软件得到 224 节点,357 条连线的共被引知识图谱(如图 15 所示)。最后选取引用频次在 50 次以上的文献作为国际体育教师教育研究知识基础,表 13—表 16 分别列出国际体育教师教育 4 个知识群的高频引用文献。(由于 CNKI 数据库不能下载文献的参考文献,故研究只列举了国际体育教师教育研究热点的知识基础,这也是研究的一个局限性。)

---

① 尹龙,李芳,司虎克,等.基于知识图谱的国际足球训练研究现状与前沿分析[J].山东体育学院学报,2014,30(2):47—53.

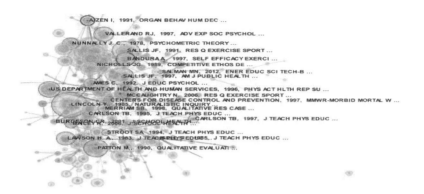

图 15　国际体育教师教育研究基础共被引知识图谱

表 13　"教师的培养及社会化"知识群的施引文献一览表

序号	被引次数	施引文献	主要观点
1	65	The interaction of factors which influence secondary student physical education teachers' knowledge and development as teachers(影响初中体育实习教师的教学知识与专业发展成长的因素)	关注度与社会化之间的相互关系及其它们对学生体育教师的教学知识与教师专业发展的影响①
2	63	Impact of Occupational Socialization on the Perspectives and Practices of Sport Pedagogy Doctoral Students(职业社会化对于体育教育博士生观念和实践的影响)	硕士学位课程教学及参与本科生的教师教育影响力重大,对于职业社会化了解透彻②
3	59	Impact of different types of knowledge on two pre-service teachers' ability to learn and deliver the Sport Education model(不同类型的知识对两个职前教师的学习和传递运动教育模式能力的影响)	运动教育与体育教育对职前体育教师在学习和传递运动教育模式能力方面的影响③

①　Susan Capel;Sid Hayes;Will Katene;Philipa Velija. The interaction of factors which influence secondary student physical education teachers' knowledge and development as teachers[J]. European Physical Education Review,2011,17(2):187.

②　Hong-Min Lee,Matthew D. Curtner-Smith. Impact of Occupational Socialization on the Perspectives and Practices of Sport Pedagogy Doctoral Students[J]. JTPE. 2011,30(3):296—313.

③　Stran,Margaret; Curtner-Smith,Matthew. Impact of different types of knowledge on two pre-service teachers' ability to learn and deliver the Sport Education model. [J]. Physical Education and Sport Pedagogy. 2010,15 (3):243—256.

（续　表）

序号	被引次数	施引文献	主要观点
4	50	National Board Certified Physical Educators：Background Characteristics，Subjective Warrants，and Motivations（美国教育委员会认证的体育教师：背景特征、主观认证及动机）	女性体育教师的比例大幅提升①

表 14　"教师的知识结构及师生共情"知识群的施引文献一览表

序号	被引次数	施引文献	主要观点
1	226	Teaching Games for Understanding and Situated Learning：Rethinking the Bunker-Thorpe Model.（教学游戏的理解和情境学习：反思邦克 - 索普模型）	反思与改良理解式教学法，以游戏的形式进行教学②
2	69	The Emotional Dimensions of a Teacher's Pedagogical Content Knowledge：Influences on Content，Curriculum，and Pedagogy.（影响教师教学内容、课程以及教学的情感维度知识）	学生的情感对于体育教师的课程内容与课程设计的影响，共情作用对教学效果的影响③
3	65	The interaction of factors which influence secondary student physical education teachers' knowledge and development as teachers（影响初中体育实习教师的教学知识与专业发展成长的因素）	体育教育专业实习生的知识结构及其受社会化及社会关注度的影响④

---

①　2 Woods，Amelia Mays；Rhoades，Jesse Lee. National Board Certified Physical Educators：Background Characteristics，Subjective Warrants，and Motivations. [J]. Journal of Teaching in Physical Education. 2010，29（3）：318.

②　Kirk，D. ；MacPhail，A. Teaching Games for Understanding and Situated Learning：Rethinking the Bunker-Thorpe Model[J]. Journal of Teaching in Physical Education. 2002，21：177—192.

③　Nate McCaughtry. The Emotional Dimensions of a Teacher's Pedagogical Content Knowledge：Influences on Content，Curriculum，and Pedagogy[J]. JTPE. 2004，23（1）：30—47.

④　Susan Capel；Sid Hayes；Will Katene；Philipa Velija. The interaction of factors which influence secondary student physical education teachers' knowledge and development as teachers[J]. European Physical Education Review，2011，17（2）：192.

（续　表）

序号	被引次数	施引文献	主要观点
4	65	Preservice teachers' conceptions of teaching within sport education and multi-activity units（职前教师对运动教育与多种活动教学模式的思考）	职前体育教师对于体育教育中融合多项运动组合教学的新模式的认可①
4	62	'Are PE teacher identities fit for postmodern schools or are they clinging to modernist notions of professionalism?' A case study of Norwegian PE teacher students' emerging professional identities.（体育教师应适应后现代主义教育还是坚持现代主义理念下的专业化？挪威学生体育教师职业身份认同形成的案例研究）	了解学生教师对专业的主观意义，分析当前体育教师教育现行的有关的专业知识教学结构②
5	62	Practitioners' Perspectives on Values, Knowledge, ands skills needed by PETE participant（体育教师从业参加者需要的价值观，知识和技能展望）	体育教师从业参加者需要的价值观，知识和技能③

---

① Matthew Curtner-Smith; Seidu Sofo. Pre-service teachers' conceptions of teaching within sport education and multi-activity units[J]. Sport, Education and Society. 2004,9(3):347—377.

② Dowling, Fiona. Are PE teacher identities fit for postmodern schools or are they clinging to modernist notions of professionalism? 'A case study of Norwegian PE teacher students' emerging professional identities[J]. Sport, Education and Society. 2011,16(2): 201—222.

③ Bryan A. McCullick. Practitioners' Perspectives on Values, Knowledge, ands skills needed by PETE participant[J]. journal of teaching in physical education,2001,21: 35.

表 15 "身心发展规律与教学"知识群的施引文献一览表

序号	被引次数	施引文献	主要观点
1	62	Practitioners' Perspectives on Values, Knowledge, ands skills needed by PETE participant(体育教师从业参加者需要的价值观,知识和技能展望)	体育教师从业人员要有教育热忱、能因材施教,掌握学生的身心发展规律①
2	57	New Perspectives for Teaching Physical Education: Preservice Teachers' Reflections on Outdoor and Adventure Education(体育教学新观念:职前教师对户外和探险运动的思考)	针对青少年的兴趣,开发类如户外、探险教育等项目进入体育课堂②
3	50	National Board Certified Physical Educators: Background Characteristics, Subjective Warrants, and Motivations (美国教育委员会认证的体育教师:背景特征、主观认证及动机)	美国教育委员会认证的体育教师的主观认证重点之一:能在工作中即教导、帮助儿童中获取快乐③

表 16 "动机与课程模式的设计"知识群的施引文献一览表

序号	被引次数	施引文献	主要观点
1	63	Undergraduate physical education majors perceptions of the roles of teacher and coach. (体育教育专业本科生对教师和教练的角色的认知)	体育教师与教练的角色冲突与角色紧张主要与她们的期望角色联系紧密④

---

① Bryan A. McCullick. Practitioners' Perspectives on Values, Knowledge, ands skills needed by PETE participant[J]. journal of teaching in physical education,2001,21:36.

② Gay L. Timken; Jeff McNamee. New Perspectives for Teaching Physical Education: Pre-service Teachers' Reflections on Outdoor and Adventure Education[J]. JTPE. 2012,31(1):21—38.

③ Woods,Amelia Mays; Rhoades,Jesse Lee. National Board Certified Physical Educators:Background Characteristics,Subjective Warrants,and Motivations. [J]. Journal of Teaching in Physical Education. 2010,29(3):322.

④ Bain,Linda L. . Undergraduate physical education majors' perceptions of the roles of teacher and coach. [J]. Research Quarterly for Exercise and Sport. 1983,54(2):112—118.

（续 表）

序号	被引次数	施引文献	主要观点
2	63	Enhancers and Inhibitors of Teacher Change Among Secondary Physical Educators（影响体育教师角色转变的正、负面因素）	体育教师角色的促进剂来自教师的自信和观念，以及领导、同事以及学生的认可①
3	61	Learning to teach sport education：The experiences of a pre-service teacher（学习教运动教育：一个职前体育教师的经验）	从职前体育教师的角度确定和理解研究促进或抑制教学模式的机制②
4	50	National Board Certified Physical Educators：Background Characteristics，Subjective Warrants，and Motivations（美国教育委员会认证的体育教师：背景特征、主观认证及动机）	体育教师从事本行业的主要动机主要是对自我的挑战、国家的激励机制以及对自身专业发展的期望③

细读以上经典文献后，发现十年来国际体育教师教育的研究热点还是教师社会化（包括入学前的社会化、入职前的社会化、职业中的社会化）的一个延续，不过更关注了学生体育教师的社会化、体育教师的专业标准、体育教师的教学内容、教学环境以及大学体育教师对学生教师的影响、体育教师的心理对职业的影响方面。

（3）国际体育教师教育研究前沿对比分析

某个领域的研究趋势和前沿的判定方法主要有定性和定量方

---

① Pamela A. Bechtel；Mary O'Sullivan. Enhancers and Inhibitors of Teacher Change Among Secondary Physical Educators[J]. JTPE. 2007，26(3)：221—235.

② McMahon，Eileen；MacPhail，Ann. Learning to teach sport education：The experiences of a pre-service teacher[J]. European Physical Education Review. 2007(2)：229—246.

③ Woods，Amelia Mays；Rhoades，Jesse Lee. National Board Certified Physical Educators：Background Characteristics，Subjective Warrants，and Motivations. [J]. Journal of Teaching in Physical Education. 2010，29(3)：325.

法两种，定性方法一般采用文献综述和德尔菲法，判断的结果受研究者的经验和知识结构影响，存在一定程度的主观性和不精确性，定量方法具有较好的客观性和科学性，但目前也还没有一个公认的标准，存在多种探测方法，如引文分析法、词频分析法、多元统计分析法、复杂网络分析法。研究选择陈超美教授开发 CiteSpace Ⅱ 软件中的膨胀词探测（burst detection）技术和算法，该方法融引文分析法和复杂网络分析法于一体，通过探究主题词词频的时间分布，将其中频次变化率高的词（burst term）从大量的词中探测出来，依靠词频的变化趋势可以预测今后体育教师教育健康研究的发展趋势[①]。以关键词为节点，以一年为分割点，运行软件，结果以 Timezone（时区）的方式显示，得到了可以描绘国际体育教师教育研究发展趋势的时区视图，得到变化频率最高的相关的膨胀词（见图 16）。图 16 中红色字体显示的是由一组最新热点构成的研究前沿，它代表着体育教师教育领域当前的思想现状，从该图可以看到近 10 年来国际体育教师教育研究的发展脉络，以及研究前沿与当前的研究热点之间千丝万缕的联系[②]。（国内数据经过探测，没有发现明显的凸现词，可能和研究处于起步阶段有关系。）

教师教员是职前体育教师教育的主要执行者，他们对与学生教师的影响深远，多年来，体育教师教育的研究也一直在关注培养体育教师的大学教师，图 16 中膨胀系数最高的词——teacher-educator（教师教员）很好的验证了这一点。其次从 trichotomos-achivement-goal（成就目标三分法）、behavior—management（行为

① 赵蓉英，王菊. 图书馆学知识图谱分析[J]. 中国图书馆学报，2011，37（192）：40—49.

② Livingstone，MBE. Energy-expenditure and physical-activity in relation to fitness in children [J]. proceedings of the nutrition society，1994，53 (1)：207—221.

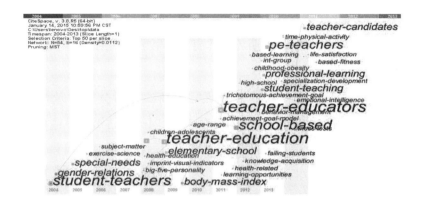

图 16　国际体育教师教育发展趋势的时区视图

管理)、emotional-intelligence(情商)、achievement-goal-model(成就目标模式)、student-teachers(学生教师)、special-needs(专业需求)、learning-opportunities(学习机会)、specialization-development(专业发展)、teacher-candidates(教师候选人)、inter-group(组间)、health-education(健康教育)、body-mass-index(身体质量指数)、childhood-obesity(青少年肥胖)等高突变词来看,未来国际体育教师教育的研究前沿会更倾向于采取实证研究范式从学生的动机、目标等心理视角进行探索;关注教师教员如何通过有效的课堂技能教学,增加学生实践学习、实习的机会,提高其实践能力,从而保证体育教师教育计划的高质量完成,来应对当今社会中青少年肥胖、身体素质下滑现象日益严重下的青少年体育教育问题。这些也正是国内体育教师教育研究人员所应该着重关注的方面。

3.2.3.3　中外体育教师教育研究的比较分析与结论

(1)中外体育教师教育研究的外部特征比较分析

① 从时间脉络上来看,近十年来,国内外体育教师教育的数量都成指数上升趋势,体育教师教育已成为一个学术界的研究热点。承担体育教师教育领域的科研机构99%以上的都是高校。

国内文献的 H 指数仅为国际的一半,中国作者在国际上的发文量也仅为美国的 5.3%,说明我国体育教师教育研究在国际上的影响力还有待提高。

② 从国际体育教师教育研究的核心作者分布以及国内 CNKI 的核心作者所发表的文献来看,美国等发达国家是体育教师领域的主要研究力量,拥有绝大多数的国际化研究成果和核心作者,而我国在国际化领域的核心作者相对较少。比较来说,国际体育教师教育研究领域,作者合作密度较高,形成了较为固定的研究团队,而国内科学共同体的建设方面还需进一步提高。中国学者应加大在国际化的期刊高水平研究成果的产出,进一步推动在体育教师教育领域国际化合作中战略合作关系的建立。

(2) 中外体育教师教育研究的内容特点比较分析

对比国内外体育教师教育的热点可以发现,国际上更关注青少年的身心发展特征,尤其是在当今肥胖儿增多、体力活动不足的情况下,体育教师如何根据青少年身心发展特征进行有效教学是体育教师教育的热点和难点问题,而国内对这方面的研究相对较少,尤其是实证研究更少。在提升体育教师能力方面,国内外的研究人员都认可教师教育是不可或缺的手段,但国外更注重实践性知识的积累,强调她们应该通过运动和锻炼以及实习来累积实践知识,通过社会化来成为一个真正合格的体育教师。此外,国际上的体育教师教育研究注重微观应用层面和实证研究,问题导向性较为突出,注重多学科多视角研究,尤其是从心理学视角分析体育教师教育问题成果较多,如自我决定理论、学生的动机等。而国内则注重宏观理论研究,实证研究成果少,往往导致研究成果对实践的指导缺乏针对性。因此我国的体育教师教育研究应借鉴国际研究的视角和方法,从多学科的视角研究体育教师教育中的实际和具体问题,进一步推动我国体育教师教育研究发展,赶超国际先进水平。

3.2.4 文献小结

国际体育教师教育领域近十年来的文献更关注的是学生体育教师的社会化、体育教师的专业标准、体育教师的教学内容、教学环境以及大学体育教师对学生教师的影响、体育教师的心理动机对职业的影响等方面。国际体育教师教育研究的研究前沿会更倾向于采取实证研究范式从学生的动机、目标等心理视角进行探索;关注教师教员如何通过有效的课堂技能教学,增加学生实践学习、实习的机会,提高其实践能力,从而保证体育教师教育计划的高质量完成,来应对当今社会中青少年肥胖、身体素质下滑现象日益严重下的青少年体育教育问题。而这些对于体育教师的要求只会越来越高,因此准体育教师们在校期间要努力提高自身的核心能力来适应这一需求。

3.3 核心能力及大学生核心能力研究述评

3.3.1 核心能力的相关研究

（1）核心能力的概念

"core competence"——核心能力,有的翻译称为核心胜任力或核心竞争力,由美国学者普拉哈拉德（prahalad）和英国学者哈默（Hamel）于 1990 年首次通过《哈佛商业论坛》提出,并很快得到公认[①]。自此之后,国际管理学界掀起了一股核心能力研究的热

---

① Prahalad,c k,G Hame. l The core competence of the corporation[J]. Havard Business Review,1990,68(6):79—91.

潮。尽管"核心能力"最初始于企业,但目前各个领域的国内外学者已开始将引入到各自领域展开研究,并对其概念进行了多方面的论述(表17)。

表 17　国外核心能力概念一览表

作者	观　点
Prahalad and Hamel	组织中的积累性学识,特别以那些协调不同的生产技能和整合不同技术流为主①
Lahti	个人或者组织最佳行为表现,将组织的意愿、策略、使命和价值融合在一起形成的关键优势,包括个人核心胜任力和组织核心胜任力②
T Durand	提供企业在特定经营中的竞争能力和优势基础的一组相异的技能、互补性资产和规则③
Leonard—Barton	一个系统,包括员工的技能、知识、管理系统和价值观四种形式的技术竞争力④
HamelandHeece	某一组织内部一系列的技能和知识的结合,它具有使一项或多项业务达到世界一流水平的能力⑤
Drucker	每个组织都必须具备的"创新"⑥

20 世纪 90 年代后,核心能力理论传入中国,在中国也引起了

---

① Prahalad, c k, G Hame. l The core competence of the corporation[J]. Havard Business Review, 1990, 68(6): 79—91.

② Lahti PK. Identifying and integrating individual level and organizational level core competencies [J]. J Buspsychol, 1999, 14(1): 59—75.

③ Durand T. Strategizing for innovation: competence analysis in assessing strategic change[J]. Competence-based strategic management, 1997: 127—150.

④ GallonM. R, StillmanH. M, CoatesD. PuttingCoreComPetenceintoPraetiee. ResearehTeehnologyManagement, May—June1995: 20—28

⑤ Garud R, Nayyar P R. Transformative capacity: Continual structuring by intertemporal technology transfer[J]. Strategic management journal, 1994, 15(5): 365—385.

⑥ Drucker P. Management challenges for nurses and social workers [J]. Am J Nurs, 2008, 108(9): 40—46.

一股研究的热浪。针对核心能力的概念,众专家学者也都有着的各自的理解。各国的核心能力的具体内容界定都离不开本国的实际情况,不同的国家对其定义也各有差异。中国于 2003 年底综合各国的经验与我国的现实状况,提出了 8 项核心能力:与人合作的能力、与人交流的能力、创新革新的能力、信息处理的能力、自我学习的能力、解决问题的能力、外语应用的能力、数字应用的能力①。

虽然目前我国的研究人员对于核心能力概念的定义还没有一个通用的标准,但从已有文献的陈述来看,虽然侧重各有不同,但无外乎从知识、技术与能力观②、③、④,资源观⑤、⑥、组合观⑦、⑧等四个方面来阐述。

而对于个人核心能力的定义,秦永杰在其学位论文里指出,核心能力是一个个人或者组织特有的最基本、最必需的能力,是决定他们能够成功的关键因素,具体包含个人或组织具备的知识、技能、素质和个人特质等,其四个标准是有价值、难以模仿、不可复制和稀缺性⑨。

---

① 贺德方.图书馆学与情报学研究生职业核心能力构建[J].图书情报知识,2011(5):10—11.

② 章健.核心能力和价值链理论对企业创新的消极影响[J].经济管理,2001(10):20—24.

③ 丁开盛,梁雄健.企业核心竞争能力初探[J].北京邮电大学学报:社会科学版,1999(1):13—17.

④ 周星,张文涛.企业核心能力培育与创造持续竞争优势[J].经济与管理研究,1999(1):37—40.

⑤ 李悠诚,陶正毅,白大力.企业如何保护核心能力的载体——无形资产[J].国际商务:对外经济贸易大学学报,2000(4):49—52.

⑥ 范徵.论企业知识资本与核心能力的整合[J].经济管理,2001(22).

⑦ 郭斌.基于核心能力的企业竞争优势理论[M].北京:科学出版社,2003.

⑧ 左建军.浅谈企业核心竞争力[M].中国经济出版社,2000:4—6.

⑨ 秦永杰.基于核心能力的临床医学专业学位硕士课程体系构建研究[D].重庆:第三军医大学,2012.

通过上述核心能力的相关概念综述,本研究认为,个人核心能力是在特定的领域内,高标准优秀人员所具备的最能体现该领域特色和职业标准的特殊能力,是决定个人能否成功的关键因素,主要包括知识、技能、素质和个人特质等方面。

(2) 国际核心能力的研究现状

美国美国科技信息所(ISI-Institute for Scientific Information)著名的科学引文索引数据库(SCI:Science Citation Index),历来被公认为世界范围最权威的科学技术文献的索引工具,能够提供科学技术领域最重要的研究成果[①]。因此在 SCI 的网络版数据库—Web of Science 检索系统中检索了国际核心能力(core competence＊)的相关研究成果,数据下载 2013 年 6 月 20 日,共检索到 912 篇文献记录,运用作者共现分析、作者共被引分析、关键词共现分析、社会网络分析、词频分析等方法,借助 bibexcel、ucinet、citespace 等软件,绘制作者共现图谱以及作者共被引网络图谱,进而找出国际核心能力研究前沿的高产作者和高被引作者,进行代表核心能力研究前沿的代表人物和文献综述。

国际核心能力研究文献的年度分布如图 17 所示。第一篇核心能力研究文献出现在 1990 年,美国 Gary Hamel 和 C. K. prahalad 两位教授最早在《哈佛商业评论》中发表一篇题为《企业的核心能力》的文章,最早提出了"core competence"的概念[②]。第二篇发表在 1994 年,美国学者 LANE DS 和 ROSS V 针对美国预防医

---

① 李国栋. 基于 SCI 论文产出的我国基础研究比较分析[J]. 北华航天工业学院学报,2010,20(4):21—23.

② Prahalad,c k,G Hame. l The core competence of the corporation[J]. Havard Business Review,1990,68(6):79—91.

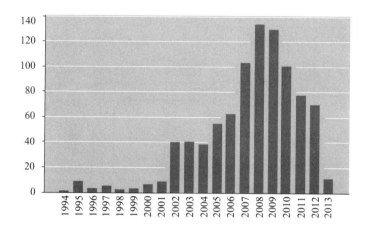

图 17 国际核心能力研究文献的年度分布图

学实习住院医生的核心能力制定出一系列的标准,对那些期望能够提高自身能力的实习住院医生有很大帮助,该文发表在《美国医学院校医学协会学术杂志》[1]。

通过对 912 篇核心能力研究文献的作者通过 bibexcel 和 uci-net 软件处理,得到作者间的共现矩阵,进而绘制核心能力研究对象学术群体图谱。如图 18 所示,可找出三个相关的学术团体,第一类主要以医学教育类的核心能力研究为主(图中黑色矩形方框),代表人物有 L. S blinder、H aThomas、P harber、J Bontemps 等;第二类研究群体主要以研究经济与商业管理中的核心能力,其代表人物有姚立根、Z K hafee、vanhaverbeke 等;第三类研究群体研究的主题主要是医学非教育类中的相关核心能力,其代表人物 vanaken H landener B Spickhaff A 等。核心能力研究领域的高被引作者和高被引文献如表 18 所示。

① Lane D S,Ross V. The importance of defining physicians' competencies:lessons from preventive medicine. [J]. Academic Medicine Journal of the Association of American Medical Colleges,1994,69(12):9724.

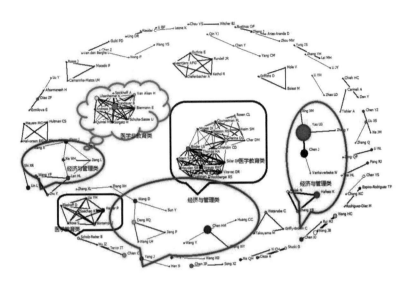

图 18　核心能力国际研究领域的作者共现图

表 18　核心能力国际研究领域的高被引作者和高被引文献一览表

作　者	文　献	年　份	被引频次
CK Prahalad	The core competence of the corporation《公司的核心竞争力》	1990	187
Jay Barney	Firm Resources and Sustained Competitive Advantage《公司资源与可持续竞争优势》	1991	92
Birger Wernerfelt	A resource-based view of the firm《基于资源的视角看公司》	1984	67
DavidJ Teece	Dynamic capabilities and strategic management《动态能力与管理策略》	1997	66
Dorothy Leonard-Barton	Core capabilities and core rigidities：A paradox in managing new product development《核心能力与核心刚性：一对管理新产品开发的矛盾》	1992	43
Micael E. Porter	Competitive startegy：Technigues for analyzing industies and competitors《竞争策略：分析产业和竞争对手的技术》	1980	39

（续 表）

作 者	文 献	年 份	被引频次
Mansour Javidan	Core competence：What does it mean in practice?《核心能力：其实践意义到底是什么?》	1998	39
ET Penrose	The theory of the firm《公司的理论》	1959	38
Margaret A. Peteraf	The cornerstones of competitive advantage：A resource-based view《竞争优势的基石：资源基础论》	1993	36
Ingemar Dierickx	Asset stock accumulation and sustainability of competitive advantage《资源累积与可持续性的竞争优势》	1989	31

目前，国外关于核心能力的研究成果主要集中在核心能力概念的界定、核心能力的测量、核心能力的建立与提高、将核心理论推向实际管理应用四个大的方面。

（3）国内核心能力的相关研究

检索《中国期刊全文数据库》中主题含有"核心能力"的文献，1990—2012 年共有 13257 篇检索结果（1990 年首次提出核心能力概念），年度分度如图 19 所示（检索时间为 2013 年 6 月 22 日），图

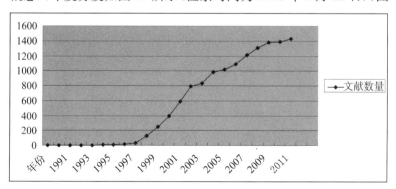

图 19 CNKI数据库中核心能力主题研究文献的年度分布图

中我们可以看出核心能力主题文献随着年度的增长出现递增的发展趋势,说明学术界对核心能力的关注一直逐年递增,随着"能力论"的发展,学术界对核心能力的关注只会越来越高。具体情况有待时间的检验。

  中国期刊全文数据库中核心能力文献的分布涉及到多个交叉学科的领域,图11显示出核心能力主题文献主要分布的领域。主要分布的领域是经济与管理类和教育类。其中经济与管理领域研究的主要的是公司与组织的核心能力,而教育类则更倾向于研究的是高校以及校内组织或个人的核心能力和核心竞争力。其次是工业类、数学类以及医学类和图情学,这看出些类别主要研究的也是组织的核心能力。因此,依据图20可以得出核心能力方面的研究涉及了多个学科领域。

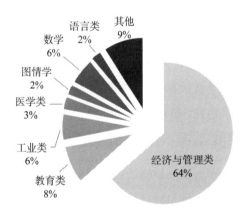

图 20   CNKI 数据库中核心能力主题
研究文献的学科分布图

  由于核心能力最初是由经济学与管理学交叉的成果,因此在我国核心能力的研究成果也多分布在这一领域,其中又分布其内涵、识别、构成、运动及培育与提高措施等几个方面。但随着理论的进一步成熟,被其他领域引入开展的相关研究成果也越来越多了,下面就教育领域中核心能力理论的运用展开详细介绍。

3.3.2 大学生核心能力的研究述评

（1）大学生核心能力的概念界定

根据前面对于核心能力以及能力的定义,我们可以发现大学生核心能力可以定义为以大学生个人身体素质和智力为基础,综合知识、能力、素质和品格等方面形成的个体综合特征。它主要以大学生个体所拥有的素质为核心,通过不断的学习,整合各种资源,增强自身竞争力的能力[1]。大学生核心能力是个体通过扬长避短的方式对自身的已有能力和素质进行优化组合后展示出来的综合能力。

大学生核心能力可以分为刚性核心能力和动态核心能力两种,其中刚性核心能力更侧重于专业能力（专业技能与知识）,而动态核心能力则更侧重于个体适应社会的能力,利用社会环境来达到获取持久竞争力的目标[2]。

（2）大学生核心能力的相关研究

学生掌握了专业核心能力可以为其今后的步入社会旅程提供发展所需的能量,能为学生获得竞争优势,更是其今后事业发展的能力源泉,因此这种具有专业特性的不易被其他专业人员所模仿的专业能力,是各个学术专业委员会所强调学生所应该掌握的基本能力。

因此,各专业教师针对本专业学生所应该掌握的核心能力,

---

① 张丽花.浅析大学生核心竞争力的培养[J].山西高等学校社会科学学报,2009,21(8):105—107.

② 潘强,刘胜.控制科学与工程学科视角下的大学生核心能力范畴研究[J].时代教育,2013(4):84—85.

展开了诸多方面的讨论,尤其以应用型的专业为首。宁波工程学院副院长李维维依据工科院校的专业建设特点和该校教学改革的实践,对应用型工程院校学生的专业核心能力的具体指标、特征和培养途径展开研究,提出了很多有建设性的建议:专业核心能力是一个专业最基本的能力,并不是越专越好,在确定学生的专业核心能力时,要考虑专业的培养目标定位和服务面向定位。强调要加强学生的实践教学,提高其动手能力,同时配合其他综合素质的培养①。潘强也于 2013 年对控制科学与工程学科的大学生的核心能力的范畴进行了阐述,文中提出了刚性核心能力与动态核心能力这一对辩证的概念。其中刚性核心能力相对比较静止,而动态核心能力是一种绝对运动的能力,让学生获得更大的优势②。

高职学生的核心能力也是学者们研究的重点对象,李逸凡(2007)、赖小卿(2008)、魏连峰(2010)、李霞(2011)、张鸿雁(2011)等对高职学生所应该掌握的核心能力以及培养核心能力的途径展开了讨论,其中李霞的硕士学位论文对高职学生能力结构、能力现状、培养的影响因素以及培养的策略都做了非常详细的介绍③。

张向先(2011)、贺德方(2011)对图情学专业硕士和研究生的职业核心能力展开了讨论,他们均认为图情学专业的硕士的核心能力关系到学生的就业,在校期间对学生的职业能力培养至关重要,具体表现在个人的方法能力(信息反应能力、信息技术应用能

---

① 李维维,唐旭东,吕全忠. 应用型工程院校学生专业核心能力的构建与培养[J]. 高等工程教育研究,2008(1):110—112.

② 潘强,刘胜. 控制科学与工程学科视角下的大学生核心能力范畴研究[J]. 时代教育,2013(4):84—85.

③ 李霞. 高职学生核心能力培养研究[D]. 咸阳:西北农林科技大学,2011.

力、信息处理能力、学习能力、科研能力等)和社会能力(语言文字表达能力、人际关系沟通能力、外语应用能力、综合能力等)[1],[2]。

孙沛(2007)对教育技术学专业的学生核心能力培养进行了反思,指出教育技术学专业学生的核心能力是决定其专业发展和学生前途的重要因素,因此学校在培养过程中要培养学生解决实际问题的能力以适应社会需求[3]。

秦永杰的博士学位论文针对临床医学专业学生硕士的核心能力展开了详细介绍。文中对临床医学专业学位硕士的核心能力的概念和内涵做了很好的界定后,为临床医学专业学位硕士从社会需求、学生的需求以及临床医学学科专业的发展以及学生未来的职业发展方向四个方面所应该具备的核心能力构建了一个详细的带有权重的指标体系。并在此基础上构建了临床医学专业学位硕士的课程体系[4]。前人的研究为我们的课题研究体育教育专业学生的核心能力以及核心能力的形成过程提供的很好的参考价值。

邓凤莲(2005)年就将"核心竞争力"这一概念引入到研究"个人核心竞争力"提出了体育学院学生学生的核心竞争力是通过体育专业的长期训练而形成的一种素养和能力,是区别于其他专业学生的独特特征。主要包括创新能力、完美人格、竞争与合作能力、身心健康、思辨能力、国际竞争力以及创业能力等[5]。

---

① 贺德方.图书馆学与情报学研究生职业核心能力构建[J].图书情报知识,2011(5):10—11.

② 张向先.解析图书情报专业硕士职业核心能力[J].图书情报知识,2011(5):9.

③ 孙沛.对教育技术学专业培养核心能力的反思[J].电化教育研究,2007(6):34—36.

④ 秦永杰.基于核心能力的临床医学专业学位硕士课程体系构建研究[D].重庆:第三军医大学,2012.

⑤ 邓凤莲.体育学院学生核心竞争力构成要素分析[J].山西师大体育学院学报,2005(3):67—69.

综合以上的文献可以发现,近年来,国内外学者对体育专业学生能力进行了较为深入的研究与思考,从学生能力的构成、评价及培养对策等方面对学生能力从不同层次和视角进行了研究,但是从已有的文献来看,从体育教育专业学生核心能力(决定学生将来是否能够成为体育领域中的优秀从业人员的关键要素)这一角度展开的研究成果还不是很多,而核心能力在企业界的成功运用以及近年来教育领域中引用了核心能力进行研究的成功案例为《体育教育专业学生的核心能力网络结构》的研究提供了很好的启发作用。

3.3.3　体育教育专业学生核心能力概念界定

通过参考相关文献后,本研究将体育教育专业学生核心能力定义为在教学过程当中,体育教育专业学生通过教学和训练以及课外活动所获得的知识、技能以及个人素质,是体育教育专业学位教育所应当重点培养的,学生将来成为体育工作人员所必须掌握的最基本、最重要的能力,是决定其将来能否成为优秀的体育工作人员的关键要素,它具有不易被其他专业人员所简单模仿和复制的特性。研究借鉴普通教师专业标准中专业理念与师德、专业知识和专业能力三个一级维度,将体育教育专业学生核心能力的一级维度定义为学科专业知识与能力,学科教学知识与能力、专业理念与师德三大模块,二级、三级维度详见问卷(附录1)。

3.3.4　体育教育专业学生核心能力网络

由体育教育专业核心能力的各项子核心能力以及各种子核心能力之间的相互影响、相互作用的关系建立起来的错综复杂关系所构建起来的网络。其中"体育教育专业学生核心能力网络的节

点"代表的是每一项子核心能力,节点和节点之间的连线则代表
"网络的边",边是根据根据测量所得到的体育教育专业学生核心
能力的各项子核心能力指标的相关数据运用数学方法计算各子核
心能力之间的相关关系所确立的。

3.3.5　体育教育专业学生核心能力网络结构特征

体育教育专业学生核心能力网络的统计学特征以及其代表的
含义,具体包括网络的"度"、"度分布"、"平均路径长度"、"集聚系
数"、"鲁棒性"、"自组织性"、等,具体将在第 4 章中——理论基础
中详细介绍。

3.4　复杂性科学在体育领域中的运用研究

3.4.1　复杂性科学与复杂网络

复杂性科学的研究是从 20 世纪 80 年代以来开始兴起的,随
后,其他各种学科的研究人员也逐渐受到法国著名思想家埃得加
莫兰提出的复杂性思维方式的启发,开始关注研究对象的一些复
杂特征,开始思考如何按照事物本来的复杂面目来认识和把握研
究对象。复杂性正成为科学研究的新的方法论,以不同于简单性
的全新视角来重新看待宇宙、看待生命、看待一切[①]。

结构是客观事物的一项基本属性,也是各学科领域研究的基
本单位,例如神经系统科学研究神经的结构和功能,知识系统科学
则主要以知识系统的结构和功能为研究对象,因此,体育教育专业

---

① 樊占平,曲润杰.复杂性视野下的体育教学观[J].沈阳体育学院学报,2007,26
(5):18—20.

研究的是如何提高体育教育专业学生的核心能力的结构与功能。

结构作为系统演化升级的关键,是系统动态变化的基本依据。在系统拥有同样的要素构成的前提下,结构方面的优化对应功能方面的优化;但是对应的,功能也会对结构产生影响,功能会通过各种子系统之间以及系统与外界环境之间,产生一系列的作用,从而对系统的结构产生影响,使结构发生相应的变化。因此研究体育教育专业学生的专业核心能力系统结构,揭示系统存在、演化、协同、发展与控制的一般规律,从系统的整体性和功能方面入手,必然会是学校体育领域的一个新的研究方向。

网络,作为一个可以直观描述网络中节点和节点之间关系的三维结构,可以更好的解释复杂巨系统的结构。网络是由节点和连接节点之间的边所组成的,其中节点代表的是某一系统中真实存在的要素,而边是代表各真实要素之间存在的关系。体育教育学生核心能力(以下简称核心能力)由于存在层级结构复杂,组成要素繁多的特点,同时还存在大量不定因素的影响,因此在体育教育专业学生核心能力系统演化的过程中必定会"涌现"出一系列复杂的动态行为特性,所以说体育教育专业学生核心能力系统是一个复杂巨系统,它的演化会呈现出一个复杂的动态行为特性和"涌现"出大量的整体特性。因此本研究拟将核心能力系统中的每个子素质和子能力看作是网络中的节点,将它们之间通过教学和训练中建立的相互联系看作是连接网络节点之间的边,将整个核心能力系统看作是个复杂网络拓扑图,从整体论的角度把握核心能力系统的结构特征,找出结构的演化机理和潜在规律。

3.4.2　复杂性科学在体育领域中的应用研究

体育研究领域中,众多学者运用复杂性科学对运动训练、体育教学以及体育学科建设等方面展开了一系列的研究。

樊占平针对体育教学这一复杂系统的非线性、多样性、多层性、不可逆性、自适应性以及动态性和开放性八大复杂特性进行了相关研究,提出用复杂性思维来推进体育教师的体育教学观念(教学目的观、教学价值观、教学过程观、师生观、评价观)的更新,可以有助于体育教学工作者进一步认识和把握体育教学的本来复杂面目[①]。

杜长亮博士将复杂性思维运用到运动训练学研究中,提出原有的运动训练理论是以线性、还原、封闭、静态为特征的简单性研究思维,掩盖了运动训练过程中的内在的个性、丰富、多样和复杂性,从而导致训练与个体在整体状态下的部分失灵。作者用复杂性思维重新审视了运动训练理论研究中的经典命题(竞技能力),倡导复杂性下的运动训练研究要以还原论与整体论的有机结合为研究范式。

杜长亮等以复杂性科学为研究的方法论,着重运用复杂网络的具体方法构建了竞技能力网络结构的理论模型,推演了竞技能力网络结构的数学统计学特征,在此基础上,对江苏省女子重剑队进行了网络结构特征的实证研究,针对高水平和青少年女子重剑运动的竞技能力网络结构的差异进行了分析[②]。

马卫平教授也提到当前我国体育研究采用的简单性思维方式已经不符合当代体育飞速发展的客观要求,认为复杂性思维方式才能更详细、全面的反映体育的本来面目,从而全面揭示在简单性思维中难以发现的体育规律,更进一步提出"复杂性思维对今天的

① 樊占平,曲润杰.复杂性视野下的体育教学观[J].沈阳体育学院学报,2007,26(5):18—20.

② 杜长亮,丁振峰.竞技能力网络结构特征[J].体育科学,2012(10):39—49.

体育科学研究已经显示出越来越重要的意义,可以预料,谁把握了复杂性,谁就把握了体育研究的未来"的预言①。

因此用复杂性科学理论对体育这一复杂系统进行研究是大势所趋,它们为采用"复杂范式"对体育教育专业学生核心能力这一复杂系统的研究提供了理论基础。本研究拟采用复杂科学与复杂网络对体育教育专业学生的核心能力的网络结构特征以及演化机制进行探讨,以期能为体育教育专业人才培养计划和方案的制定提供一点绵薄之力。

文献综述小结:综上所述,当前国内关于体育教育专业学生的能力研究多集中在能力结构、能力评价、能力培养途径这三个方面来进行的,国际上关于体育教育专业学生的培养主要是从实践出发,重视实习,尽快促进学生的社会化,而这些在我国的研究中虽有涉及,但强调不多。而对于体育教育专业学生最应该具备哪些未来从事体育事业的核心能力以及核心能力的形成过程与机制这一方面的研究成果都还比较少见,对于学生的能力之间的关系以及能力形成的动态过程也还少有涉及,这也为我们的研究留下的研究的空间,为我们从网络结构的角度对体育教育专业学生核心能力的动态形成过程进行研究打下了很好的铺垫。但是体育教育专业学生的核心能力层级结构复杂,组成要素繁多,同时还存在大量不定因素的影响,因此在体育教育专业学生核心能力系统演化的过程中必定会"涌现"出一系列复杂的动态行为特性,因此体育教育专业学生核心能力系统是一个复杂巨系统,简单线性的研究范式难以满足复杂巨系统的需要,需要借助复杂性科学的相关理

---

① 马卫平.复杂性思维视野中的体育研究——对我国体育研究中的思维方式之反思[J].体育科学,2007,27(1):76—84.

论和工具来展开研究,而复杂网络作为一个研究整体系统的理论和工具,可以帮助我们从整体论的视角更好的认识体育教育专业核心能力体系,从网络的角度阐述其演化机理。

4 研究理论基础

4.1 相关概念

随着自然界大量真实复杂系统的兴起,人类现实社会也逐渐走上网络化的道路,为了更好的认识各种复杂巨系统的复杂网络行为,必定要有一种理论来指导。在这个大背景下,复杂网络理论应运而生了,它主要以研究各种表面上各有差异的复杂系统网络结构之间的共性为主,并尝试找出处理的普适方法。20 世纪末以来,复杂网络研究逐渐渗透到数理学科、生命学科和工程学科等众多不同的领域,对复杂网络的定量与定性特征的科学理解,已成为网络时代科学研究中一个极为重要的挑战性课题,甚至被称为"网络的新科学"[①]。复杂网络是具有海量的节点数和复杂的连接拓扑结构的网络,它普遍存在于自然界和人类社会。如因特网、万维网、食物链网、生态网络、代谢网、通讯网络、经济网络、竞技能力网络与神经网络等。同时它还包括节点的复杂动力学行为,不仅可

---

① Watts D J. The 'new' science of networks[J]. . Annual Review of Sociology, 2004,30:243—270.

以是线性和有序的动力学行为,也有可能包含非线性和混沌的动力学行为,换句话说,复杂网络是具有复杂动力学和复杂拓扑结构的网络①。

　　复杂网络中的基础理论是数学中的图论,因此要研究复杂网络,就必须应该先对网络的定义和复杂网络的相关统计学特征以及复杂网络的类型进行了解。

4.1.1 网络

　　所谓网络是指由 N 个元素的非空集合以及一组由这些元素的无序对组成的图形,其中的元素就是图中所示的每个节点,而无序对即图中的节点与节点之间的连线记作网络的边,如图 21 展示的是一个网络结构示意图。

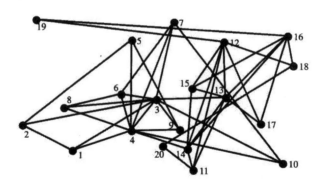

图 21　网络结构示意图

　　图中所有的节点数目可以记作图的阶,边的数目则代表的是它的规模。所有现实网络都可以用类似这样的网络结构图标表示,其中,网络的节点看作各种现实网络包含的元素,可以是人,也可以是动物,还可以是企业,甚至是城市;而网络的边则表示的是

①　陈天平,卢文联.复杂网络协调性理论[M].北京:高等教育出版社,2013.

各实际元素之间通过各种相互作用建立起来的相关关系以及关系的关联程度,譬如说人与人之间建立起来的社会关系,或者是企业与企业之间的商业关系等等。因此在体育教育专业学生的核心能力网络中,网络节点代表体育教育专业学生的能力,节点间的联系表示相连节点中存在的某种联系,如专业技术与教学能力等。

4.1.2 复杂网络统计学特征

在网络 G 中通常涉及三组基本统计学特征指标:度和度分布,聚类系数以及最短路径和平均路径长度。

(1) 度和度分布

一个节点 i 的度表示与该节点相连的边的数量,通常记作 K_i;如图 12 中节点 9,可以明显看出有 2 个节点与其相连,分别是节点 12 和节点 16,因此节点 9 的度为 2,记作 $K_9 = 2$。而网络的平均度代表的是网络中所有节点的度的平均值,记作 $\langle K \rangle$;

$$\langle K \rangle = \frac{\sum_{i=1}^{N} K_i}{N}$$

其中,N 为节点数量;

度分布 P(K) 表示随机取一个节点,其度为 k 的概率;

$$P(K) = \frac{N_K}{N}$$

其中,Nk 表示度为 k 的节点数量。所以度分布代表的是网络中各个节点的度的分布情况。

(2) 聚类系数

节点 i 的聚类系数表示与节点 i 直接相连的所有节点所构成的子网中的现有边数 E_i 与最大可能边数之比,记作 C_i

$$C_i = \frac{E_i}{C_{K_i}^2}$$

如在图 1 中的 C5＝$\frac{1}{3}$；C8＝1。

（3）平均路径和平均路径长度

两个节点(i,j)之间的最短路径表示从一个节点到节点 i 到另一个节点 j 的所经过的最少边数，可以记作 di,j。例如在图 1 中 d2,9＝2；d4,19＝3。

而网络的直径则可以理解为任意两个节点之间最短路径的最大值，记作 D，

$$D = \max_{i,j}\{d_{i,j}\}$$

任意两个节点间的最短路径的平均值则代表的是网络平均路径长度 L，

$$L = \frac{\sum_{i,j}d_{i,j}}{N(N-1)}$$

以上三组复杂网络统计学特征指标应用得最为广泛，其他还有一些指标，在文中会根据需要进行相关介绍。

4.1.3 几类重要网络类型的拓扑性质

复杂网络由于网络结构的复杂性、网络节点的复杂性以及各种复杂性因素的相互作用的影响下，致使研究对象已经从原来简单巨系统转变为现在的复杂自适应巨系统。出于复杂网络研究的标准与便利性，理论涉及了很多统计指标，以便研究人员可以很顺利的地度量网络拓扑结构的特征，下文中将详细介绍几类重要网络类型的拓扑性质。

（1）随机网络

随机网络模型是由著名的匈牙利数学家 Erdös 和 Rényi 于 20 世纪 70 年代就开始着手研究并提出的，因此随机网络模型也

被叫做 ER 模型(如图 22)。ER 随机图中两个节点的连接概率记作 P,因此随机图的聚类系数就是两个节点之间的连接概率,由上面的公式我们可以得知随机图的 C=P=⟨K⟩/N<1,这就说明它的聚类性不强,但是事实上,现实中的复杂网络的 C 都会拥有较大的聚类系数,两个节点之间不论是否具有共同的邻居节点,其均为 p,因此 ER 随机图的聚类系数,这就意味着大规模的稀疏 ER 随机图没有聚类特性,但是实际的复杂网络的聚类系数要比相同规模的 ER 随机网络的聚类系数高得多。随机图的度分布可以用 Poission 分布来表示

$$P(K) = \begin{bmatrix} N \\ K \end{bmatrix} P^K (1-P)^{N-K} \approx \frac{\langle K \rangle^K e^{-\langle K \rangle}}{K!}$$

其中,取 K 值固定不变,N 趋向于无穷大时,最后的近似等式是精确成立的,因此,ER 随机图也称为"Poission 随机图"。

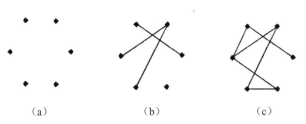

(a)   (b)   (c)

图 22 N=6 时不同连接概率下的 ER 模型图
((a)p=0;(b)0 < p < 1(c)p=1)

(2) 规则网络

规则网络即是指网络上的每个节点都按照确定的规则连接在一起,常见的规则网络有:全局耦合网络、最近邻网络和星形网络。

对于全局耦合网络而言,无论是哪两个节点,都会存在一条直接连接的边,因此,对于拥有同样节点数的网络而言,全局耦合网

络会具有最小的平均路径长度(L=1)和最大的集聚系数(C=1)(如图 22 中(a)图所示)。

而对于最近邻网络来说,网络中的任一节点连接的节点都是它周围的邻居节点。因此在最近邻网络中,网络中的每个节点都会与其旁边的 K/2 个邻居节点相连接(如图 22 中(b)图所示)。

星形网络图(如图 22 中(c)所示)中可以明显看出,这个这个网络只有一个核心节点与其他节点相连接,其他的节点之间相互之间都不存在连接关系。

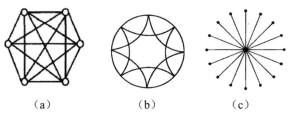

图 23 几种规则网络图
((a)全局耦合网络(b)最近邻网络(c)星形网络)

(3) 小世界网络模型

小世界网络特性是由 Watts 和 Strogatz[1] 首次提出的,他们提出小世界网络(又称 WS 网络)会同时具有较小的平均最短路径和较大的集聚系数两种特性,而且现实生活中,存在着大量的小世界网络,例如(如美国大多数人相互认识途径的典型长度为6,好莱坞演员之间的关系构成的网络中演员之间间隔平均为3,细胞中化学物质和化学反应关系网络中节点的典型间隔为3[2])。

---

① Watts D J, Strogatz S H. Collective dynamics of 'small-world9 networks[J]. Nature, 1998, 393(6684):440—442.

② Dodds P S, Watts D J. An Experimental Study of Search in Global Social Networks[J]. Science, 2003, 301(5634):827—829.

（4）无标度网络

在 Barabasi 和 Albert 提出无标度网络[①]之前，研究人员研究的网络一直都是均匀的，在拓扑结构上，各个节点在网络中的地位都是无异的，但是后来 Barabasi 和 Albert 在研究现实网络是，发现度分布并没有像预期所料的广泛分布在均值附近，而是呈现出幂率分布 P(k)~k⁻ᵃ，这在双度数坐标轴下观测可以发现其度的分布情况基本近似于一条直线，Barabasi 和 Albert 把具有这种度分布情况的网络命名为无标度网络（又称 BA 网络）。无标度网络中 a 取值大小决定了中心节点在网络中发挥作用的重要程度，取值越小，重要程度越高。而无标度模型的重要价值之一就是提出了实际网络的两个重要特性——增长性（网络是不断扩大的）和优先连接（网络中新加入的节点更喜好与那些度值较大的节点发生连接即马太效应），而这些都是以往的网络模型研究没有考虑到的[②]。

4.2 复杂网络——体育教育专业学生核心能力研究新视角

复杂网络为我们认识世界提供了一个新的视角，同时也为复杂系统研究提供了可操作的方法和工具。复杂网络主要强调的是系统结构的拓扑特征，从而对复杂系统进行抽象描述。人们认识一个复杂系统的基本过程通常包括以下三个步骤：第一步，对系统的结构进行研究以获得对系统的初步了解；第二步，厘清系统结构

① Barabasi A. Albert R: Emergence of scaling in random networks[J]. Science, 1999,286(5439):509—512.

② 汪小帆. 复杂网络理论及其应用[M]. 北京:清华大学出版社,2006,27.

与功能之间的相互关系,为进一步掌握系统实现功能的机制做好准备;第三步,利用前面获取的信息对系统进行控制和构造,让系统的发展方向符合人们的期望值。所以研究由实际的复杂系统抽象而来的复杂网络时,也可以参照这种思路展开[①]。复杂网络应用范围广泛,大至整个社会系统、全球交通网络,小至生物体的大脑和各种新陈代谢网络,都已经成为了复杂网络的研究对象,这就为后期我们利用复杂网络对体育教育专业学生核心能力系统进行相关研究提供了坚实的基础。体育教育专业学生核心能力系统是以学生的能力为节点,能力之间的相互作用与关系为边的网络,利用复杂网络对其进行研究是具有可操作性,并且也是非常有意义的。

4.2.1 体育教育专业学生核心能力系统结构概述

体育教师教育体系是一个复杂的社会自组织适应系统,与之相对应的体育教育专业学生核心能力(以下简称核心能力系统)也是一个复杂系统,核心能力系统是一个能力集合,它包括众多的能力要素,而且他们之间不是简单的加加关系,存在的是相互作用相互影响的关系,在这些能力要素之中,并非所有的能力要素所占比例和权重是一致的,因此更进一步验证了由这些能力要素组成的学生核心能力系统是一个复杂系统。学生核心能力系统结构是指学生的各个能力以及各个能力之间相关关系的关联关系,即各个子能力在时间与空间上排列的具体表现形式,结构问题也是学生核心能力系统研究的关键问题。学生核心能力结构,是以体育教

---

① 张方风. 大脑功能连接复杂网络研究[M]. 北京:对外经济贸易大学出版社,2011,47.

师专业化为目的,将学生教师的核心能力的全部子能力要素按某种方式进行整合规划,让学生教师的核心能力系统达到整体最优化,达到成为一名合格甚至优秀体育教师的标准。系统的存在自然离不开组成要素的存在,但是要素与要素之间的相互作用,更是系统产生所必不可少的环节①。

系统的结构决定功能,功能即是指某一事物在特定环境下所发挥的作用和功效,系统的功能是随结构的优化而优化的,二者之间是相互作用、依存和制约的关系。学生核心能力的功能则是在学校体育环境中发挥的作用和功效,如何发挥其最大的功能,就在于系统中各要素的组成方式。在认知心理学视野中,"网络"其实就是一种图示,一种人们借以认识事物结构、功能和演变的图式,它主要是以人类视觉可发现的最简单的抽象要素——点和线的组合为直接表现形式②。因此从网络的角度来认识和分析体育教育专业学生核心能力的结构和功能更具直观性和实用性。

4.2.2　体育教育专业学生核心能力网络的点

作为网络结构的源泉,其中最主要的组成部分——"点"即是系统结构中的要素,而学生核心能力网络结构的要素是具有多层性的学生能力。首先,体育教育专业学生的培养目标主要是中小学体育教师,因此学生核心能力的构成也是以中小体育教师的专业能力为标准的。杨烨教授指出:中小学体育教师的专业能力的一级指标主要包括体育教师职业意识、体育技术教学能力教学资

---

①　李秀林.辩证唯物主义和历史唯物主义原理[M].北京:中国人民大学出版社,1995.

②　林枫,江钟立.网络思维:基于点线符号的认知图式和复杂性范式[J].自然辩证法通讯,2011(1):29—30.

源开发与利用能力、组织体育活动能力、教学对象分析能力、绩效评价能力和体育教师专业发展能力;二级指标则包括科学的学生观、教学设计能力、动作技术传授能力、技术动作教学实践能力等;再往下分可以分成具备体育学科专业知识、提供准确动作示范、确保所有学生均能获取所需教学资源等各种能力①。而要根据不同层次,还可以将中小学体育教师专业能力进一步向下细分下去。因此,学生核心能力网络构成是多层级的,各子能力之间并不是平均分配的,而是按照一定的规律进行整合,以达到"整体大于部分之和"的目的。

4.2.3　体育教育专业学生核心能力网络的边

网络的边是网络实现升级演化的主要驱动力,学生核心能力网络结构中的边代表的是各个子能力之间的相互作用与关系,具体表现为数学统计学意义上的相关。例如学生动作技术能力的提高可能会对学生教学能力中的技术示范与讲解能力的提升,在网络结构中就会在学生的动作技术能力与示范与讲解能力节点之间建立一条边;又例如对教学对象的分析能力能影响到教学设计能力,这样二者之间也会建立一条边。

4.3　复杂性科学视野下的体育教师教育体系

20 世纪 40 年代以来,以系统科学和复杂性为主要代表的新兴学科的产生,标志着人类科学研究又进入了一个新的历史时期,

---

① 杨烨,张晓玲.我国中小学体育教师专业能力标准的制定[J].上海体育学院学报,2009,33(5):90—93.

科学发展正经历着一场历史性转变,系统科学和复杂性探索相生相伴,共同发展,成为当今世界科学发展的前沿和热点,甚至被称为"21世纪的科学"。① 由于世界中广泛存在复杂系统和复杂现象,因此探索复杂性,解释复杂系统的结构、功能、规律和演化机制等已经成为现代系统科学研究的主要目标和发展方向。复杂性科学是一场针对还原论局限的科学思维和方法的变革。因此,在系统思想和复杂性方法论的研究和概括中,整体论和还原论问题仍然是一个核心问题,但相对于成熟的还原论的方法论和方法,整体论的构建仍然还不是很成熟,但是简单的还原注意已经无法解释诸如生命自组织性这一类的复杂问题,运用复杂性的思维和范式解释"涌现"的问题是大势所趋。

有关复杂性概念,迄今为止并没有一个学界统一的定论,复杂性科学研究者先驱——约翰霍兰把复杂性看作是一种"隐秩序",一种系统的"涌现性",其认为是适应性造就了复杂性,并把复杂系统称为复杂适应系统,因此,在他看来复杂性就是系统的一种涌现②。在国内,对复杂性也有不同的理解,钱学森作为最先接触复杂性科学的学者,他在系统再分类的基础上,认为复杂性可以概括为四大特征:"(1)各子系统之间存在多种形式的通讯;(2)子系统的种类繁多,每个子系统的定性模型不同;(3)各系统中的每个子系统都有各自不同的知识表述范式,获取知识的方式也各不相同;(4)每个子系统的结构都会根据系统的不断演化升级而发生相应的变化③。"颜泽贤等学者对复杂性下了这样的定义:复杂性作为一种可以跨越层

———————

①　范冬萍.复杂系统突现论——复杂性科学与哲学的视野[M].北京:人民出版社,2011,1.

②　约翰霍兰.涌现—从混沌到有序[M].上海:上海科学技术出版社,2000.

③　钱学森.创建系统学[C].太原:山西科学技术出版社,2001,199.

级,不可还原的系统特性,强调客观事物必须再次进行层级的跨越才能表现出复杂性①。虽然国内外对复杂性暂时还没有一个定论,但通过仔细研读有关复杂性科学的研究可以发现各种定义中都有一个共同点:都是以复杂系统为研究对象,系统内部包括多个子系统,各子系统之间的结构、功能虽然都相对独立,但是相互之间都有很强的耦合作用,与系统外部环境相互作用。复杂系统具有非线性、多样性、多重性(或多层性)、多变性、整体性、统计性、自相似性、非对称性、不可逆性和自组织临界性等 10 大特性②。

4.3.1 复杂系统的特征

(1) 突现——全局模式的整体性或宏观性

突现作为复杂系统表现出来的一种独有的现象和性质,它最基本的体现就是在复杂系统具有其组成部分即行动主体所不具有的一种整体性质,也就是整体性。亚里士多德"整体不等于部分之和"或"整体大于部分之和"的论述主要用于表明整体与部分相区别的一种整体性理念,可以被理解为整体与部分之间的一种构成关系,但整体具有部分之和所不具有的质。例如亚里士多德在《论题》一书中提到一栋房子并不是它的诸种材料的总和,而取决于诸种材料的组成方式,在此亦强调了部分在组成整体的过程中结构的重要性,它是"整体不等于部分之和"论的一个重要根据,整体与部分之间是一种构成关系,即整体是由相互依赖的部分构成的有组织系统或模式和构型③。

---

① 颜泽贤等.复杂系统演化论[M].北京:人民出版社,1993,50.

② 方锦清.令人关注的复杂性科学和复杂性研究[J].自然杂志,2002,24(1):8—10.

③ 范冬萍.复杂系统突现论——复杂性科学与哲学的视野[M].北京:人民出版社,2011,6.

（2）自组织——从局域作用到全局模式的适应性

系统与环境,整体与部分,部分与部分之间有着依存或适应的关系,但这种适应并不是线性的、简单的、直线式的因果关系,而是非线性地、相互纠缠的、多重反馈环的因果关系,从而造成一种不可预测的复杂性①。自组织性机制——系统从局域作用到模式的突现,揭示了复杂系统的另一显著特征——不可预测性。自组织系统内组分之间局域的非线性作用通过反馈环、分布式控制、协同作用、涨落分叉等机制向全局扩展,在混沌边缘形成一种整体模式,即一种宏观整体序②。自组织系统能够通过使自己的元素更好地组织起来,自发地、适应性地发展或变化其内部结构,以便更好的对付和处理它们的环境,从而在时间的过程中改进自己对所要达到的目标的实现③。系统的自组织过程主要由系统的控制参数控制,当参数发生变化,达到某一特定的临界值时,这个过程就自然发生了。

（3）不可还原性

不可还原性是复杂系统的必备属性,如果一个过程是可逆的,那还原论的方法和思维就足以解释这个过程。而一个过程发生过后,由于其要素的多层级性以及要素与外部环境之间产生的非线性作用后出现的"涌现"导致复杂系统产生了系列巨大的变化,是无论用什么还原的手段都无法将其留下的后果完全消除而恢复原来面貌的过程无疑是一个不可逆的过程,这也可以称之为系统的

---

　　① 范冬萍.复杂系统突现论——复杂性科学与哲学的视野[M].北京:人民出版社,2011,107.

　　② 范冬萍.复杂系统突现论——复杂性科学与哲学的视野[M].北京:人民出版社,2011,74.

　　③ 范冬萍.复杂系统突现论——复杂性科学与哲学的视野[M].北京:人民出版社,2011,76.

非还原性。

（4）非线性

系统内部各要素之间以及外部环境之间都存在着相互作用，但相互作用包括线性和非线性两种，其中线性作用主要发生在简单系统之中，其产生的作用是属于简单而能还原的。非线性则包括了多种可变性，对于一个特定的刺激输入，系统可能出现各种不同的输出反应，而且输出反应和输入刺激之间并不是总成比例的关系，而复杂系统中的多层级的要素之间的关系与作用更是非线性的。其中一个微小要素的微小变化都有可能对其他要素甚至整个系统都会产生巨大的影响，即"蝴蝶效应"的存在，这就要求我们要从整体上，从系统发展的动态过程中以非线性的思维来认识和研究复杂系统。

（5）动态发展性——远离平衡态

系统如果不能与外界进行物质能量的交换，内部没有协同运动，处于一个相对稳定状态时，它会成为一个"死系统"即平衡态，最终可能会走向沉寂甚至于会消亡。而系统要远离平衡态，就必须从外部环境中吸收能量和信息，并进行消散，通过自组织过程不断的进行自我更新，并保持相对的稳定性，形成新的相对稳定、有序结构，经过不断的"无序—有序—无序—更高级的有序"循环往返，从而涌现出独特的行为与特征。复杂系统的稳定与平衡只是其系统运动的一个过程，而不平衡、矛盾、涨落才是其系统运动的特性，因此系统是一个不断变化发展的动态过程。

4.3.2　体育教师教育体系的复杂性

复杂性科学理论认为，任何一个社会系统的组成要素都不是单一的，而是多种多样的，系统始终是处于一个动态变化的状态，系统内部各要素之间以及系统与外部环境之间不断发生着各种各样的联系和相互作用,各要素之间相互制约、相辅相成、相互影响,是一种非线性作用的关系①。体育教师教育系统是整个高等教育系统的一个重要组成部分,其复杂性主要体现为高校内部各成员要素为了实现体育教师教育培养体系的系统功能而发生的各种非线性的相互作用关系,它包括了多个子系统,各个子系统之间又具有多层层级关系,各子系统本身也是一个个复杂系统,如构成体育教育院系的各职能部门、教育人员、受教育人员等本身就是一个内部不断动态变化的复杂子系统,因此由这些复杂子系统以特殊复杂的方式组合而成的体育教师教育系统,也必定是一个复杂巨系统。

迄今为止,提升教师专业水准,实现教师专业发展,已经获得了共识,但教师专业成长是一个逐步发展的过程,其是研究教师专业发展目标即要求的基础,但教师专业发展同时又是一个漫长的过程,从最初的"门外汉"发展到合格甚至专家级别的职业教师,正是教师专业知识、教学能力、职业伦理素养不断提升的过程。而教师教育体系正是使"门外汉"发展成"专业"型教师的教育系统。在系统范式兴起后,对教师教育系统的结构、功能等各方面的特性进行了探讨与研究,为教师教育理论与实践起了重大的推进作用,但由于系统范式没有完全摆脱简单还原论的思维方式,使得教师教育逐渐变得制度化,从而忽略了系统内在的复杂性,致使教师教育理论研究和教育实践之间存在着脱节的现象,很多教育实践问题无法解决。教育系统的复杂性不仅体现在教育主体的复杂多样性和系统内部纷繁变化上面,还表现在于教育系统息息相关的外部

①　周春燕.复杂性视阈中的高校教师绩效评价研究[D].苏州:江苏大学,2009.

环境的多变上[①]。复杂性科学是一个在系统论的基础上进一步深化发展起来的，复杂范式的引入，引导我们从整体的视角以复杂性的思维方式来把握和认识教师教育。体育教师教育作为教师教育的一个子系统，在进行体育教师教育体系的相关研究时，也有必要运用复杂性科学的相关知识来解决体育教师教育的理论研究和教育实践中遇到的难题。

（1）体育教师教育体系的整体性

体育教师教育体系中的施教人员、受教人员、教育活动与过程本身就应该是个整体，而现代教育理论为了研究的便利性和操作性，习惯将"学生"简单的还原成某些素质或能力目标的达成，这就将教育过程和教育活动人为割裂，将体育教师教育划分为教师技能教育、专业能力教育、社会适应能力教育、道德教育等等。但是体育教师不能完全等于他的教师技能、专业能力、社会适应能力、道德等要素的简单叠加之和，因为从复杂系统理论来说，整体与部分之和的关系不可能是完全对等的，尤其是对于人这样一个具有明显复杂性特征的生物体而言，教育是一个关注人的全面发展的过程，将其受教育的过程简单还原成各种能力或素质的相加是不可行的，而应从整体的看作是各个要素之间的相互作用的突现结果。因此在体育教师教育体系中，不能一味追求某一要素的发展，例如说一味强调教师或教学条件的优化，认为教师的能力或教学条件提高了，学生的教育就成功了，这会造成系统的错误认识，从而达不到"整体最优"的效果。但以往的专业教学工作中，往往只注重学生单一知识和技能的培养，而忽略了全面能力的培养，造成

---

① 吴兰平,靳云全,吴时明. 教育系统复杂性研究的方法论[J]. 建材高教理论与实践,2001,(2):26—27＋41.

学生综合素质的欠缺。体育教育专业人才的目标中的培养高素质的复合型体育教师这一目标，决定了体育教师培养过程中的复杂性，职前教师接受的学校教育以及在职教师接受的继续教育更是要求体育教师教育的整体性，符合终身教育的目的。教育过程的各要素之间的相互作用的复杂性，使得教育过程之中往往存在"耦合作用""涌现"出看起来似乎不是教育影响的"性质"——超出了教育预期的效果。

（2）体育教师教育系统的自组织性

复杂系统可以在内部系统和外部环境的作用下自行调节而产生特定有序的结构，这就是复杂系统的自组织性。体育教师教育的最终效果的影响因素众多，除了学校的教育之外，家庭、社区、环境对于受教育者的影响也是不容忽视的，因为受教育者这一主体的发展是多个因素综合作用的结果。教育的存在就应该是一个开放的、自组织的复杂适应巨系统。体育教师教育体系也不例外，因此，体育教师教育系统与社会环境与社会文化等组成一个社会的大体系，和外界环境进行着物质与能量的交换。在复杂巨系统中，任何特定的适应性主体所处环境的主要部分都由其他适应性主体组成，因此，任何行动主题在适应上所做的努力，就是要去适应别的适应性主体。例如体育教师教育与社会的关系，会对体育教师的要求越来越高，越趋向于专业化，因此体育教师教育系统也应该顺应时代和社会的要求，及时调整教学目标与教学方法等来加强自身的适应性，培育出合格的体育教师，而社会有了合格的体育教师之后可以帮助提高人们的身体素质，为社会的发展的人力资源后备力量的储备做出贡献，它们之间是具有相互作用的。同时体育教师教育系统又是一个典型的自组织复杂系统，因为构成的体育教师教育体系的重要构成要素——教育人员与受教育人员以及行政管理人员,都是具有高度智能的生物体——人,人的复杂性直接决定了教育过程中初始条件的不稳定性,同时也决定了教育过程中的波动。

(3) 体育教师教育系统的非线性

体育教师教育系统的层次结构以及各子系统具有不同的质,同时各组成部分之间具有不可忽略的非线性相互作用。教育效果的无法的预测性,不能完全归因于遗传、环境、教育、机遇或主观努力,教育系统内部的要素、结构难以区分主次与轻重,教育工作者、受教育人员、课程以及其他多种隐性的因素之间都是并非简单的因果关系,他们之间相互作用,具有双向甚至是多向的构建方式。同时利用计算机和现代信息技术以及实验仪器引入到体育教师教育中,对运动技术进行模拟,对学生的动作技能学习和教学过程进行监控,为学生建立模拟实习课堂,这些因素的加入都有可能对最后的教学效果起到无法预料的影响。而这些内部要素之间显现出的各种不确定的非线性关系都有可能导致教育系统成为非线性反馈系统,具有内禀随机性、初值敏感性分形等明显的混沌特征[①]。

(4) 体育教师教育系统的非还原性

体育教师教育系统的非还原性主要体现在整个教育过程的不可逆性上。教师一旦将教学内容传授给学生后,学生将教学内容内化成知识存入脑海之中,这个过程就是一个不可逆的过程,谁也不可能再将学生掌握的内容一股脑抹去,教师也不可能再将这些知识收回,因此体育教师教学过程是一个不可还原的过程。但就目前而言,无论是赫尔巴特的"教师中心说"杜威的"学生中心说"还是目前有学者提出的"双主体说——教师主导,学生主体"体现

---

① 赵友元.论教育过程中的非线性关系[J].教育探索,2001(12):53—54.

的都是一种还原论的思维,将教育过程还原成"教"与"学"两个过程,忽视了教育活动是一个教学相伴的过程,任何教学活动中教和学都是不分先后,不分层次,教伴随着学,学伴随着教。因此不能将教学活动还原成教与学的机械相加,而要将其识别为教育人员、受教育人员以及教育中介客体这三者之间有机运行的整体,在其中探索教育的真谛,从而给教育实践进行正确而有利的指导。

(5) 体育教师教育系统的动态过程性

复杂性科学的观点是复杂系统是随着时间的变化而变化的,经过内部各要素以及与外部环境的相互协调和作用,通过系统的自组织作用,从低级向高级发展,从而实现事物和系统的发展。系统的动态性是指它并非是静止不动的,而是无时无刻不处于不停的运动与变化着,动态过程性是复杂系统向前发展的主要动力之一,一个系统如果是处于平衡的稳定的状态,那就成为了一个"死系统",而如果这个系统要继续发展提高的话,就必须打破平衡,通过"涨落"作用的推动来实现系统内部与外部的物质与信息的交换,通过将外界的一些不确定因素吸收进入系统后利用反馈的非线性作用进行自组织,从而产生新的质,来实现系统的进化。体育教师教育系统包括了教育人员、受教育人员、教学内容、教学环境、教学过程与方法等多个复杂要素,其中有些要素是静态的,但由于其核心要素——教育人员和受教育人员都是动态发展的"全面人",在教育过程中可能会有种种偶然现象出现,因此最后达到的教育效果都并不是唯一的结果,而仅仅是多种可能结果中的一个,因此体育教师教育系统并不是一成不变的,而是呈现出一个动态发展的趋势,因此在进行体育教师教育的相关研究时,也不能采用一成不变的研究思维和方法,而要通过实地考察了解当前体育教师教育的现状和特征,采取开拓式思维努力掌握体育教师教育系统的多方面特点,适时做出应对外部环境提出的要求和挑战的策略,为体育教师教育复杂性实践的深入分析提供指导。

总而言之,体育教师教育系统具备了复杂巨系统的各种特征,是一个典型的复杂系统,因此采用还原论的观点对其进行认识和研究是不可取的。因为在开展体育教师教育研究时,研究人员面临的是一个要素、层级结构多而复杂且开放的系统,涉及到各种自然的、非自然的因素,这些因素之间的非线性作用要求我们要采取复杂性的思维以及跨学科的研究方式去认识和解决相关问题。虽然复杂性科学其本身也还是一种尚未完全成熟的综合性科学,它并不可能回答和解决每一个领域的具体问题,但是它为我们提供了一个方法论的作用,有助于我们从整体的角度辩证的思考,而这正是我们的科学研究所需要的思维方式,正如莫兰在《复杂性理论与教育问题》一书中指出的"我们现在确实需要一种思想方式:它懂得对部分的认识依赖于对整体的认识和对整体的认识依赖于对部分的认识;它能够辨识和处理多方面的现象,而不是以肢解的方式使每个方面孤立于其他的方面;它能够辨识和处理既相互关联又相互斗争的实在,它既尊重差异性又看到统一性。"①。因此从理论层面上的分析,我们的研究假设 1:体育教师教育系统是一个典型的复杂系统,具有复杂系统具备的各种特性:整体性、非线性、自组织性、非还原性和动态过程性得到了验证。

4.3.3 体育教育人才培养的过程是一个复杂的过程

由于人的成长本身就是非线性与线性并存的,非线性体现在

---

① [法]埃得加. 莫兰,陈一壮译. 复杂性理论与教育问题[M]. 北京:北京大学出版社,2004,30,26,151,24,175.

人的各个方面的能力和素质并非是承线性、连续、不间断的形式直线成长的,而是一个间断、跳跃式的非线性发展模式,而且每个人的发展也是一个差异性的成长过程,随着社会、环境、家庭、教育以及遗传的异同,因此每个人的成长轨迹都是有自己特点的;人的各项才能和素质也并非是同时发展的,但他们相互之间又会有影响和制约作用,这些影响可能是积极正面的,也有可能是消极负面的,因此人的发展是一个非线性且不确定的过程。体育教育专业学生作为体育教育人才培养系统中的适应性主体之一,能够收集外界复杂环境的不确定信息后对这些信息进行加工和处理,然后对外界环境进行信息的输出和作用,从而对外界环境进行适应,从而进一步实现自身的发展。除了适应环境以外,学习、生活方式、角色等方面的变化也促进他们要进一步提高自己的适应能力。

所以说体育教育专业人才的培养是一个复杂的过程,首先是因为人是个复杂开放的自组织的系统,人具有其他生物所没有的复杂特点,能够主动地改善自身系统的结构和功能去适应复杂开放的外界环境。其次人才培养工作作为高校的主要任务,培养什么样的人和怎么培养人是高校工作的主要目标和具体要求,需要二者之间相互融合、促进,从而达到人才培养的目的。总的来说,高校体育教育人才培养的过程也是一个"适应性造就复杂性"的过程:体育教育专业学生从进入大学开始,就不断要求他们适应学校环境、学习氛围、同伴以及教师等各方面的变化所带来的影响,这些变化与其高中生活相比,更具复杂性,更要求学生的独立自主能力,而这些因素正是学生对大学生活的适应性。再者体育教育专业人才培养的过程是具有复杂性的原因还在于体育教师教育体系——即高校人才培养系统是一个复杂系统,这在上文中已经论述过。因此,体育教育专业人才培养的复杂性也要求我们用复杂系统的视角来探索和解决培养过程中的问题。

4.3.4 体育教育专业学生核心能力的形成
是一个复杂的过程

在前面的阐述中,我们已经将体育教育专业学生核心能力定义为在教学过程当中,体育教育专业学生通过教学和训练以及课外活动所获得的知识、技能以及个人素质,是体育教育专业学位教育所应当重点培养的,学生将来成为体育工作人员所必须掌握的最基本、最重要的能力,是决定其将来能否成为优秀的体育工作人员的关键要素,它具有不易被其他专业人员所简单模仿和复制的特性。针对体育教育专业学生核心能力的形成,学生的个体因素和家庭因素的影响肯定是不可忽略的,在此基础上,讨论高校教育系统如何建构和提升学生的核心能力,这就与高等院校的"教学"活动密不可分,当然这其中更与学校的教学目标与课程设置密切相关。

高校的培养模式对学生核心能力的培养是通过课程教学来实现的,不管是专业知识与能力,还是通用知识与能力,或者是实践经验,大多都是通过课程中的教学过程来进行培养。当前我国地方新建本科院校多数沿用的是由教育部 2003 年颁布的《全国普通高等学校体育教育专业本科专业课程方案》中提及的"本专业培养能胜任学校体育教育、教学、训练和竞赛工作,并能从事学校体育科学研究、学校体育管理及社会体育指导等工作的复合型体育教育人才"①这一培养目标。在大一、大二主要开设的是通识课程、

---

① 全国普通高等学校体育教育专业本科专业课程方案[N/OL]. 教育部门户网站,2003—06—19[2015—10—11]. http://www. moe. gov. cn/srcsite/A17/moe_938/s3273/200306/t20030619_80793. html.

理论基础课程和主干必修课程,以学习基本知识和技术为主,到了大三以后开设分方向选修课程和部分理论课程,同时引入实践课程。整体而言,课程种类较多,能力因素众多,核心能力的形成并非是各个子能力的简单组合,各子能力在核心能力系统中的地位不一,因此体育教育专业学生的核心能力形成并非是一个简单的堆砌过程,而是个复杂的系统的工程,具体体现在:(1)由于体育教育专业的教学活动的复杂性决定了体育教育专业学生核心能力也是一个复杂的系统,它是由各种不同的子能力因素以相互作用、影响的方式组合而成;(2)在众多的子能力中,各个能力所起的作用并不是平均分配的,有些能力起着关键性的决定作用,有些能力则起着锦上添花的辅助作用,从而使得各个子能力可能形成阶梯状的层级,而且各个子能力也并非是平衡发展的,这些多样性与多层级性决定了其发展过程的复杂性。

5 体育教育专业学生核心能力形成机制与核心能力网络结构的演化逻辑

5.1 体育教育专业学生核心能力形成机制

机制主要是指事物各个组成部分有机的协调起来的运作方式①。体育教育专业学生的核心能力形成机制则主要是指体育教育专业学生在高校培养阶段,影响学生学习、实践和核心能力形成过程中的各个因素和环节相互协调和作用的方式。研究通过文献资料和访谈的结果整理归纳出影响体育教育专业学生核心能力形成的重要因素归纳如下:

5.1.1 学习动机是体育教育专业学生核心能力形成的动力

动机和需求作为个体行为的原始驱动力,是影响个体行为的最为直接的因素,且对个体行为的参与和坚持程度意义重大。学生要形成和提高核心能力,主要依靠学习,学习的效果不但受学生的自身智力因素影响,诸如动机、个性、意志等非智力因素等对学

① 侯燕.缄默知识视角下学生研究性学习能力的形成机制及其应用[D].成都:四川师范大学,2011.

生能力形成也有着非常重要的作用,其中动机作为最重要的因素之一,能够维持学生理论学习、术科学习和训练、教育实践等方面的学习热情,高动机的学生会投入更多的精力到学习当中,其核心能力则会得到快速提高。

已有大量研究证实了学习动机与学习成绩与学习能力之间的正向相关关系(邵瑞珍,1987;张仲明,2006;侯燕,2011)。激发和维持学生的学习动机并适当进行调控对于其实现提高自身核心能力的发展目标也有着重要的作用。而且现代教育改革对于职前体育教师的要求越来越高,如果体育教育专业学生不能解决社会要求与自身能力之间的矛盾,对于其以后就业和专业发展都是会有着阻碍作用的。当然动机最初都是由兴趣和理想激发出来的,当前很多体育教育专业学生的职业认同感不高、从事中小学体育教师的愿望不够强烈是影响其学习动机的主要因素,因此帮助学生树立正确的职业观、加强学生的职业认同感对于激发学生主动学习的内部动机,促进学生主动学习,从而提高学生的核心能力有着积极的推动作用。

5.1.2 课堂教学效果是体育教育专业学生核心能力形成的基础

知识与技能作为体育教育专业学生核心能力的重要组成部分之一,也必然是影响其核心能力形成的重要因素。知识与技能的获得与积累都离不开课堂学习,因此课堂教学质量是体育教育专业学生核心能力形成的基础。但是知识并不应该仅仅局限于外界的被动接受(如教师、书本等的传递),更应该发展成学生主动参与、开展研究性学习,自主探究和建构自身的知识体系。专业知识与能力的掌握与体育教师教育教员的施教能力又是密不可分的,

5 体育教育专业学生核心能力形成机制与核心能力网络结构的演化逻辑 *121*

尤其是教师的教学能力尤其对课堂教学效果产生直接的影响,传统的教学方法理论课多以"注入式"教学方式为主,术科课则过渡强调竞技技术的传递,不能充分发挥学生的主体地位,因此针对体育教学方法体系进行改革,众多专家给出了很多中肯的建议,如龚正伟教授提出的自主教学法、研究或发展教学法、传习教学法组成的综合教学法①等,促进体育教育专业教学方法的系统化、多元化和科学化发展。

知识又分为显性知识和隐性知识两种,传统的显性课程(学科课程)对于学生的专业知识和技能的学习起着不可替代的作用,但是教师在教学实践中积累的诸如个人经验、习惯和窍门等难以用语言和文字来描述的隐性知识也会对体育教育专业学生的知识和技能的习得起着潜移默化的作用。当然,体育教育专业学生在接受高校教育之前,受中小学体育教师或教练的影响,也已经拥有了大量的隐性知识,因此体育教育专业的老师在进行教学设计时也应该将这些考虑进去,与学生沟通交流,了解他们已经掌握的隐性知识,在教学方法的实施时,区别对待,因材施教,让学生的隐性知识显性化,帮助学生甄别和利用已有的隐性知识来促进学生专业知识和能力的习得。同时,教师也可以构建相应的情境将其自身的隐性知识显性化,传递给学生,达到言传身教的目的,从而优化课堂教学效果。

5.1.3 课程设置是体育教育专业学生核心能力形成的关键

随着全球教师专业化运动的推进,我国体育教师也正在走专

---

① 龚正伟.学校体育改革与发展论[M].北京:北京体育大学出版社,2002(6):127.

业化的道路,教师专业化是未来教师教育的改革方向和趋势,社会对体育教师的要求越来越高,而体育教师也迫切需要通过专业化来实现自身地位和待遇的提高,而"体育教师专业化"究竟是什么呢?"体育教师专业化"就是个体通过学习和培训逐渐达到体育教师专业标准,并逐渐成长为一个"不可替代"的体育教育者。要实现体育教师的专业化这一培养目标,就必须按照体育教师专业标准从专业知识、专业能力与专业道德这三个方面来对未来从事体育教师行业的体育教育专业学生进行培养,而这三个方面体现的正是体育教育专业学生的核心能力。培养目标的实现离不开课程设置的制定与实施,课程设置作为专业培养目标的具体表现形式,是为学生建构自身知识,提高自身能力而服务的,因此体育教育专业学生核心能力形成的关键所在即体育专业课程设置。

但是就目前来说,我国体育教育专业的课程设置还存在一些问题,具体表现在课程结构的欠合理、课程内容"学科性"不强、课程实施缺实践、课程评价较单一等方面[①]。当前我国地方新建本科院校多数沿用的还是由教育部 2003 年颁布的《全国普通高等学校体育教育专业本科专业课程方案》,时隔今日,已经十余个年头,在此期间,中小学的体育课程教学与训练发生了翻天覆地的变化,尤其是在青少年肥胖率持续增高,久坐不动现象越发突出。无论是从中小学体育教学改革的需要,还是从激发青少年运动行为参与兴趣和动机的角度出发,社会对中小学体育教师的要求越来越高,高校作为培养中小学体育师资的培养单位,无疑也应该要不断适应社会对体育教师的要求,必须进一步调整人才培养的方案,进

① 朱元利.体育教师专业化发展与体育教育专业课程改革的思考[J].西安体育学院学报,2004,21(5):88—90.

行体育教育专业课程设置的改革,来保证人才培养的质量。

5.1.4 实践与反思是体育教育专业学生核心
能力形成的重要环节

实践出真知,体育教育专业学生核心能力并不是与生俱来的,也并不能够仅仅依靠知识的获取来实现,而是应该在实践教学中,将所学到的理论知识加以运用,从而达到提高学生核心能力这一培养目标。然而,目前为止,我国体育教师教育培养出来的大部分学生要么被诟以"训练式体育教学、理论水平差、教学缺乏创新"等话语,或者被冠上"文不文来武不武、厚而不精、体育教学几成纸上谈兵"等头衔[①],这些现象无疑都与我国的体育教师教育实践性不够有关。虽然也有很多学者和研究人员指出高校体育教育专业应该与中小学学校体育建立合作与互动关系,但是目前为止,我国大部分体育教师教育人员已经习惯于以一种俯视的态度来对待中小学体育课堂实践教学,与中小学校体育基本处于一种隔绝的关系,即使是体育教育专业学生的教育实习,也仅仅是为期短短数周的时间,对中小学学校体育发生的变化知之甚浅。而实践本位应该是体育教育专业培养的主要风向标,体育教育专业学生不仅要加强实践教学的体验和反思、更要在实践过程中确立专业态度,加强职业认同感,实现师德的升华,在实践教学过程中对所学的理论知识进行运用和思考,选择真正能指导现实教学的理论。

但是我国传统体育教育专业培养过程中对于教学实践的认

---

① 王健,黄爱峰,季浏. 实用性与唯理性:体育教师教育实践观辨析[J]. 武汉体育学院学报,2007,41(11):61—64.

识还停留在"实用性"和"唯理性"两个层面,其中"实用性"主要强调"术科课程",认为体育课最主要的是向学生进行运动技术的传递,因此在体育教育专业学生的培养过程中,将运动技能作为职业培训的主要着力点,忽略了体育的"师范性";而"唯理性"则以理论知识的习得为主、辅以运动技术的训练,主要是体育教师教育者的"教"为主,看似是"学科"与"术科"相结合的培养方式,但还是忽略了教学实践的重要地位,因为其"学科"知识主要是以比较抽象的理论知识为主,缺乏与实际情境的结合,而其"术科"则只注重运动技能的练习,缺乏完整的教学程序的教授。另外,对教师的专业理念专业认同灌输不够,使得学生职业认同感不强,仅仅是因为受体育教育专业的专业限制,而无可选择性的成为体育教师,甚至很多体育教育专业的学生毕业后从事体育教师行业的意愿并不强烈。

因此,加强高校与中小学用人单位之间的联系,让二者共同成为培养未来体育教师的主体,在高校体育院系的课程设置中,加大教育实践的比例,让学生能够在"做中学",实现"理论—实践(反思)—理论—实践"的良性循环,对于提高学生的核心能力是重中之重的环节。

5.1.5 外部环境是体育教育专业学生核心能力形成的重要保障

体育教育专业学生核心能力培养体系作为一个复杂系统,是一个开放的系统,环境的良莠对于学生的核心能力的塑造和发展起着重要的导向作用。首先,体育教育专业对物理环境也就是硬件设施要求较高,体育教育专业学生核心能力的形成对于场地器材的依赖性较大,没有足够和良好的场地器材的保证,学生练习和训练时间得不到保障,自然会对学生的能力提升产生影响,而且教师教育者的一系列活动也都是在一定的物理环境中完成的。目前而言,随着社会的快速发展,现代化的教学设施普遍应用于高校课堂教学,"微格教学、多媒体设备、MOOC 教学"等设施都能够为学生发展自身的核心能力提供良好的平台。其次,教育管理体制和制度也是影响体育教育专业学生核心能力发展的重要因素,具体包括学校纪律、教学内容的实施情况、教学方法的应用、考试制定的制定、奖惩力度的实施以及校风校纪等一系列的形式。制度作为管理和约束教师教育者和教师教育学员行为和思想的重要手段,学校通过制定合理规范的教育制度、方针和政策可以为"教师的教"与"学生的学"保驾护航。再者,校园文化环境作为校园环境精神层面中的核心部分,对学生的价值观、学生的学习动机以及思维的开拓都有着重要的影响。校园文化中的教育理念应该树立以学生为中心、以实践为导向:从过去的以"教师为中心"的思想转变成以"发展学生能力为主"的教学思想;从"学生被动接受知识"向"学生主动探究进行研究性学习"转变;从"知识至上"的教育理念转变成"以人为本",尊重学生的的个体差异,鼓励学生的个性发展,积极培养学生的创新思维,培养全面发展的人才。

总的来说,体育教育专业学生在学习动机的激励下,学习高校根据中小学未来体育教师培养所需要的课程,通过高效的课堂学习效果,在学校的物质环境、制度环境和文化精神环境的保障下,不断实践,应用自身知识与能力解决实践中遇到的问题,不断反思,再反馈给教师,与同学之间相互讨论,总结经验,建构属于自己的新知识,从而进一步提高自己的专业知识与能力,形成未来从事体育教师所必需的核心能力,如图 24 所示。

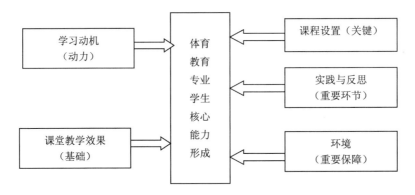

图 24　体育教育专业学生核心能力形成机制图

5.2　体育教育专业学生核心能力
网络结构的演化逻辑

5.2.1　人才培养目标是体育教育专业学生核心
能力网络结构的演化前提

学校是一个培养人才的基地,其培养出来的学生最后能否适应社会的需要,在社会这个"大海洋"里生存和发展是专业教育的根本立足点和教育质量的关键[①]。体育教育专业学生核心能力培养系统——体育教师教育培养体系是一个开放的自组织系统,而开放的系统和外界就会存在有物质及能量的交换。从事体育教师教育的高校作为社会的一部分,必然是一个开放的动态系统,它主要与外界进行的是信息、资金和人才等的交流,社会对学生体育教师的能力需求是随着社会的发展而不断变化的,而并非一成不变的,因此我们的体育教师教育也应该与时俱进。这一点在我国的体育教育

① 孙义良,王兵,周贤江等.新形势下体育教育专业人才培养模式的构建与创新[J].武汉体育学院学报,2011,45(5):62—66.

专业人才培养目标的几次变革上也体现得非常明显。比如建国初期,全国体育院校的主要目标是"为国家培养中等学校的体育师资,适当培养一些教练员和体育干部";而随着中学体育教师稀缺这一问题后,国家体委在 1963 年召开的全国体育学院工作座谈会上提出"培养中等学校体育教师是体育院系共同的、主要的任务"这一培养目标,1980 与 1996 年间培养目标变化不大,只是更强调了德智体全面发展;1997 年出于当时的国情考虑,将体育教育专业培养目标调整为"适应我国社会主义现代化建设的实际需要,德、智、体全面发展,具有良好的科学素养,掌握体育教育的基本理论、基本知识和基本技能,并受到体育科学研究基本训练的体育教育专门人才";1999 年后,随着高校的扩招,大量体育教师教育专业毕业生就业形势严峻,为了缓解这一矛盾,拓宽毕业生的就业途径,2003 年后制定的培养目标更强调体育人才的复合型,因此在 1997 年的培养目标的基础上,提出了体育教育专业主要培养"能胜任学校体育教育、教学、训练和竞赛工作,并能从事学校体育科学研究、学校体育管理及社会体育指导等工作的复合型体育教育人才①。"的培养目标。体育教育专业人才的培养目标针对的应该是不同时期社会对于体育教育专业毕业生需要达到的要求,反应的是社会的需求,所以体育教育专业学生核心能力的网络结构也会随着外部环境的变化而发生自组织调节,积极适应社会的要求,实现网络结构的演化和升级。

5.2.2 培养合格的体育教师是体育教育专业学生核心能力网络结构的演化目标

体育教育专业人才培养的终极目标就是培养合格的中小学体

---

① 王飞,耿廷芹,陈勇芳. 对我国本科体育教育专业培养目标的思考[J]. 山东体育学院学报,2009,25(12):83—85+92.

育教师。而要达到这一终极目标,体育教育专业学生的核心能力网络结构就要相应的不断演化升级,因为不同阶段(大一至大四)学生的核心能力的提高要求对应有不同的网络结构,不同的网络结构构成与组合取决于该阶段学校的教学与训练安排(课程设置与训练计划实施方案)。

5.2.3　教学与训练过程是体育教育专业学生核心能力网络结构的演化条件

学生核心能力的形成都是一个从无到有、从低到高的过程,教学与训练过程中的练习都是为了培养和提高学生的核心能力。体育教育专业学生核心能力网络结构也会随着核心能力要素的习得和提高产生一系列的变化,尤其是关键要素的习得和提升可能促使其与其他要素间产生关联,这种关联实现了各个核心能力要素之间、核心能力要素与整体核心能力之间的相互作用,使得整个体育教育专业学生核心能力网络的节点和边产生重构,从而实现体育教育专业学生核心能力网络结构从简单到复杂,从动态逐渐过渡到稳定的结构升级。

5.2.4　学习动机和外部环境是体育教育专业学生核心能力网络结构的演化动力

人的能力是在实践活动中为了达到某一预定的任务目标中逐渐发展起来的,而教师的能力则必须从教育实践活动中获取,因此体育教育专业学生核心能力的形成离不开教育实践活动。建构主义理论中提到学生应该通过自主学习和主动探究,利用自己已有的知识去进一步理解和把握知识的内部关联从而建构属于自己独特的知识结构以培养长期坚持学习的能力。自主和主动学习需要学习动力,而学习动力主要源于学习兴趣和学习动机即"学习动力"。学习动力有内部动力和外部动力之分,但众多研究结果表明外部动力包括环境、政策制度和人际关系等主要起到的是激励和监督的作用,真正对学生学习动机与态度其决定性作用的是诸如动机、兴趣、自我效能感以及意志等内部动力,其中对未来职业的认同是整个动力系统的中枢和指挥部[①]。因此对于体育教育专业学生而言,对体育教师职业的认同是其在接受教师教育期间学习的主要驱动力,也是其核心能力形成的主要动力。体育教师职业认同是指即教师在个人与社会的持续活动中形成的对于教师职业的价值、情感、能力、投入等方面总体的看法[②]。职业认同度越高的体育教育专业学生在体育教育实践活动过程中体会和探索自己的职责和意义,反思自己的行为,认可自己的专业,从而喜爱自己的未来职业,肯定自我价值,激发学习动力,提高学习主动性,形成和巩固核心能力,满足其适应未来社会、谋求体育教师职业的需求。当然体育教师教育教员以及外部环境等外部动力对体育教育专业学生的学习动力的影响也是不可忽视的,他们是体育教育专业学生核心能力网络演化的外部动力,与学习动机、职业认同共同构成了体育教育专业学生的动力系统,同时也是体育教育专业学生核心能力网络结构的演化动力。

---

① 鞠玉翠.师范生学习动力系统的若干特点——基于全国教师教育机构调查数据的分析[J].基础教育,2014,11(1):72—83+89.

② 周珂.中学体育教师职业认同研究[D].开封:河南大学,2010.

6 体育教育专业学生核心能力网络的建立

6.1 体育教育专业学生核心能力网络节点的选取

体育教育专业学生核心能力即体育教育专业学位教育所应当重点培养的,学生将来成为体育教师所必须掌握的最基本、最重要的能力,是决定其将来能否成为优秀的体育教师的关键要素。而要成为体育教师的前提条件首先要获得体育教师的任职资质,体育教师资质即要从事体育教师职业所必须具备的资质能力,因此体育教师的专业标准也是体育教育专业学生核心能力网络节点选取的主要参考依据。

体育教师专业标准的制定对于体育教师专业的发展无疑是具有巨大的推动作用,因为要作为一种专业的人员,必须通过相应的标准来获得身份象征后通过自身的专业发展后再次达到更高的标准来实现人才的流动和升级,因此体育教师的专业发展过程中不可或缺的指导工具正是体育教师专业标准。国外诸多国家都已经颁布了多个版本的体育教师专业标准,虽然到目前为止,我国还没有出台正式的体育教师专业标准,但众多专家和学者已经对职前体育教师专业标准和体育教师专业标准、优秀教师专业标准等进行了大量的探索和研究,体育教师专业标准已经呼之欲出了。

6.1.1 国外体育教师专业标准

"教师专业化"已经是世界范围内的教育改革热议话题,而要实现教师专业化必须实现教师专业知识和能力以及素质的提高,而构建相应明确、具体和规范的教师专业标准,让教师和准教师了解自己的目标和努力方向是实现"教师专业化"的基础条件之一,因为只有通过系统正规的专业教育与训练,符合标准中的相关要求和规定,才能获取任职资格,这也就为教师队伍中选取了具备优良素质的后备人才,对教师的专业地位也起到了巩固提高作用。教师专业标准对于诸多西方国家而言,已经是政府作为促进"教师专业化"的重要手段之一,不仅颁布了《教师专业标准》,还针对各学科的特色制定和颁布了学科教师专业标准,体育教师专业标准亦在其中。

（1）美国体育教师专业标准

美国国家竞技运动与身体教育协会（National Association for Sport and Physical Education, NASPE）于 1995 年颁布了第一版的职前体育教师专业标准后又于 2001 年和 2008 年对 95 版《职前体育教师专业标准》进行了两次修订,进行了更为精简的提炼,对一些维度和指标进行了精练。修改后的 2008 版体育教师专业标准主要包括六个维度,分别是:科学理论知识、基本技能和基本身体素质、计划的制定与实施、课堂教学与管理、教学评价以及职业素养。其中科学理论知识主要考察的是思维及实际演示能力,包括与体育学科相关的生理、生化、力学、心理学及哲学社会学等等方面的理论知识;基本技能和基本身体素质则主要考察的是示范能力和深入理解能力,包括多项运动项目的动作技能和身体素质水平;计划的制定与实施考察的是教学设计能力,主要包括教学目标的设计以及为实现教学目标选定的教学内容及根据学生特点进行教学设计等;课堂教学与管理考察的是课堂教学能力主要包括在课堂教学实践中运用恰当的教学方法与手段等;而教学评价考察的是教学评价能力,主要包括运用的评价方法和形式等;职业道德是作为一个教师最重要的基本要素之一,其考察的是其的思想品质,包括其是否公平正义、一视同仁,为人师表的个人特质。NASPE08 版《职前体育教师标准》的每个指标下都有具体的自评或它评的测量标准,包括三个等级水平分别是不合格水平、合格水平和目标水平,供测评人员参考①。

1999 年,美国全国专业教学标准委员会于颁布了《优秀体育教师专业标准》,它主要包括十三个方面的内容:专业知识的水平;是否掌握促进学生学习的方法;对学生的了解程度;掌握促进学生体育生活方式的形成的方法;选择适合青少年的课程内容;对教学实践的合理安排;为学生学习创造良好的学习环境;为学生提出通过努力可以达到的期望;选择公平而又多元化的评价方式;自我反思与专业成长;与同事之间的合作关系良好;与学生家庭、社区间的合作②。

(2) 日本体育教师专业标准

日本推行教师专业标准已经有 50 多年的历史了,当前运用的体育教师专业标准是其在 1997 年专门针对大学体育教育专业培养制定颁布的。体育教师资格标准中规定要取得教师资格必须完

①　National Association for Sport and Physical Educa-tion. 2008 National Initial Physical Education Teacher Ed-ucation Standards[S].

②　The Standards[EB/OL]. http://www. nbpts. org/ the-standards/standards-by-cert? ID= 25&x= 56&y= 11.

成法律规定的学科课程科目(体育学科专业科目)和教职专业科目(教育专业科目)并规定了二者之间的学分分配比例,标准中强调具有教育者的使命感、对学生成长的深刻理解、对学生的教育热情、对学科的专门知识、广泛丰富的教养等作为基础的实际指导能力,是体育教师任何时期都必备的能力。而对于职前体育教师,标准中特别作了明确规定,教职志向的指导、教职必需的知识和技能以及学科专业知识和技能以及在此基础上形成扎实的教学能力和实践指导能力是职前体育教师在大学培养阶段的根本目标和任务。总体来说,日本体育教师专业标准比较注重的是教师人格、知识以及技能的全面培养,且不断根据社会需求进行调整和修订来适应时代的变迁这一动态发展过程①。

(3) 加拿大体育教师专业标准

加拿大的体育教师专业标准是由加拿大大学体育教育与管理协会于 20 世纪 90 年代模式颁布的《职前体育教师专业标准》,其主要包括课程的设置、教学方法等 7 个方面的标准,并根据这七个一级标准制定了多条具体标准,例如在一级指标"核心课程"中详细规定了:(1)职前体育教师要能够使用综合学科的理论知识(包括社会、人文、和自然科学等)来分析和解决现实实践中遇到的问题,并能够参与学科领域不同理念和观念的探究;(2)职前体育教师要学习六门自然科学类的基础课程和两门社会类或者人文类课程……②

(4) 爱尔兰体育教师专业标准

爱尔兰教育部门认为决定未来体育教师质量的主要决定因素

---

① 林陶.日本体育教师专业标准诠释[J].体育学刊,2009,16(3):63—67.

② http://www.ccupeka.ca/en/index.php/accreditation[EB/OL]2014/11/29

已经从过去体育教育专业学生入学前的素质转向为学生在校期间的培养，因此爱尔兰政府从 2000 年开始开展了一系列的教师教育改革，经历了 11 年后，于 2011 年正式颁布了爱尔兰《体育教师专业标准》，其中规定了职前体育教师入职之前要了解和掌握的能力，主要包括十个方面：致力于学生及其学习；反思；内容知识；学科内容教学法知识；沟通交流；教学、学习和评价的规划；面向所有学习者的教学；终身学习者；学习环境的管理者；机构变革①。虽然爱尔兰体育教师专业标准的制定为体育教育专业指明了培养方向，但是标准只是规定了职前体育教师应该掌握的知识和能力，却还没有针对各个能力指标进行进一步的细分和注解，也没有对相关的认证机构和程序进行规定，所以还需要进一步的修订和完善。

（5）新西兰体育教师专业标准

新西兰同英国一样并没有专门的各个学科教师专业标准，但是新西兰作为一个高度重视教育的国家，专门成立了教师协会，很重视和审核教师的准入资格的审核，2007 年 4 月颁布了《新西兰教师教育毕业生标准》②，并于 2009 年更新了"完全注册教师"标准，2011 年又进行了一次修订。但是所有版本的内容都脱离不了三大方面即"专业知识"、"专业实践"和"专业责任"。由于本研究是研究教师教育，因此仅对《毕业生标准》进行介绍，其主要包括上面提到的"专业知识"、"专业实践"和"专业责任"三个维度，其中专业知识涵盖 3 个指标"体育教育专业毕业生要知道体育课堂教

---

① Chróinín D N, Tormey R, O'Sullivan M. Beginning teacher standards for physical education: Promoting a democratic ideal? [J]. Teaching and Teacher Education, 2012,28(1):78—88.

② 郭宝仙. 新西兰教师资格与专业标准及其启示[J]. 外国教育研究,2008(9): 57—62.

什么内容"、"要对学生的情况进行详细的分析并对学生原有的学习方式有一个了解"、"要对外部环境可能对教学过程中的教学方式产生的影响进行了解和分析";而专业实践主要包括两方面的内容:"通过已经习得的专业理论和实践知识为学生规划一个既安全又能具有较高质量的教学环境";"利用有关教育教学原理促进学生的学习";专业价值观与专业学习则涵盖"与学习者积极的人际关系"、"忠诚于本职业的道德规范"等。根据 2011 年教师协会的调查,教师更期待将各标准继续细化,让其更具操作性。

(6) 英国体育教师专业标准

英国虽然没有专门的学科教师专业标准,也就没有专门的体育教师专业标准,但英国师资培训与发展署于 2007 年制定颁布了《英格兰教师专业标准修正案》①,该标准涵盖了教育专业发展的多个阶段,包括《合格教师专业标准》、《新入职教师专业标准》、《资深教师专业标准》和《高技能教师专业标准》,随后 2011 年英国政府又对 07 版标准进行修订并于 2012 年正式颁布新的《教师专业标准》。鉴于本研究的需要,仅对《合格教师专业标准》进行介绍,新版合格教师专业标准主要包括三个维度,专业价值观与实践、专业知识与理解、教学,其中专业品质主要是指教师的个人品质、与学生的交流沟通,也就是我们平常所说的师德,专业知识与理解则主要是教师要掌握的学科知识,教学则代表的是教学过程中展示出来的教学能力。虽然其没有对体育学科的教师专业标准进行详细的描述与说明,但对我国体育教师教育和教师标准的制定还是有重要的启示和借鉴作用。

---

① 尹妙辉,陈莉.《英格兰教师专业标准》简论[J].铜仁学院学报,2008,2(1):77—80.

小结：由以上各个国家的体育教师专业标准，我们可以总结出，无论是哪个国家，都会把教师的专业品质即师德看作是教师应该具备的核心能力之一，其次专业知识与专业能力等代表体育教师专业素质与能力的主要构成部分也是各国体育教师专业标准所重点强调的，体育教育专业学生作为体育教师的后续储备力量，这三大方面的素质和能力一定是不可或缺的，体育教师专业标准必然会为我们研究中选取体育教育专业学生核心能力的指标指明方向。

6.1.2 中国体育教师专业标准的相关研究

（1）体育教师专业标准相关研究

教师是教育之本，是最核心、最活跃的教育资源。教师专业素养和职业能力的强弱与高低，决定了教育改革发展进程及其现代化水平，特别是当今课程改革的成败。20 世纪 80 年代以来，以提高师资质量为主要特征的全球性教师教育改革进行的如火如荼，各国都颁布了通用型的"教师专业标准"，部分国家还制定了专门的学科专业标准。各国版本的"教师专业标准"都是针对教师的专业素质和能力以及专业品质来展开的，我国也于 2012 年由教育部组织专家和学者成立专门的课题组研制开发了三个教师专业标准——幼儿园教师专业标准（试行）、小学教师专业标准（试行）、中学教师专业标准（试行），主要围绕专业理念与师德、专业能力和专业知识三大领域设计了 60 余条基本要求[①]。

体育教师专业标准其实质上是对体育教师的素质和能力方面

---

① 中华人民共和国教育部. 中学教师专业标准（试行）［EB/OL］. http://www. gov. cn/zwgk/2012—09/14/content_2224534. htm，2014. 11. 20.

建立的标准,因此要构建职前体育教师专业标准,还是应该从职前体育教师的能力角度进行解读,虽然我国当前还没有颁布正式的职前体育教师相关专业标准,但是业界的专家和学者已经开展了不少的探索性研究,为政府制定和颁布正式的标准出谋划策。

(2)体育教师专业能力相关研究

由于体育教育专业学生的培养目标主要是培养中小学体育教师,因此体育教师专业学生的核心能力主要是体育教育专业学位教育所应当重点培养的,学生将来成为体育教师所必须掌握的最基本、最重要的能力,是决定其将来能否成为优秀的体育教师的关键要素。因此体育教师的专业能力相关指标体系可以为我们甄选体育教育专业学生的核心能力指标提供很好的参考。

有关体育教师的能力,众多学者研究的偏重点不一样,有针对高等学校体育教师的,也有针对中小学体育教师的,但鉴于本文重点研究的对象是未来从事中小学体育教师行业的体育教育专业学生,因此仅对中小学体育教师专业能力和专业素养的相关研究成果进行阐述。

教师能力是"教师在看展有关教育教学活动时,表现出来的对教育教学活动的质量和完成情况的产生直接或者间接影响作用的个性心理特征",是"通过教育教学实践形成和发展的,主要用来揭示教师职业活动这一基本要求的能力体系"[1]。

赵富学根据"中小学教师国家级培训计划"中的课程标准及其要提高体育教师能力和胜任力的这一要求,从专业素质(专业理念与师德、专业知识、专业能力)和专业环境(体制、待遇、资源和文

---

① 卢正芝,洪松舟. 我国教师能力研究三十年历程之述评[J]. 教育发展研究 2007(2):70—74.

化)两个方面提出一系列诸如实现体育教师专业能力培训观念的转型、构建体育教师专业共同体、提升体育教师的综合能力的具体建议,为我国中小学体育教师国培计划的更好实施出谋划策,以促进我国中小学体育教师队伍的专业化建设①。

陈玉林在咨询了3轮多位学校体育学方面的专家后,将中学体育教师教学能力的构成界定为教学控制能力、教学准备能力和教学总结与自我提高能力,并详细对教学准备能力中的四个指标进行了调查后得出教案的质量是对其他三项指标(对教学内容的理解、教材安排的系统新以及场地器材的选择与应用)起制约作用的核心要素。②

曾剑斌主要从教师职业道德、教学能力、教育科研能力三个方面研究体育教师的专业素质。得出教师职业道德是必备条件、教学能力是完成教学任务的核心、科研能力是体育教师摸索体育规律的必经之路的相关结论。③

刘志伟在研究中提到中学体育教师应具备四个基本素质,分别是思想道德素质、身体与心理素质、科学文化素质和专业素质。并对高等师范学校的体育教育专业学生的素质做了调查研究,发现毕业生具备的素质水平还有很大的提升空间,离优秀中学体育教师的标准和要求还有一定的差距,并根据这些差距对高等师范学校在培养体育教育专业人才方面提出了一些对策和建议④。

---

① 赵富学,王发斌,王俊莉.体育教师专业能力培训策略研究——基于《"国培计划"课程标准(试行)》[J].课程.教材.教法,2014,34(11):98—103.

② 陆玉林,高力翔.中学体育教师教学能力评估指标体系研究(二)——体育教师体育教学准备能力指标分析[J].南京体育学院学报,2001,15(6):33—34.

③ 曾剑斌,吴嘉毅.新课程条件下体育教师专业素质的研究[J].漳州师范学院学报(自然科学版),2004,17(2):112—116.

④ 刘志伟,周特跃.中学体育教师能力素质与高师体育专业人才培养研究[J].湖南人文科技学院学报,2004,(6):85—88.

杨军教授等人综合了质性和量化评价手段构建了中学体育教师业务能力评价体系,选取了教学能力、课外体育活动指导能力、课余体育训练指导能力和科研能力四个指标作为一级指标,在一级指标下选取了教学计划的制定、教学组织和管理等 30 个二级指标,并对每一个指标赋予权重,针对每一个指标制定了详细的评价标准。该标准不仅适用于体育教师的自我评价,同时也适用于学校领导、同行专家以及学生对教师的多元评价[①]。

章莺等人采用模糊数学评价的方法也对体育教师的综合能力构建了一个考评体系,考评体系主要由思想品德、教学训练裁判、体育科研、学历资历和相关学科等级考试五个一级指标以及 17 个二级指标组成,并对每一指标进行加权后对四名教师做了实际验证,根据各级指标进行量化打分进行排名,为学校评价体育教师的综合水平,评优评先提供了重要的参考依据[②]。

张明伟在新课改的大背景下对中学体育教师最应该具备的能力进行了研究,提出,作为教师,中学体育教师的教学能力是体育教师最基本的能力范畴,具体包括体育教学设计、体育教学评价、体育教学研究、体育教学反思、收集与处理体育教学反馈信息的能力、教学与练习法的指导、提问能力七个方面的能力[③]。

袁鸿祥同样也对体育教师的基本能力的构成进行了研究,但他认为体育教师的教学能力主要由学习自研、教学设计、教学实

---

① 杨军,闫建华,王会勤.中学体育教师业务能力评价体系建构——质性评价与量化评价的有效结合[J].首都体育学院学报,2011,23(1):49—55.

② 章莺,金一平,赵迪芳.体育教师综合能力的量化评价[J].体育学刊,2002,9(1):58—60.

③ 张明伟.新课改下中学体育教师应具备的七种能力[J].现代中小学教育,2014,(5):84—87.

施、教学评价、教学合作和教学研究六个子能力要素组成,并构建了教学能力评价指标体系,认为六要素中最核心的是教学实施能力,并对每个指标赋予权重①。在其后续的研究中又专门针对体育教师的课程实施能力展开的系列研究,从个人对课程的理解、对课程的执行能力、教学反思能力、课程的设计能力四个方面以及影响教师课程实施能力的影响因素进行了调查研究②。

吴长青等人从教师专业化的角度提出体育教师应该具备先进的教育思想和教育理念、多元化的知识结构、精湛的教学技能、较强的科研与创新能力、良好的专项技能和标准优美的动作示范能力、强健的体魄和良好的心理品质六个方面的专业素质③。

杨烨教授在其博士论文中根据文献总结将我国中学体育教师的专业素质结构一级指标初步构建为专业基础、专业发展、专业设计、教学控制、教学过程、教学反思、教学管理等 8 个维度,并对全国范围类的中小学体育教师展开了调查和验证,确定了 8 个维度的合理性并对其命名为体育教师职业意识、教学资源开发利用能力、绩效评价能力、体育技术教学能力、教学对象分析能力、体育活动组织能力和教师专业发展能力。④

尹志华博士从定量和定性的双重角度对中国职前体育专业标准进行了探讨和研究,研究初期构建了一个框架,包括 10 多个一

①　袁鸿祥.普通高中体育教师教学基本能力构成与评价[J].教育探索,2013,(6):119—123.

②　袁鸿祥.普通高中体育教师课程实施能力的现状及发展策略[J].体育学刊,2015,22(5):111—114.

③　吴长青,许瑞勋.专业化体育教师应具备的素质及其实现对策[J].湖北体育科技,2006,25(1):20—22.

④　杨烨.我国普通高校体育教育本科专业课程标准的建构——基于教师专业发展视角[D].上海:上海体育学院,2009.

级指标,20 多个二级指标和 200 余个三级指标,在进行各题项的内容分析以及探索性因素分析后,综合国家颁布的教师专业标准将一级指标进行了综合与概括后修订成 3 个维度:专业精神、专业知识、专业实践,8 个领域,24 项标准和 242 条具体题项组成的《职前体育教师专业标准》[①]。

纵观我国有关中小学体育教师能力的相关研究,主要集中在能力结构的界定与评价体系的构建,虽然各位专家对中小学体育教师的能力构建的指标构成各有侧重点,但是总的都离不开专业知识、教学能力、个人道德与品质三个大的方面。再综合世界各国的教师专业标准,各国版本都是从专业知识、专业能力、专业信仰三个维度对体育教师的专业素质和能力进行阐述和说明。中小学体育教师的专业素质和能力正是体育教育专业学生未来从事教师职业所必须具备的素质和能力,因此本研究综合国内外的研究成果整合访谈专家的建议将体育教育专业学生的核心能力的一级指标选取为专业理念与品格、学科专业知识与能力、学科教学知识与能力。

随着 1999 年以来的高校扩招,出于升学为目的体育教育专业学生的入学比例大大增加,这部分学生大都因为凭文化成绩考上好的大学较难,因而在高一甚至高二阶段临阵磨枪,选取体育专业作为迈进大学校门的捷径。但他们缺乏对体育事业的喜爱与忠诚,再者由于体育教育专业学生就业情况被教育部连续几年亮红牌,教师的社会地位不高,尤其是体育等边缘学科的社会地位不高的现实境况,导致体育教育专业绝大多数学生的专业和职业认同

① 尹志华. 中国体育教师专业标准体系的探索性研究[D]. 上海:华东师范大学,2014.

度不高。而专业及职业的认同度将会影响到学生在校期间的学习积极性和学习努力程度,进而对专业知识的掌握程度、个人成就目标等产生一系列的影响。职前教师教育阶段是体育教师未来事业观、价值观的关键形成期,在此期间教师教育者和管理人员对学生灌输的专业理念,无论是对他今后的职业认同、专业品格提升,还是对毕业后加速"社会化"的进程,快速融入工作岗位,提高工作后的满意度和幸福指数都有着极其重要的推进作用①。这也正是本研究选取专业理念与品格作为体育教育专业学生的核心能力重要维度的原因。

体育教育专业本身就具备着"体育学科性"和"师范性"的双重专业特色,如何实现以中小学学生的发展为出发点,以实现有效的体育教学为目的,将体育学科内容知识有效内化成适合教学的知识通过有效的教学方法与手段传授给学生,是体育教育专业学生未来要面临的重要现实问题。尤其是新课改对中小学教师提出的要求越来越高,要求他们的运动技能要更加全面②、教学能力要求更高③(不仅要会教,还要引导学生更好的学)、评价方法和手段更全面合理④。但是就目前的现实情况来看,诸多中小学管理人员和优秀教师反映大部分体育教育专业毕业生不能很好的胜任中小学体育工作,其中的原因很多,但主要与体育教师教育期间的课程设置的"教育性"缺乏、学生生源技能水平不高、培养过程中缺乏与

---

① 张敏.国外教师职业认同与专业发展研究述评[J]比较教育研究.2006.(2):77—81.

② 毛振明,王小美.体育课改论[M].北京:北京体育大学出版社,2009.

③ 崔哲雄,张晓菲.体育教育专业人才培养与中小学体育教育人才需求脱节的原因及解决对策[J].体育学刊,2013,20(3):78—80.

④ 莫豪庆.基于学生体育学习成绩的体育课堂教学质量监测探究[J].浙江体育科学,2010(1):69—71.

中小学体育教育的对接、人才培养过程中重"学"不重"教"等因素关系紧密①。学科专业知识与能力,学科教学知识与能力是体育教育专业学生应对未来岗位挑战的必备能力,因此学科专业知识与能力、学科教学知识与能力也是体育教育专业学生核心能力的重要维度。

6.1.3　体育教育专业学生核心能力网络节点选取的实证研究

（1）体育教育专业学生核心能力初始问卷的编制

研究参考国内外体育教师专业标准、体育教师专业能力研究文献的结果,综合多位从事体育教师教育领域的专家、中小学体育教师以及从事中小学体育教师招聘与管理的管理人员有关职前体育教师(体育教育专业学生)应该具备的核心能力,根据开放式访谈提纲对专家(教授 2 名,副教授 2 名,中高职称体育教师 4 名,中学主管校长或教研组组长 8 名共 16 名,详见表 19)进行访谈结合前面各体育教师专业标准编制《体育教育专业学生核心能力专家咨询问卷(第一轮)》(附件 2 第一部分)发放给专家进行内容和结构进行判定,根据专家回馈的信息进行修改和调整后,编制《体育教育专业学生核心能力专家咨询问卷(第二轮)》(附件 2 第二部分),再次发放给相关专家(教授 4 名,副教授 3 名,中高 4 名,中学主管校长或教研组组长 4 名共 16 名,由于牵涉各位专家的隐私,因此专家姓名用拼音字母代替,详见表 1),问卷采用五级李克特量表的形式。

---

① 崔哲雄,张晓菲.体育教育专业人才培养与中小学体育教育人才需求脱节的原因及解决对策[J].体育学刊,2013,20(3):79.

表19 访谈专家一览表

姓名	职务或职称	所在单位	姓名	职务或职称	所在单位
TXW	中高	衡阳市第五中学	LRT	教研组组长	长沙市第一中学
LZM	教授	上海体育学院	GT	副校长	湘潭市第二中学
TZG	教授	湖南大学	DLJ	中高、校长	冷水江市第六中学
YX	调研员	衡阳市教育局	LJB	中高、副校长	衡阳市第一中学
ZDC	副教授	山东体育学院	YL	中高	娄底市第八中学
YZH	副教授	华东师范大学	LRT	教研组组长	长沙市第一中学
WL	中高	长沙市第七中学	GT	副校长	湘潭市第二中学
YS	教研组组长	株洲市第五中学	DLJ	中高、校长	冷水江市第六中学

研究编制出包括专业理念与品格、学科专业知识与能力、学科教学知识与能力三个一级指标,运动技能、运动训练能力、组织体育竞赛能力、运动项目内容知识、体育理论知识、教学设计、教学实施、教学组织与管理、教学策略、教学评价、教学反思、职业理解与认同、个人修养、对学生的态度与行为14个二级指标,121条测试题项,每个题项描述的是体育教育专业学生对自己的未来从事体育教师行业所需要具备的核心能力,要求其根据自己的实际情况进行回答,每个测量项目采用LIKET5级测量方式进行设定,分别由"非常符合""符合""一般""较不符合""完全不符合"五个等级组成,分别记作4、3、2、1、0分。

(2)体育教育专业学生核心能力测量问卷的实证探索与验证

预调查从湖南省13所地方新建本科院校(1999年后升本的院校)的体育教育专业四个年级的学生中采用简单随机抽样(抽取学号)的方式各抽取10名学生作为预测试对象,发放预测问卷520份,回收问卷520份,剔除无效问卷22份,有效回收率为95.8%。将所有回收的预调查有效问卷输入SPSS20.0软件中,对数据进行统计学分析。

因子分析的目的是从众多的原有变量中综合处少数具有代表性的因子,因此这对原有变量会有一个潜在的前提要求,即原有变量之间应该具有较强的相关关系,一般采用巴特利特球度检验(Bartlett test of sphericity)和 KMO(Kaiser-Meyer-Olikin)检验对变量进行检验,检验样本是否适合做因子分析[1]。研究对预测试问卷中的 121 个测量题项进行了 Bartlett 和 KMO 检验,其结果表明,KMO 值为 0.979,Bartlett 检验的近似卡方值(X^2)值为 61882.776(见表 19)。根据 Kaiser 给出的 KMO 度量标准:0.9 以上表示非常适合,0.8 表示适合,0.7 表示一般,0.6 表示不太适合,0.5 以下表示极不适合[2]。而本研究的 KMO 值达到 0.979,非常接近 1,意味着本样本变量间的相关性较强,适合做因子分析,同时参考 Bartlett 检验的近似卡方值(X^2)值为 61882.776(自由度为 3403,$p < 0.01$)达到极为显著的水平,综合两项的结果,两者的结论均证明研究的样本适合做因子分析。

表 20　预调查问卷 KMO 和 Bartlett 的检验结果表

取样足够度的 Kaiser-Meyer-Olkin 度量		.979
Bartlett 的球形度检验	近似卡方	419877.179
	df	3403
	Sig.	.000**

注明:＊表明 $P < 0.05$,＊＊表明 $p < 0.01$

在确定研究样本适合做探索性因子分子之后,应用 SPSS 中的因子分析对 121 个测试题运用主成分提取方法,选取方差最大法进行正交旋转后,根据软件默认的特征根值大于 1 的提取因子

①　薛薇. SPSS 统计分析方法与应用[M]. 北京:电子工业出版社,2006,329—331.

②　薛薇. SPSS 统计分析方法与应用[M]. 北京:电子工业出版社,2006:331.

方法提取公共因子,根据因子分析的结果,研究采取以下标准来删除不合适的题项确定因子的个数:

a 项目负荷值小于 0.4 的题项不能反映出该因子所代表的心理特质,给予剔除。

b 项目的公共方差小于 0.2 的题项说明其提取的因子对该项目的贡献及解释程度太低,给予剔除。

c 某一题项在两个或多个因子上的负荷值大于 0.4 的,说明其归因不显著,给予剔除[①]。

d 选取特征值大于等于 1 的因子作为提取的因子。

e 每个因子下所包含的题项不少于 3 项[②]。

f 碎石图中,因素变异图形出现明显的斜坡转平坦的情况,平坦状态后的共同因子建议剔除。

根据以上标准,第一轮探索性因子分析过程得到 17 个公共因子,17 个因子的累计方差贡献率达到 58.11%,但是有 Q28,Q29,Q30,Q35,Q58,Q59,Q60,Q61,Q62,Q63,Q64,Q85,Q99,Q100,Q101,Q102,Q103 等 17 个题项的项目负荷值小于 0.4,所以全部删除,留下 104 个题项。

再根据同样的方法对剩下的 104 个题项进行第二轮因子分析,得到 14 个公共因子,累计方差贡献率达到 56.51%,其中 Q23,Q57,Q65Q96,Q97,Q98 等 6 个题项的项目负荷值小于 0.4,第 12 个因子只有 Q1 和 Q7 两个题项,因此将这 8 个题项予以删除,留下 96 个题项。

再根据同样的方法对剩下的 96 个题项进行第三轮因子分析,

① 周珂. 中学体育教师职业认同研究[D]. 开封:河南大学,2010.
② 薛薇. SPSS 统计分析方法与应用[M]. 北京:电子工业出版社,2006,333.

得到 13 个公共因子,累计方差贡献率达到 56.58%,其中 Q55 和 Q56 两个题项的项目负荷值小于 0.4 第 12 个因子只有 Q80 一个 题项,因此将这 3 个题项予以删除,剩下 93 个题项。

同样的方法对剩下的 93 个题项进行第四轮因子分析,得到 13 个公共因子,累计方差贡献率达到 57.25%,其中 Q33 和 Q54 两个题项的项目负荷值小于 0.4 第 3 和 5 个因子共同拥有 Q71 一个题项,因此将这 3 个题项予以删除,剩下 90 个题项。

再用同样的方法对剩下的 90 个题项进行第五轮因子分析,得到 12 个公共因子,累计方差贡献率达到 56.61%,其中 Q8,Q53 题项的 项目负荷值小于 0.4,因此将这 2 个题项予以删除,剩下 88 个题项。

同样的方法对剩下的 88 个题项进行第六轮因子分析,得到 11 个公共因子,累计方差贡献率达到 55.89%,第 3 和 7 个因子共 同拥有 Q72 一个题项,第 4 和 8 个因子共同拥有 Q6 一个题项,第 4 和 10 个因子共同拥有 Q15 一个题项,因此将这 3 个题项予以删 除,剩下 85 个题项。

再次对剩余 85 题项进行第七轮因子分析,共得到 11 个公共 因子,累计方差贡献率达到 56.48%,但是第 11 个因子中没有题 项的项目负荷值大于 0.4,因此即使其特征根值大于 1,研究也并 不将其纳入提取因子当中,予以剔除,最终剩下 10 个因子,累计方 差贡献率为 55.07%。

最终确定由 85 个项目组成的《体育教育专业学生核心能力测 量问卷》(正式版)(附件 3)。

(3) 体育教育专业学生核心能力的测量

确定好正式问卷后,对湖南省 13 所地方新建本科院校(湖南 第一师范学院、湖南科技大学、湖南工业大学、城市学院、湖南文理 学院、湖南理工学院、吉首大学、怀化学院、湖南人文科技学院、邵阳学院、衡阳师院、湘南学院、湖南科技学院)的体育教育专业四个年级的学生,采取由教师调查员组织按学号随机抽取的四个年级各 30 名在教室内当堂填写问卷,当堂回收的方式进行测量,共发放问卷 1560 份,回收问卷 1560 份,剔除有漏填行为的问卷后,有效问卷 1357 份,有效回收率为 86.9%。

将正式测量获得的数据进行探索性因子分析和信度分析,判定数据的可靠性和稳定性。

a 探索性因子分析

为了评定《体育教育专业学生核心能力测量问卷》正式稿的机构效度,研究对其 85 个题项再次进行探索性因子分析,其 KMO 值达到 0.980,Bartlett 检验的近似卡方值(X^2)值为 63410.937(自由度为 3570,p<0.01)达到极为显著的水平,说明适合做探索性因子分析(见表 21)。

表 21　正式问卷 KMO 和 Bartlett 的检验结果表

取样足够度的 Kaiser-Meyer-Olkin 度量		.980
Bartlett 的球形度检验	近似卡方	63410.937
	df	3570
	Sig.	.000＊＊

研究采用主成分分析方法,选取方差最大法进行正交旋转后,依据上述标确定因子的个数为 10,10 个公共因子的特征值和贡献率见图 29,由图可见 10 个公共因子累计方差贡献率为 54.78%。

从表 21 中找出对应的 10 个公共因子中所包含题项的特征,并进行详细解读后对 10 个因子进行命名,因子 1 中包括了 18 个题项,包括的主要是教师对专业的认同、教师个人的特征以及对待学生的态度与行为相关的各个方面的详细解说,因此将第一个因

解释的总方差									
成份	初始特征值			提取平方和载入			旋转平方和载入		
	合计	方差的 %	累积 %	合计	方差的 %	累积 %	合计	方差的 %	累积 %
1	29.596	34.819	34.819	29.596	34.819	34.819	10.879	12.799	12.799
2	4.811	5.660	40.479	4.811	5.660	40.479	7.900	9.294	22.093
3	2.562	3.014	43.493	2.562	3.014	43.493	6.974	8.205	30.298
4	1.987	2.338	45.831	1.987	2.338	45.831	4.088	4.809	35.107
5	1.622	1.908	47.739	1.622	1.908	47.739	3.431	4.037	39.143
6	1.378	1.621	49.360	1.378	1.621	49.360	2.942	3.461	42.605
7	1.256	1.478	50.837	1.256	1.478	50.837	2.723	3.204	45.808
8	1.213	1.427	52.264	1.213	1.427	52.264	2.575	3.029	48.838
9	1.198	1.410	53.674	1.198	1.410	53.674	2.559	3.010	51.848
10	1.083	1.274	54.948	1.083	1.274	54.948	2.492	2.932	54.780

图 25　10 个公共因子的特征值和方差贡献率结果

子命名为"专业理念与品格能力"。

公共因子 2 包括了 17 个题项，通过对各题项的仔细解读，发现其主要包括的是与教学目标设计、教学内容设计、教学方法设计、教学组织设计、教学场地设施设计等方面与教学设计相关的题项，因此将第二公共因子命名为"教学设计"。

公共因子 3 包括了 18 个题项，通过对每一题项的仔细研读，可以发现其主要涉及的是有关教师个人能力（说课、讲解、示范、模拟上课等）和课堂教学管理等方面的内容，因此可以将第三个公共因子命名为"教师能力和课堂管理能力"。

公共因子 4 中的 6 个题项主要集中在课外运动训练的能力方面，因此将第四个公共因子命名为"运动训练能力"。

公共因子 5 包括了 7 个题项，解读这 7 个题项后得知其主要集中在教学评价（学生自评、学生他评、学生评价老师、老师评价学生）的能力，因子将第五个公共因子命名为"教学评价能力"。

在公共因子 6 包含的 4 个题项中，包括了运动人体科学、人文社科、体育教育、体育方法工具类等体育理论知识相关的自评，因子将该因子命名为"体育理论知识"。

公共因子 7 包括了 4 个题项，主要集中在组织和管理体育竞赛的能力方面,因此将该公因子命名为"体育竞赛组织能力"。

公共因子8中包括的3个题项主要集中在课堂组织方面,因此将第八个公共因子命名为"课堂组织能力"。

公共因子9包括了4个题项,对每一题项解读后发现其主要集中在体育教育专业学生的运动技能方面,因此将第九个公因子命名为"运动技能"。

公共因子10包括了3个题项,对这三个题项仔细阅读后发现其主要集中在运动项目内容知识的三个主要维度,因此将这一公因子命名为"项目内容知识"。

表22 体育教育专业核心能力测量问卷探索性因子分析旋转矩阵示意表

因子1		因子2		因子3		因子4		因子5	
题项	因子载荷量	题项	因子载荷量	题项	因子载荷量	题项	因子载荷量	题项	因子载荷量
Q78	.723	Q36	.637	Q51	.586	Q7	.646	Q63	.624
Q79	.721	Q34	.626	Q53	.581	Q8	.626	Q65	.615
Q77	.710	Q35	.604	Q58	.580	Q10	.604	Q64	.610
Q75	.708	Q32	.579	Q49	.567	Q6	.599	Q62	.586
Q80	.702	Q40	.575	Q57	.561	Q9	.552	Q66	.567
Q83	.701	Q31	.569	Q48	.551	Q5	.512	Q67	.499
Q82	.700	Q37	.543	Q43	.550			Q61	.479
Q81	.693	Q33	.537	Q42	.547				
Q74	.692	Q29	.529	Q59	.544				
Q76	.687	Q38	.526	Q50	.531				
Q72	.683	Q39	.519	Q19	.526				
Q73	.679	Q28	.506	Q54	.522				
Q84	.665	Q30	.503	Q56	.516				
Q69	.635	Q25	.500	Q60	.515				
Q85	.627	Q27	.481	Q47	.497				
Q71	.616	Q41	.446	Q55	.482				
Q70	.589	Q26	.435	Q20	.448				
Q68	.532			Q18	.430				

（续　表）

因子 6		因子 7		因子 8		因子 9		因子 10	
题项	因子载荷量	题项	因子载荷量	题项	因子载荷量	题项	因子载荷量	题项	因子载荷量
Q22	.570	Q12	.633	Q44	.510	Q1	.648	Q17	.613
Q23	.563	Q13	.602	Q45	.466	Q2	.644	Q15	.578
Q24	.476	Q14	.585	Q46	.459	Q4	.607	Q16	.568
Q21	.474	Q11	.543			Q3	.586		

提取方法：主成分。旋转法：具有 Kaiser 标准化的正交旋转法。a. 旋转在 9 次迭代后收敛。

B 内部信度分析

一个好的测量工具，不仅要有较好的效度，还应该要有很好的信度，即稳定性和一致性，量表的信度越大，就表明其测量的标准误越小[①]。常见的用于检测量表的内部信度方法包括科隆巴赫（Cronbach）所创的 α 系数以及折半信度两种。下面我们就分别用两种方法对《体育教育专业核心能力测量问卷》的稳定性和时间跨度一致性进行检验。

首先对 10 个公共因子和总量表进行 Cronbachα 系数检验，结果见表 22。根据社会科学研究领域中对信度系数的要求：总量表的的信度系数最好在 0.80 以上，0.70—0.80 也算是可以接受；分量表的信度系数最好在 0.70 以上，0.60—0.70 也可以接受使用。因此从表 23 中可以看出，本研究编制的问卷的十个公共因子的 α 系数在 0.742—0.950 之间，总量表的 α 系数达到 0.977，接近 1，各信度指标值达到理想程度，说明该问卷的内部一致性信度较高，能较好的反映体育教育专业学生对自我核心能力的评价。

---

① 吴明隆. 问卷统计与分析实务——SPSS 操作与应用[M]. 重庆：重庆大学出版社，2013，237—239.

表 23 十个公共因子和总问卷的 Cronbach α 系数表

因子	1	2	3	4	5	6	7	8	9	10	总量表
α 系数	0.950	0.930	0.91	0.833	0.863	0.806	0.793	0.813	0.742	0.799	0.977

其次运用折半法对问卷的信度进行检验,结果如表 24,从结果可以看出"体育教育专业学生核心能力测量问卷"的斯布折半系数值等于 0.883,Guttman 折半系数值等于 0.883,信度系数均大于 0.8 说明问卷的内部稳定性和一致性较好,和上述 Cronbachα 系数检验结果一致。

表 24 折半系数可靠性统计结果表

	部 分	指标	值
Cronbach's Alpha 值	部分 1	数值	.959
		项数	43a
	部分 2	值	.964
		项数	42b
	总项数		85
表格之间的相关性			.791
Spearman-Brown 系数	等长		.883
	不等长		.883
Guttman Split-Half 系数			.883

a. 这些项为:Q1,Q2,Q3,Q4,Q5,Q6,Q7,Q8,Q9,Q10,Q11,Q12,Q13,Q14,Q15,Q16,Q17,Q18,Q19,Q20,Q21,Q22,Q23,Q24,Q25,Q26,Q27,Q28,Q29,Q30,Q31,Q32,Q33,Q34,Q35,Q36,Q37,Q38,Q39,Q40,Q41,Q42,Q43.

b. 这些项为:Q43,Q44,Q45,Q46,Q47,Q48,Q49,Q50,Q51,Q52,Q53,Q54,Q55,Q56,Q57,Q58,Q59,Q60,Q61,Q62,Q63,Q64,Q65,Q66,Q67,Q68,Q69,Q70,Q71,Q72,Q73,Q74,Q75,Q76,Q77,Q78,Q79,Q80,Q81,Q82,Q83,Q84,Q85.

C 外部信度分析

为了检验问卷的跨越时间的一致性,研究采用了重测法对问卷的信度进行检验。在正式问卷回收的一周之后,选择衡阳师范学院的学生进行再次测量(测量对象与第一次问卷发放对象一致),将回收的数据与第一次回收的数据进行相关分析,二者之间的 R 系数为 0.852,这就说明该问卷的跨越时间信度即外部信度较高。

(4) 体育教育专业学生核心能力网络节点的确定

根据专家访谈法的结果和文献综合的结果编制初始问卷后进行预调查后对问卷进行修订后再次发放,再经过信度和效度检验后,最终确定体育教育专业学生核心能力网络节点主要有十类:

(A) 运动技能类节点:

A1 专业术科成绩

A2 动作技术展示能力

A3 分析动作优劣的能力

A4 术科课堂技能表现

(B) 运动训练能力类节点:

B1 制定训练计划

B2 掌握体能训练手段

B3 了解青少年运动员素质训练敏感期

B4 基本选材方法的掌握

B5 合理安排训练负荷

B6 掌握诊断运动疲劳的方法和恢复手段

(C) 体育竞赛组织能力类节点:

C1 编制竞赛规程与秩序册

C2 掌握常见运动项目的裁判知识

C3 承担裁判工作

C4 协调运动会期间各部门的关系

(D) 项目内容知识类节点:

D1 常见运动项目的规则与礼仪

D2 常见运动项目的关键技术和战术

D3 常见运动项目的易犯错误和纠正方法

（E）体育理论知识类节点：

E1 运动人体科学类知识的掌握与运用

E2 体育人文社科类知识的掌握与运用

E3 体育教育类知识的掌握与运用

E4 体育方法工具类知识的掌握与运用

（F）教学设计能力类节点：

F1 根据学校情况制定教学目标

F2 教学目标对于学生有一定的挑战性

F3 实现教学目标的方法的手段

F4 教学设计时能充分考虑到学生足够的练习机会

F5 选取的教学内容符合教学目标

F6 能准确分析学生的个性特点与学习需求

F7 选取的教学内容符合青少年身心发育特点

F8 选取的课程资源能为学生所理解

F9 能够灵活运用课程资源

F10 课程设置遵循循序渐进的原则

F11 能将教学内容内化成适合教的知识，让学生学得更容易

F12 能为特殊学生（残疾等特殊学生）设置一些简单的课程

F13 掌握划分体育水平的标准

F14 课堂融入其他学科知识

F15 教学设计时运用教育学科类知识

F16 尝试引入新的教学模式

F17 能够制定课堂实施方案

（G）课堂组织能力类节点：

G1 合理安排学生队形和队伍的调动

G2 合理分配和管理器材

G3 引导学生管理和约束行为

G4 制定课堂合理规则

（H）课堂实施与管理能力类节点：

H1 示范能力

H2 讲解能力

H3 教学重点、难点的把握能力

H4 说课能力

H5 模拟上课能力

H6 化解学习机会均等的困境（如人数超过 50 人，器材较少的情况等）

H7 采取多种练习方式促进学生的体育参与

H8 及时给予学生指导与帮助

H9 及时发现学生的问题并予以解决

H10 有效使用促进学生参与体育锻炼的教学策略

H11 掌握常见运动项目的教学方法与策略

H12 掌握提高学生体适能的方法与手段

H13 使用新颖的教学手段，提高学生兴趣

H14 能处理特殊学生学习中的突发状况

H15 对学生的课堂表现提供反馈意见

H16 与学生及时沟通，了解学生的预期目标

H17 培养学生团队及集体荣誉感

H18 培养学生组织纪律性和拼搏精神

（I）教学评价能力类节点：

I1 过程性评价的使用

I2 定量与定性评价相结合

I3 横向与纵向评价相结合

I4 引导学生自评

I5 引导学生互评

I6 引导学生评价教师

I7 教师自我评价教学效果

（J）专业理念与品格能力类节点：

J1 专业认同

J2 认真工作的态度、具备敬业精神

J3 热爱体育教师事业、愿意从事体育教师工作

J4 具备好的职业道德修养、为人师表

J5 具备团队合作精神、积极开展协作与交流

J6 自信乐观、有活力

J7 具备责任心与爱心

J8 具备乐于助人的精神

J9 能够自我调节情绪、保持平和的心态

J10 衣着得体、语言规范、举止文明

J11 为学生提供支持和鼓励

J12 鼓励学生相互尊重

J13 能认真听取学生的意见

J14 引导学生建立自尊自信的理念

J15 公平对待每一个学生

J16 信任学生，积极创建促进学生自主发展的氛围

J17 不歧视、不讽刺学生，不体罚或变相体罚学生

J18 培养学生良好的思维习惯和社会适应能力

6.2 体育教育专业学生核心能力网络边的确定

运用复杂网络研究实际网络时,选取好网络中的节点之后,最重要的是要确定好网络的节点以及根据节点与节点之间的某种特定关系所建立的边[1]。邓丹通过将团队成员表示为网络节点,团队成员之间的交流连线表示为连接网络节点之间的边,将新产品开发团队抽象成一个复杂网络结构,对新产品开发交流网络进行了分析[2]。李文博在他的博士论文中将产业集群的参与者——各种类型知识的载体作为知识网络的节点,将各个参与之间的交互活动即知识转移和扩散手段——知识关联看作连接各参与者之间的边,构建了产业集群中的知识网络[3]。在竞技能力复杂网络结构研究中,杜长亮博士将竞技能力包含的各种子能力看作是竞技能力网络结构的节点,利用数学中的相关函数计算出来的各种子能力之间的相关关系看作是连接竞技能力网络节点的边[4]。对于文献期刊引用网络,将文献或期刊看作是网络的节点,文献和期刊之间的引用关系看作是连接网络节点之间的边[5]。

对于体育教育专业学生核心能力复杂网络来说,核心能力节

---

① 杜长亮.竞技能力网络结构特征——以女子重剑项目为例[D].北京:北京体育大学,2011:67.

② 邓丹,李南等.基于小世界网络的 NPD 团队交流网络分析[J].研究与发展管理,2005,17(4):83—87.

③ 李文博.企业知识网络复杂系统的结构与演化—产业集群情境下的实证研究[D].杭州:浙江工商大学,2009,57—58.

④ 杜长亮.竞技能力网络结构特征——以女子重剑项目为例[D].北京:北京体育大学,2011,67—68.

⑤ 屈文建.基于复杂网络模型的高等教育科类结构分析[J].情报杂志,2011,30(1):63—70.

点之间的相互关系一般通过相关来确立,相关达到一定程度的节点之间会建立起一种关系,从而在体育教育专业学生核心能力网络结构中建立起一条连接节点与节点的连线,称之为"边"。在体育教师教育过程当中,学生技能的掌握程度会否影响其教学能力,学生知识的掌握能否对其教学组织能力产生影响,这些类似的问题并不能运用数学中的函数关系由一个变量直接计算出另一个变量的精确数值,但是他们之间又确实存在着一定的联系和关系,这时候,就需要借助数学中的另一个方法,计算变量之间的相关系数,描述变量之间的相关关系。计算变量之间的相关关系有很多种,可以借助 SPSS 或 MATLAB 软件,也可以运用最简单的公式计算,或者运用 excel 中的 Correl 函数均可以实现。研究鉴于后期数据还需要确定相关系数的筛选和进一步的处理,选取了借助MATLAB 软件编制相关程序来进行数据的处理和分析。首先,运用 Excel 将所有数据进行录入和归类,然后用 MATLAb 编写相关程来计算 85 个体育教学专业学生核心能力子能力之间的相关系数,如下:

```
A＝xlsread('node. xls')
n＝size(A)
for i＝1:n
    for j＝1:n
        B＝corrcoef(A(:,i),(:,j));
        C＝(i,j)＝B(1,2);
    end
end
xlswrite('. xls',C)
```

运行以上程序后,可以得到一个由 85 个子能力相互之间的相关系数矩阵,如图 26(因为矩阵太大,故图 26 只是相关系数矩阵的部分截图)

计算各节点之间的相关系数后,根据大部分统计学学者认定的相关系数 R 的绝对值在 0.3—0.7 之间具有一般相关,0.7 以上则为显著相关的,0.3 以下的则没有直线相关的原则,本研究选取 0.3 作为研究的临界值,即两变量之间的相关系数 R 大于等于 0.3 的话,则两变量之间存在直线相关关系,也就认定这两者在网络拓扑结构中建立了一条"边",否则的话就是没有直线相关关系,两节点之间没有"边"的存在。

	A	B	C	D	E	F	G	H	I	J	K	L	M
1	1	0.404	0.341	0.334	0.276	0.235	0.211	0.254	0.207	0.222	0.224	0.215	0.21
2	0.404	1	0.523	0.435	0.362	0.37	0.346	0.356	0.321	0.316	0.318	0.296	0.304
3	0.341	0.523	1	0.474	0.43	0.439	0.388	0.399	0.363	0.366	0.332	0.303	0.361
4	0.334	0.435	0.474	1	0.315	0.383	0.322	0.355	0.29	0.322	0.25	0.284	0.284
5	0.276	0.362	0.43	0.315	1	0.47	0.432	0.412	0.398	0.382	0.333	0.388	0.343
6	0.235	0.37	0.439	0.383	0.47	1	0.488	0.433	0.431	0.46	0.356	0.336	0.372
7	0.211	0.346	0.388	0.322	0.432	0.488	1	0.545	0.458	0.422	0.415	0.38	0.355
8	0.254	0.356	0.399	0.355	0.412	0.433	0.545	1	0.515	0.464	0.392	0.355	0.358
9	0.207	0.321	0.363	0.29	0.398	0.431	0.422	0.515	1	0.51	0.395	0.36	0.326
10	0.222	0.316	0.366	0.322	0.382	0.46	0.464	0.51	0.51	1	0.395	0.36	0.451
11	0.224	0.318	0.332	0.25	0.333	0.356	0.415	0.392	0.369	0.395	1	0.476	0.534
12	0.215	0.296	0.303	0.284	0.388	0.336	0.38	0.355	0.383	0.36	0.476	1	0.47
13	0.21	0.304	0.361	0.284	0.343	0.372	0.355	0.358	0.374	0.326	0.451	0.534	0.47
14	0.258	0.302	0.314	0.27	0.359	0.34	0.389	0.374	0.368	0.37	0.444	0.477	0.47
15	0.25	0.351	0.317	0.318	0.35	0.342	0.359	0.354	0.359	0.346	0.344	0.39	0.36
16	0.264	0.353	0.35	0.289	0.3	0.376	0.379	0.38	0.39	0.331	0.345	0.325	0.356
17	0.25	0.353	0.364	0.308	0.332	0.343	0.32	0.356	0.376	0.356	0.323	0.34	0.356
18	0.266	0.309	0.338	0.283	0.356	0.384	0.356	0.369	0.323	0.406	0.359	0.368	0.318

图 26 相关系数矩阵部分截图

在得出以上规则的前提下,利用 MATLAB 编写程序,确定体育教育专业学生核心能力网络结构的"边"的存在与否,程序如下:

```
A＝xlsread('C');
m＝size(A,2);
for i＝1:m
    for j＝1:m
        if A(i,j)＞＝0.3
            A(i,j)＝1;
        else
```

$$A(i,j)=0$$

end

end

end

运行程序后得到的"A"文件就是一个由 0 和 1 组成的 mat 文件，其中的 1 代表的是这一行和这一列的两个节点之间存在一条边，0 即代表二者之间不存在边，再将 mat 文件转换成 bian. XLS 文件，如图 27（因为矩阵太大，故图 27 只是 bian 矩阵的部分截图）。

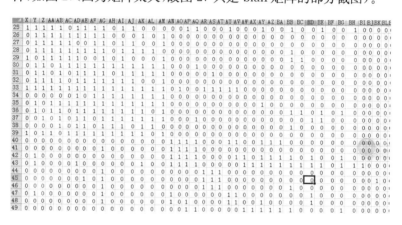

图 27　Matlab 程序计算边运行结果部分截图

7 体育教育专业学生核心能力网络结构

7.1 体育教育专业学生核心能力
整体网络结构拓扑图

根据以上得到的"bian"的矩阵,将其转换成 net 格式,利用 ucinet6 中的 pajek 绘图软件绘制地方新建本科院校体育教育专业学生核心能力(以下简称体育教育专业学生核心能力)整体网络结构拓扑图,如图 28。图中的每个点代表的是一个体育教育专业学生的子核心能力,每两个节点之间的连线则代表了网络结构拓扑图的边。体育教育专业学生核心能力整体网络结构拓扑图主要包括 85 个节点,808 条边。

7.2 体育教育专业学生核心能力整体网络结构特征

7.2.1 体育教育专业学生核心能力整体网络结构的"度"

度是单个节点的属性中最简单而又最重要的概念,它代表的是节点 i 与其他节点相连接的数目,记作 Ki,在体育教育专业学生核心能力网络结构中,它代表的是节点 i 与其他节点之间相连接

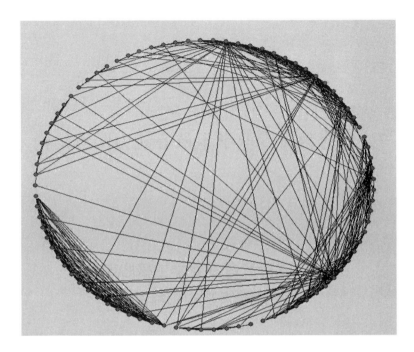

图 28　体育教育专业学生核心能力整体网络结构拓扑图

的边的数目,这个数目可以的大小在一定意义上可以代表这个节点在网络结构中的重要程度。

在体育教育专业学生核心能力结构网络拓扑图中,85 个节点总共 808 条边,P⟨k⟩(平均度)等于 9.5,这也就是说明,体育教育专业学生核心能力整体网络中每个节点平均含有 9.5 条边,换种说法就是平均每个节点跟其他 9.5 个节点之间存在相关关系,这就说明网络结构的中的 85 个节点的联系比较密切,这也一定程度上反映了研究选取现实网络中的重要子能力的方法比较合理。

通过运行 pajek 中的 degree 程度得出每个节点的度值后进行整理和统计归类发现十类节点所拥有的"边"所占整个网络比例的排序为:教学设计能力类节点、课堂实施与管理能力类节点、专业理念与品格能力类节点、教学评价能力类节点、课堂组织能力类节点、运动训练能力类节点、体育理论知识类节点、项目内容知识类节点、运动技能类节点、体育竞赛组织能力类节点(如图 29)。

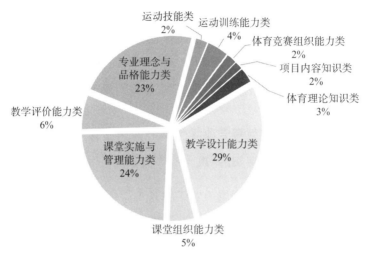

图 29 体育教育专业学生核心能力整体网络节点边数比例图

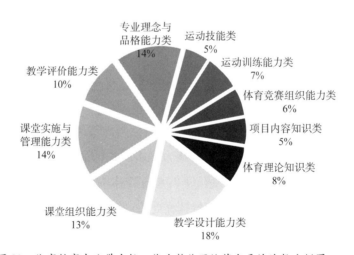

图 30 体育教育专业学生核心能力整体网络节点平均边数比例图

十类节点所拥有的"边"的平均数所占整个网络比例的排序则为教学设计能力类节点、课堂实施与管理能力类节点、专业理念与品格能力类节点、课堂组织能力类节点、教学评价能力类节点、体育理论知识类节点、运动训练能力类节点、体育竞赛组织能力类节点、项目内容知识类节点、运动技能类节点(如图 30)。综合观察图 29 和图 30 可以发现,教学设计能力类、课堂实施能力类以及专业理念与品格类节点不论是在拥有边的数量还是平均边的数量都是前三位,也就说明在体育教育专业学生核心能力网络结构中,这三类的节点占据了比较核心的位置,是我们要重点关注的对象。

7.2.2 体育教育专业学生核心能力整体网络结构的"度分布"

度分布是网络结构中另一个非常重要的概念,它代表的是网络中节点的度的分布情况 P〈k〉,在表 17 中里出了体育教育专业学生核心能力网络结构中的 808 条边的分布情况。从表 25 中可以看出,在体育教育专业学生核心能力的网络结构中,拥有高度值的节点并不多,度值为 20 以上的仅为 3 个节点,大部分节点的度值都不是很高,主要集中在 4,5,8,11 这几个度值中,也就是说在 85 个节点当中,拥有 4、5、8、11 条边的节点最多,达到总共节点的 43.5%。这种现象正符合无标度网络的大部分节点的连接数较少,而少数重要节点吸引了大量的节点与之连接的特性,因此我们根据体育教育专业学生核心能力网络结构的度分布情况,判定其是一个无标度网络,所以假设 2:地方新建本科院校体育教育专业学生网络结构具有无标度特征在此得到验证。

表 25 体育教育专业学生核心能力整体网络度的分布一览表

N	2	3	4	5	6	7	8	9	10	11	12	13	14	15	16	17	18	≥20
包含 N 条边的节点数	3	1	11	9	6	5	9	4	5	8	6	4	2	3	2	3	1	2	3

根据无标度网络的另一特征——中心节点的作用尤其明显,

判断复杂网络中节点的重要性最初源起于社会学网络分析领域，网络中不同节点之间的重要性差异主要可以通过定量的分析节点在网络中的核心程度，即通过计算出节点的度数、接近中心度、中间中心度以及特征向量等指标来确定核心节点[①]。表 26 中列出分别根据度、接近中心度、中间中心度以及特征向量计算出体育教育专业学生核心能力网络结构中的核心节点（鉴于篇幅，仅列出前十名，见表 26）。

表 26　体育教育专业学生核心能力整体网络节点排序分析表（前十名）

	度排序		接近中心度排序		中间中心度排序		特征向量排序	
	ID	度	ID	接近中心度	ID	中间中心度	ID	特征向量
1	H11	33	H11	224	H11	913.357	H11	0.282
2	F11	32	F3	225	F11	867.929	F3	0.268
3	F3	30	F11	228	F3	755.818	F11	0.242
4	G4	18	J1	251	J2	207.99	F14	0.213
5	J2	18	F14	255	J1	177.645	G4	0.206
6	H8	17	H8	258	H10	111.099	F13	0.189
7	F14	16	F6	258	I7	108.401	F6	0.187
8	F15	16	G4	260	I4	107.994	H8	0.185
9	H10	16	F13	264	J3	96.67	F8	0.184
10	F13	15	F15	265	H8	92.029	F15	0.179

表 26 中列出的数据中，四种不同的方法都是用来检测节点重要性的，其中度检测方法侧重于检测节点边的数量——节点拥有相关连接节点的个数，因此值越大，说明其在网络的越处于核心位置[②]；接近中心度检测方法是检测节点受其他节点控制的程度，因

---

① 张珊.复杂网络的节点重要性及社区结构研究[D].西安:西安电子科技大学，2013,25.

② 汪小帆.复杂网络理论及其应用[M]北京:清华大学出版社,2006,11.

此其取值越小,代表其在网络中越处于核心位置[①];中间中心度测量的是节点在网络正所承担的桥梁作用,因为其取值越大,则说明其在网络中控制其他节点的能力越强,处于网络的核心地位[②];特征向量作为一个描述节点中心度和网络中心势的一个标准化测度,它的目的是在网络整体结构的意义上,找到网络中最最核心的成员,因此特征向量中心势指数越大的节点即在网络中占据越重要的位置[③]。由于单独的某一个方法和指数值辨别核心节点都存在着一定的片面性和误差,因此研究中综合使用四种方法以找出体育教育专业学生核心能力网络结构中的核心节点。

　　从表 26 中可以清楚地看到,在体育教育专业学生核心能力网络结构中,三个度值最大中心节点分别是 F3 掌握实现教学目标的方法与手段能力(度值为 30)、F11 将教学内容内化成适合教的知识能力(度值为 32)、H11 及时解答学生提出的疑问能力(度值为 33),同时这三个节点的中间中心度和特征向量都排在前三位,接近中心度最小的三个节点也是这三个节点,虽然在四种方法检测的排序中,三者的顺序各有前后,比如由度和中间中心度测量出来的前三名排序是 H11、F11、F3,接近中心度和特征向量测量出来的前三名排序是 H11、F3、F11,但总的来说前三名都诞生在这三个节点之中,因此无论从哪一方面来看,这三个节点都是体育教育专业学生核心能力网络结构中的核心节点。三个节点分别隶属于教学设计能力类和课堂实施与管理能力类,也就是说,对于未来从事体育教师职业的体育教育专业学生而言,教学设计能力和课堂实施与管理能力确实是其应该掌握的能力的重中之重,也是体

---

① 刘军.社会网络分析导论[M].北京:社会科学文献出版社,2004,145.
② 刘军.社会网络分析导论[M].北京:社会科学文献出版社,2004,125—126.
③ 刘军.社会网络分析导论[M].北京:社会科学文献出版社,2004,133—134.

育教师教育过程中应该重点培养和关注的能力指标。

7.2.3 体育教育专业学生核心能力整体
网络结构的"平均路径长度"

网络中两个节点之间的距离 d 代表的是两个节点之间的最短路径上的边数,而平均路径长度 L 则代表的是任意两个节点之间的距离的平均值,任意两点之间距离的最大值则称为网络的直径 D[①]。通过运行 pajek 程序的 distribution of distances＞from all vertices 程序可以得出体育教育专业学生核心能力网络的直径 D＝5,网络的平均路径长度 L＝2.42,也就意味着体育教育专业学生核心能力网络中,任意两个子核心能力之间通过不到 2 个节点就可以建立起相关关系,平均路径长度较小。

$$Lrandom＝\ln n/\ln k＝\ln 85/\ln(808/85)＝1.99$$(其中 n 代表的是网络中的总节点数,k 代表的网络的平均度＝总度数/n)

通过比较体育教育专业学生核心能力网络结构的 L 和 Lrandom 的值可以发现,L＞Lrandom。

7.2.4 体育教育专业学生核心能力整体
网络结构的"集聚系数"

网络的集聚系数 C,作为衡量网络中节点的聚类情况的参数,表示的是网络中节点的连接点之间也互为连接点的比例[②],通过运行 pajek 程序的 Clustering Coefficients 程序可以得出体育教育专业学生核心能力网络的集聚系数 C＝0.27,体现了网络了高聚集性。

---

① 汪小帆. 复杂网络理论及其应用[M]北京:清华大学出版社,2006,10.

② 曾小舟,唐笑笑,江可申. 基于复杂网络理论的中国航空网络结构实证研究[J]. 交通运输系统工程与信息,2011,11(6):175—181.

Crandom＝k/n＝9.5/85＝0.11(其中 n 代表的是网络中的总节点数,k 代表的网络的平均度＝总度数/n)

通过比较体育教育专业学生核心能力网络结构的集聚系数 C 和 Crandom 的值可以发现,C>Crandom。

大量的现实网络都是无标度网络且具有平径路径长度很小的小世界特征,如轨道交通网络、公路网络、航空网络等都具备这一特性,而判定一个网络是否具备小世界网络特征的主要条件是其具有较小的平均路径长度和较大的集聚系数,一般认为一个网络中的 L>Lrandom 同时 C>Crandom 时,这个网络具备了小世界网络特征[①],而从以上的分析中可以明确看出,体育教育专业学生核心能力网络结构符合这一特性,也就说明该网络具有明显的小世界网络特征,通过以上分析研究假设 3:地方新建本科院校体育教育专业学生网络结构具有小世界网络特征得到支持。

7.2.5 体育教育专业学生核心能力网络结构的"增长性"

体育教育专业学生核心能力网络并不是一成不变的,其网络中的节点和边都是会随着时间的变化而不断发生改变,在前面已经证实了体育教育专业学生核心能力网络结构并不是一个随机网络而是一个无标度网络,因此其网络结构中节点与边的变化并不会像随机网络一样随机增加和变化,而是会遵循一定的规律而产生变化[②]。因此在体育教育专业学生核心能力网络结构中,子核心能力即节点的数量会随着教学和训练的开展、个人实践与锻炼

---

① 王燚,杨超.上海市轨道交通网络的复杂网络特性研究[J].城市轨道交通研究,2009,12(2):33—36.

② 冯锋.基于无标度网络的产学研合作网络功能及培育机制研究其系统科学意义[J].科技政策与管理,2009(9):27—29.

而增加,从而对整个网络结构的规模进行扩充。

随着学生教师各方面的子核心能力的提高,需要更多元化的教学与训练与实践刺激来实现其子能力的进一步提高,因此就需要网络结构中建立新的连接来实现,从而达到网络结构的升级演化。然而在体育教育专业学生核心能力网络结构中,网络结构的无标度特性中的择优连接就决定了其节点与边的增长必然是非随机性的,因此网络结构中新增加的节点与边都是为了提高学生教师的核心竞争力。

7.2.6　体育教育专业学生核心能力网络结构的"异质性"

体育教育专业学生的核心能力网络结构中,各个子核心能力节点的度值各有差异,整个网络的度分布较广,因此各节点之间在结构和功能力上会表现出不同特征,即异质性[①]。在整个体育教师教育培养过程当中,在不同的培养阶段,对于每个子核心能力节点的培养的时间和课时分配都是有差异的,而并不是平均分配的,由于"核心节点"在无标度网络中的优势相较其他节点更多,是整个网络结构升级演化的动力要素,因此其得到的培养力度较之其他节点而言也会更大。随着"核心节点"的进一步加强后,其会向其他有联系的节点通过边的作用分配培养的力度与效应。例如,在体育教育专业学生培养过程初期,运动技能和理论相关知识是网络结构的"核心节点",大量的课程设置和训练都是围绕这两个方面而展开,其他的子核心能力节点就会向这个节点不断聚集,在经过长期、系统的教学与训练后,学生的运动技能和理论知识掌握程度必然得到提高,即获得较好的教学效果,但这种教学效果不仅

---

① 郝彬彬,井元伟,张嗣瀛. 复杂网络度分布的异质性对其同步能力的影响[J]. 东北大学学报(自然科学版),2008(29):1521—1524.

仅反映在技能与理论知识这两个节点上，同时还会对学生的诸如动作示范、教学设计等方面能力的提高。

7.2.7 体育教育专业学生核心能力网络结构的"鲁棒性"

复杂网络的鲁棒性研究是当网络遭遇到故意攻击或随机故障时，网络中结点之间的连接程度所受到的破坏以及其对网络中连通性产生的影响[1]。对于一个固定网络而言，若果删除其中的一个节点，那么与这个节点相连接的所有的边也会随之消失，从而就会中断该网络中其他节点之间的路径，如果两个节点的之间的所有路径都被中断的话，这两个节点就不再存在连通的关系了（如图34所示）。如果删除网络中的少数节点，但不影响整个网络的连通性，让大部分的节点之间还存在连通关系，那么就可以称之为称

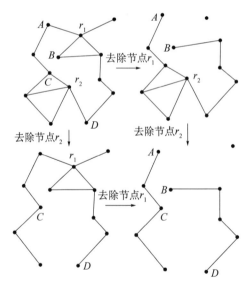

图 31　去除节点对网络连通性的影响图

---

① 王林，戴冠中.复杂网络的 scale-free 性、scale-free 现象及其控制[M].北京:科学出版社,2009.

该网络的连通性对节点故障具有鲁棒性①。

对于体育教育专业学生核心能力这样一个具有典型无标度特征的网络而言,其必然会对随机节点故障具有较高的鲁棒性,但是面对蓄意攻击时,网络就会表现出高度的脆弱性。因为在体育教育专业学生核心能力网络结构中,大部分节点的度相对较低,面对随机故障,去除小度值的节点的几率更大,这样对整个网络的连通性影响不是很大,但是面对蓄意攻击时,在面对外界有意识的攻击网络中极少的度值最大的节点即"核心节点"时,网络就有可能会失去这些重要节点,从而阻断大部分节点之间的路径,如此这般就会对整个网络的连通性产生很大的影响,从而导致整个网络的分化甚至瘫痪。因此在体育教育专业学生核心能力培养中,应该重点发展"核心节点",推动整个网络的演化与升级,同时要避免"核心节点"受到蓄意攻击。

7.2.8　体育教育专业学生核心能力网络 结构的"自组织性"

在系统实现空间的、时间的或功能的结构过程中,如果没有外界的特定干扰,仅是依靠系统内部的相互作用来达到的,我们便说系统是自组织的②。在体育教育专业学生核心能力网络结构中,网络中的节点之间建立连接的规则并非是人为安排的,而是其基于自身的判别和鉴定择优进行连接。这种自组织性正好与无标度网络的度分布幂率分布特征——"优者更优"相一致,其具有一定的自我调节的能力,从而对外界的依赖性也随着网络的演化与升级会越来越小。对于体育教育专业学生核心能力网络结构而言,所有的节点的行为

---

① 汪小帆. 复杂网络理论及其应用[M]. 北京:清华大学出版社. 2006:30—31.

② 范尧,姜立嘉. 基于自组织理论的高等体育教育系统模式创新探究[J]. 学术交流,2011(4):198—201.

最终都是为了提高学生的核心竞技力,成为一名合格优秀的职前体育教师,因此不管外界环境如何改变,网络的演化目标不会变,虽然结构会随着网络的演化发生一些变化,但网络不会因外界影响而瓦解和破碎,反而会因其自组织的特性而根据自身的目标和需要去调整课程设置、改革教学与训练的方式方法,与外部环境进行有选择性的信息交流与调节,从而适应外部环境,最终达到有序的状态。

7.3 不同年级体育教育专业学生核心能力网络结构特征比较

7.3.1 不同年级学生核心能力指标显著性差异检验

为了检验不同年级体育教育专业学生核心能力之间是否存在显著性差异,研究采用单因素方差分析中的多重比较对体育教育专业学生核心能力的十个二级指标的平均值(A、B、C、D、E、F、G、H、I、J)分别代表运动技能、运动训练能力、体育竞赛组织能力、项目内容知识、体育理论知识、教学设计能力、课堂组织能力、课堂实施与管理能力、教学评价能力、专业理念与品格在前面已经叙述过)进行比较,将 ABCDEFGHIJ 平均值视为因变量,年级作为因子,进行各年级组间的显著性差异检验,并采用两两对比的方法对各个指标的各年级之间的差异进行比较。具体结果如表 27、图 32(鉴于篇幅,文中仅显示多重比较部分截图)所示:

表 27　体育教育专业学生核心能力二级指标年级间差异分析表

二级指标	平方和	均方	F 值	显著性
运动技能	10.530	3.510	10.369	0.000
运动训练能力	12.556	4.185	10.254	0.000
体育竞赛组织能力	32.775	10.925	23.559	0.000

（续　表）

二级指标	平方和	均方	F 值	显著性
项目内容知识	8.991	2.997	6.536	0.000
体育理论知识	15.265	5.088	11.297	0.000
教学设计能力	21.098	7.033	20.432	0.000
课堂组织能力	25.143	8.381	19.862	0.000
课堂实施与管理能力	13.266	4.422	11.394	0.000
教学评价能力	27.851	9.284	24.336	0.000
专业理念与品格	21.267	7.089	29.176	0.000

多重比较

LSD

因变量	(I) 年级	(J) 年级	均值差 (I-J)	标准误	显著性	95% 置信区间 下限	95% 置信区间 上限
A均值	大一	大二	-.07357	.04460	.099	-.1611	.0139
		大三	-.16280*	.04482	.000	-.2507	-.0749
		大四	-.23359*	.04489	.000	-.3216	-.1455
	大二	大一	.07357	.04460	.099	-.0139	.1611
		大三	-.08922*	.04446	.045	-.1764	-.0020
		大四	-.16001*	.04453	.000	-.2474	-.0727
	大三	大一	.16280*	.04482	.000	.0749	.2507
		大二	.08922*	.04446	.045	.0020	.1764
		大四	-.07079	.04476	.114	-.1586	.0170
	大四	大一	.23359*	.04489	.000	.1455	.3216
		大二	.16001*	.04453	.000	.0727	.2474
		大三	.07079	.04476	.114	-.0170	.1586
B均值	大一	大二	-.23491*	.04897	.000	-.3310	-.1388
		大三	-.19625*	.04925	.000	-.2929	-.0996
		大四	-.22981*	.04929	.000	-.3265	-.1331
	大二	大一	.23491*	.04897	.000	.1388	.3310
		大三	.03866	.04886	.429	-.0572	.1345
		大四	.00511	.04890	.917	-.0908	.1010
	大三	大一	.19625*	.04925	.000	.0996	.2929
		大二	-.03866	.04886	.429	-.1345	.0572
		大四	-.03355	.04918	.495	-.1300	.0629
	大四	大一	.22981*	.04929	.000	.1331	.3265
		大二	-.00511	.04890	.917	-.1010	.0908
		大三	.03355	.04918	.495	-.0629	.1300
C均值	大一	大二	-.36982*	.05220	.000	-.4722	-.2674
		大三	-.31795*	.05250	.000	-.4209	-.2150

图 32　体育教育专业学生核心能力二级指标多重比较分析结果部分截图

综合表 27 与图 32 中的分析结果来看,虽然个别年级之间的差异不是很显著,如图 32 中的大一和大二的运动技能指标之间没有显著性差异($p=0.099$),但是四个年级之间整体是呈现显著性差异的。从表 27 中可以明显看出,研究所涉及的十个体育教育专业核心能力二级指标的年级间差异都是非常显著的($p=0.000$),因此对不同年级体育教育专业核心能力网络结构进行比较是具有可操作性的。

7.3.2 不同年级学生核心能力网络结构的"度"的比较

研究各选取体育教育专业每个年级学生的数据根据上述绘制网络结构图的方法绘制了四个年级的体育教育专业学生核心能力网络结构拓扑图(如图 33)分析来看,一年级学生的核心能力网络结构中节点比较分散,还存在着很多没有融入到网络中的独立节点,其中 85 个节点的总的度数为 418,其平均度〈k〉为 4.92,这就说明一年级体育教育专业学生的核心能力网络结构稳定性较差,随着一些新的节点的加入,逐渐形成了一个初步的网络拓扑图,但是各节点之间的链接还较为单薄,容易断裂,这也说明一年级学生因为刚入学,主要任务在于习得知识与技能,但还没有达到自动化水平,初步接触教学等能力,还处于一个核心能力的形成阶段;到了二年级,从其核心能力的网络拓扑图来看,虽然还有个别节点没有完全融入到网络中,也还有部分节点只与较少的极个别节点产生了连接,但是整个网络结构图与一年级相比,变得较为复杂和稳定了,其中 85 个节点的总的度数也增长到了 518,其平均度〈k〉为 6.1,综合图和平均度的取值来看,二年级体育教育专业学生的核心能力网络结构的稳定性虽然还处于一个较低的对平,但比之一年级而言已经有了较大的提高,网络中包括的节点数也更多了,节

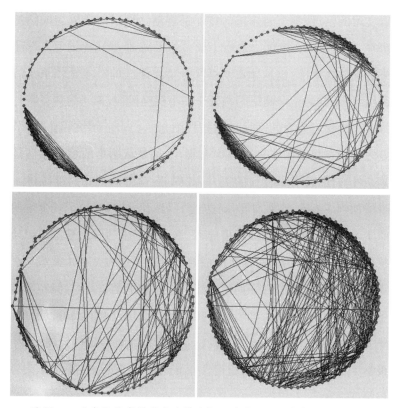

图 33 四个年级体育教育专业学生核心能力网络结构拓扑图比较图
（左上为一年级，右上为二年级，左下为三年级，右下为四年级）

点之间的连接总体还是较为不稳定，比较容易断裂，这也从一定程度上展示了二年级的学生随着时间的推移和学习的程度的推进，不论是在知识与技能方面，还是教学能力与师德等方面都有了较大的提高，整个网络结构处于一个成长阶段；通过观察三年级体育教育专业学生核心能力的网络结构拓扑图，明显可以看出与一年级和二年级相比，三年级的网络结构逐渐趋于复杂化和稳定化，所有节点全部融入到网络结构当中，但是还有少量节点之间的连接还是处于一个比较松散的结构，其中 85 个节点的总的度数进一步增加到了 712，其平均度〈k〉达到了 8.38，这也说明了到了大三，随着实习的临近,学生的知识与技能都逐渐达到了一个较为成熟的水平,而教学方面的能力也有了较大的提高,但是由于缺乏实践还未达到较高水准,也是导致网络部分节点之间的链接比较单薄的原因之一,此时整个网络结构处于一个提高阶段;四年级体育教育专业学生核心能力的网络结构拓扑图与一、二、三年级相比较,节点之间的连接都明显显得更为密集,不论是从网络的稳定性还是复杂性方面,都有了较大的提升,其中 85 个节点的总的度数进一步增加到了 976,其平均度〈k〉达到了 11.48,这与经过了一个学期的实习,在实习指导老师的指导下,学生的教学、师德、基本知识与技能的掌握与运用都逐渐走向成熟化有着强烈的关系。虽然与优秀体育教师相比,他(她)们可能还有一定的不足与差距,但经历过见习与实习的洗礼后,进步是可想而知的。从以上结果可以看出,研究假设 6 和 7:低年级学生核心能力网络结构稳定性较弱,高年级学生核心能力网络结构稳定性较高这两个研究假设得到了支持与验证。

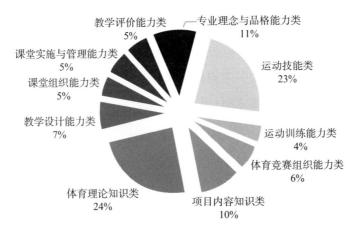

图 34　一年级体育教育专业学生核心能力
网络结构的平均边数统计图

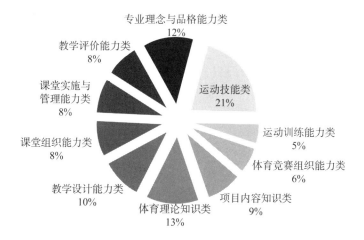

图 35　二年级体育教育专业学生核心能力网络结构的平均边数统计图

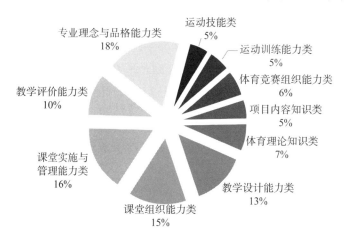

图 36　三年级体育教育专业学生核心能力网络结构的平均边数统计图

根据四个年级的体育教育专业学生核心能力网络的平均边数的统计图(图 34)来看,一年级学生的平均边数排序为:体育理论知识类节点、运动技能类节点、专业理念与品格能力类节点、项目内容知识类节点、体育竞赛组织能力类节点、教学设计能力类节点、课堂实施与管理能力类节点、课堂组织能力类节点、教学评价能力类节点、运动训练能力类节点;而二年级学生的排序为:运动

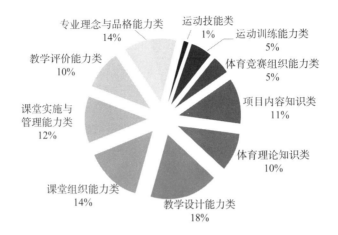

图 37　四年级体育教育专业学生核心能力网络结构的平均边数统计图

技能类节点、体育理论知识类节点、专业理念与品格能力类节点、教学设计能力类节点、项目内容知识类节点、课堂组织能力类节点、课堂实施与管理能力类节点、教学评价能力类节点、体育竞赛组织能力类节点、运动训练能力类节点；三年级学生的排序：专业理念与品格能力类节点、课堂实施与管理能力类节点、课堂组织能力类节点、教学设计能力类节点、教学评价能力类节点、体育理论知识类节点、运动技能类节点、体育竞赛组织能力类节点、项目内容知识类节点、运动训练能力类节点；四年级学生的排序：教学设计能力类节点、课堂组织能力类节点、专业理念与品格能力类节点、课堂实施与管理能力类节点、项目内容知识类节点、教学评价能力类节点、体育理论知识类节点、运动训练能力体育竞赛组织能力类节点、类节点、运动技能类节点。从四个年级平均度的排序来看，低年级（一二年级）的核心能力网络结构中排名前三的均为体育理论知识类节点、运动技能类节点、专业理念与品格能力类节点，而三年级的核心能力网络结构中排名前三的节点是专业理念与品格能力类节点、课堂实施与管理能力类节点、课堂组织能力类节点,四年级的核心能力网络结构中排名前三的节点则是教学设计能力类节点、课堂组织能力类节点、专业理念与品格能力类节点。这就说明无论是在哪个年级,专业理念和品格能力都是学生发展得较好,与其他子能力之间的连接比较多、比较稳定,这与学生的专业选择非常相关。而不同的是,在低年级的时候,学生由于入学年限的限制和课程设置的原因,仅在体育理论知识和运动技能方面的能力比较突出,拥有与其他子能力较多连接,在教学设计、组织、评价等能力方面的水平还不是很高,即使与其他子能力有微弱的连接,也还并不稳定,容易断裂,因此在低年级阶段,体育教育专业学生核心能力网络结构的升级空间还很大,稳定性还很差;到了三年级之后,随着教学见习与实践类课程的开设以及学生逐渐在课堂上积累的经验的增加,课堂实施与管理能力以及课堂组织能力节点在网络结构中的重要性逐渐凸显出来;四年级后,随着时间的推移和教学实习的进行,学生的教学设计能力逐渐提升,课堂组织能力也进一步得到了提高,这两类节点占据了网络结构的中心位置,承担起支撑整个网络各连接节点之间的重要节点。

7.3.3　不同年级学生核心能力网络结构的"度分布"的比较

表28　不同年级体育教育专业学生核心能力网络度的分布一览表

包含N条边的节点数	N=0	1	2	3	4	5	6	7	8	9	10	11	12	13	14	15	16	≥17
一年级	4	8	22	19	6	5	3	0	1	1	1	0	2	3	4	2	2	2
二年级	3	5	6	6	15	16	5	6	5	3	4	2	5	5	1	1	1	1
三年级	0	2	8	13	16	4	5	5	3	3	5	4	2	3	4	4		
四年级	0	4	3	3	15	12	3	4	4	8	3	4	4	5	5			

从表 28 中可以看出,在四个年级的体育教育专业学生核心能力的网络结构中,拥有高度值的节点都并不是很多,其中一年级度值为 17 以上的仅为 2 个节点,大部分节点的度值都不是很高,主要集中在 1,2,3 这几个度值中,也就是说在 85 个节点当中,拥有 1、2、3 条边的节点最多,达到总共节点的 57.6% 之多;二年级的度值大于 17 的节点只有 1 个,其他的主要集中在 2,3,4,5 这几个度值,占总节点的 50.5%;三年级中,度值达到 17 以上的节点有所增加,达到了 4 个,但大部分节点还是处于一个较低度值的状态,集中在 2,3,4 度值,占总节点的比例为 43.5%四年级的度分布与三年级的比较类似,高度值节点(度值大于 17 以上)达到了 5 个,其他节点大部分的度值集中在 4,5,9 这三个值上,占总节点的 41.2%。从四个年级体育教育专业学生的核心能力网络的度分布情况来看,都具备无标度网络的特征,即网络中度值大的节点很少,而度值较小的节点很多,因此推断四个年级的体育教育专业学生的核心能力网络都属于无标度网络。

7.3.4 不同年级学生核心能力网络结构的 "平均路径长度"的比较

通过计算一年级体育教育专业学生核心能力网络的直径 $D=19$,网络的平均路径长度 $L=6.25$,也就意味着在一年级体育教育专业学生核心能力网络中,任意两个子核心能力之间必须通过 6 个节点才可以建立起相关关系。而一年级的 Lrandom$=\ln n/\ln k$ $=\ln 85/\ln(418/85)=2.79$,通过比较,一年级的 L 值远大于 Lrandom。

运行相关程序可以得出二年级体育教育专业学生核心能力网络的直径 $D=12$,$L=3.48$,也就是说二年级体育教育专业学生核心能力网络中的任意两个子核心能力之间只需要通过 3 个节点就可以建立起相关关系。而二年级的 L_{random}＝ln n/ln k＝ln 85/ln(518/85)＝2.46,通过比较,二年级的 L 值也大于 L_{random}。

运行相关程序可以得出三年级体育教育专业学生核心能力网络的直径 D＝6,L＝3.015,也就是说三年级体育教育专业学生核心能力网络中的任意两个子核心能力之间只需要通过 3 个节点就可以建立起相关关系。而二年级的 L_{random}＝ln n/ln k＝ln 85/ln(712/85)＝2.09,通过比较,二年级的 L 值也大于 L_{random}。

同样的可以计算出四年级体育教育专业学生核心能力网络的直径 D＝7,L＝2.46,而四年级的 L_{random}＝ln n/ln k＝ln 85/ln(976/85)＝1.82,通过比较,同样发现四年级的 L 值也大于L_{random}。

根据小世界网络的特征,我们可以初步推测四个年级的体育教育专业学生核心能力网络结构都是小世界网络。

7.3.5 不同年级学生核心能力网络结构的"集聚系数"的比较

通过运行相关程序可以计算出四个年级体育教育专业学生网络结构的集聚系数分别为 C1＝0.76,C2＝0.75,C3＝0.27,C4＝0.35;而通过 Crandom＝k/n 公式可以计算出四个年级的 Crandom 分别是 Crandom1＝0.06,Crandom2＝0.07,Crandom3＝0.10,Crandom4＝0.14,通过比较,可以明显看出四个年级的 C 均大于 Crandom,因此根据前面的分析,当一个网络的 L＞Lrandom 同时 C＞Crandom 时,这个网络具备了小世界网络特征,而从以上的分析中可以明确看出,四个年级的体育教育专业学生核心能力网络结构均符合这一特性,也就说明四个年级的核心能力网络结构均具有明显的小世界网络特征。

8 体育教育专业学生核心能力网络结构对体育教育专业人才培养的启示

8.1 高校体育教育专业的困境与消解

从 1999 年高校扩招开始已经有 15 个年头,在这 15 年里,体育教育专业招生数犹如火箭飞速增长。这是我国教育由精英教育向大众化教育必由之路,教育改革的大手笔。在这 15 年里,有喜有忧,喜的是学生数量增加,塔座的根基更加深厚,提高了社会对体育教育专业的认识,改变了社会对体育教育专业的映像;忧的是扩招,学生整体水平下降,教育培养质量不高,就业出路呈现瓶颈。教育部副部长鲁昕曾经指出:1999 年后新升格为本科的院校将向应用技术型转,向职业教育类型转,转型的目的,一方面是让本科高校摆脱就业率低、专业对口率低、就业质量不高的生存窘状,另一方面也是给社会人才结构以合理配置①。体育教育专业发展之路究竟在何处? 体育教育专业何处何从? 体育教育专业为什么会出现这些困境? 怎样才能消解这些困境?

① 侯艳,刘玉蕾.600 所本科院校转型职业教育 高教变革前路未卜[EB/OL].北京:中国广播网 http://www.workercn.cn 2014—05—11

8.1.1 高校体育教育专业的历史沿革

新中国成立前,清朝于 1904 年颁布癸卯学制,体育(体操)教师的培养主要是参照日本的培养模式。1922 年壬戌学制颁布后,主要参照美国的培养模式,在大学中设置体育专业来培养体育师资,受美国体育的自然主义思想,体育师资的培养主要看重体育教学法和注重学生的运动人体科学知识掌握。

新中国成立后,我们主要借鉴苏联模式培养体育师资,最早成立体育专业的学校是华东体育学院(现为上海体育学院),该校当时主要以培养体育师资为主,随后北京体育学院成立,主要以培养教练员为主,学校体育师资和运动训练教练员两条主线基本确立①。20 世纪 50 年代末至 80 年代末,体育师资的培养主要注重学生的运动技能,高校的体育专业设置主要按照运动项目来划分,学生毕业时要求具备一级运动员或者健将等更高级别的水平,此阶段体育师资的教育教学能力基本上被忽视②。学校体育指导思想出现也在此阶段存在很多争议,如技能和体质之争,真义体育等思想先后出现,学校体育指导思想没有定论。

1988 年 11 月,原国家教委颁布了全国普通高等学校体育本科专业目录,第一次出现了体育教育专业这个名词,并且隶属于教育学类专业,运动训练专业隶属于训练学类专业,随后 1993 年、1998 年和 2012 年颁布的本科专业目录中把体育教育专业和运动训练专业都合并到体育学门下。

---

① 张晓玲,杨烨. 论教师教育视野下体育教育专业的改革与发展[J]. 北京体育大学学报,2008(4):524—526.

② 方曙光,潘凌云,樊莲香. 体育教师教育的实践品性:困境与出路[J]. 天津体育学院学报,2013(6):461—467.

1999 年后,我国高校急剧扩招,许多高校盲目扩大体育教育专业的招生,到 2014 年为止,我国高校开办体育教育专业的数量达到 313 所,体育教育专业学生就业情况被教育部连续几年亮红牌。

纵观体育教育专业百余年的发展历程,我们可以发现,体育教育专业的发展和当时所处的社会背景密切相关,我们从学习日本、美国、前苏联到现在的寻求中国特色体育教育,每个阶段发展都深深烙下了时代的痕迹。当前我国社会和经济发展环境等诸多方面都处于高速的转型期,许多高校即将转型,高校体育教育专业发展处于困境之中。

8.1.2 高校体育教育专业困境表现形式

从宏观层面来说,一方面,高校 99 年扩招政策实施后,体育教育专业如雨后春笋般的出现,许多场地器材、师资等各方面都不成熟的高校也办起了体育教育专业,尤其是地方高校。由于体育教育专业的特殊性,它给高校创造经济收益、产生高质量学术成果以及良好的社会反响效应能力不够,因而在财政拨款、专业建设等方面也是受到一定的限制;另一方面,由于基础教育阶段体育学科的边缘性和应试教育的双重压力下,按照国家的师生比计算标准,全国中小学体育教师虽然缺编 30 多万,但城区中小学的体育教师基本趋向于饱和状态或者是不招聘状态,许多边远山区的中小学没有任何体育场馆和设施,体育课大多是不开设或流于形式。从宏观角度来说,中小学体育师资当前是处于"供需失衡,供大于求"的状态。

从中观的角度来看,当前高校体育教育专业的人才培养模式存在问题。当前高校体育教育专业中,存在着几种不同观点的人才培养模式:一,唯技术论,社会甚至体育教育领域自身对体育专业的固有思维和传统观念,唯技术论评价体育专业学生的能力高低主要是看其运动技能水平如何,因此平时的培养中强调学生运动技能的掌握和熟练程度,而对运动技能教学的设计和组织重视不够,从而导致学生的教学能力欠缺[①],而中小学体育教学的本质并不一定等于体育教师的高水平技能"表演",关键在于体育教师如何根据学生的身心特点和动作学习和形成规律,来把它们转化为学生自身的东西;二,唯理性主义,随着社会的进步和体育学科的快速发展,唯技术主义理念下培养的体育教师越来越适应不了当前中小学体育课程的多种需求,于是就出现唯理性主义倾向,主要表现在,第一,非常重视学生运动知识的系统学习与掌握,但忽视学生在体育教师教育实践中运用理论知识能力的培养,如当前许多理论课都是简单的传授抽象的理论知识,体育特征不明显,且许多理论知识都没有反映最新的研究成果,知识老化甚至过时,从而导致未来体育教师无法科学合理面对体育教育实践中的各种问题。第二,体育教育专业需要维护自身形象,"头脑简单,四肢发达"的评价一直萦绕在其思想深处,这与体育教师形象不符,为了改变这种印象,在人才培养方案、课程设置、教学过程等各教学环节中灌注了体育的人文性,也就是更加重视对体育教育专业学生的理论知识的学习。三,折中主义,孔子认为,"中庸"首先是一种"道",它不偏不倚、无过不及,恰如其分、恰到好处[②]。当前,中庸作为一种文化,不同的人有不同的见解。继而,认为体育教育专业人才培养也可以采取"中庸之道",即折中主义。从教的人来看,只要把知识和运动技术授予学生就可以,会与不会是个人的造化,也应了中国一句俗话:师傅领进门,道义靠个人。从中观层来观察,

---

① 王健著. 体育专业课程的发展及改革[M]. 武汉:华中师范大学出版社,2003.
② 米继军. 先秦儒家中庸之道研究[D]. 东北师范大学,2004,132.

从教的角度和学的角度不难发现,功利性、形式化尽显其中。

从微观的视角探析,主要落脚于体育教育人才培养过程人的身上。在教学过程中,人主要包括教育者和学习者,在此主要分析教师和学生。首先探讨的是教学的主导者教师,也就是体育教育专业人才培养的执行者教师。教育部对高校教师的评估要求高学历,高职称,此外科研也是评估体系中一项重要指标。正是因为有教育部对普通高校评估有这样的标准,标准也就是方向,教师把这些指标作为自己个人发展和努力的方向。各省份对于职称晋升要求也是如此,需要科研论文和职称,而教学训练往往不作为重要指标。当前,有一部分教师从 1999 年中国教育扩招后留任普通高校,其中有些已经成长为体育教育人才培养的骨干力量和中坚力量。按照 1999 年上学 18 岁,现在也就是 33 周岁,他们经历的正值高校改革的几年,最初普通高校应聘教师的条件是学历普通本科大学,后来招聘的是硕士研究生学历,再后来就是学历除了硕士研究生外,第一学历需要是体育专业且为本科,现在博士研究生学历已经成为其招聘的一大趋势。诚然,这部分教师考完研究生还要考博士,成天准备的是背英语单词、模拟四六级试卷、练习英语听力、学习政治、学习考研考博的专业课,从而教师根本没有时间顾暇学生的学习与发展、体育教育专业的建设、学科建设与发展、教师个人的教学能力以及运动技能,更谈不上刻苦钻研和学习。其次,从学习者体育教育专业的学生透视,主要从学生的学习态度看,根据有关福建省体育教育专业大学生的技术课程的学习态度存在显著的性别差异,女生显著高于男生[1]。宁夏体育学院 2007

---

[1] 王锋.福建省高校体育专业学生术科课学习态度及其影响因素的研究[D].福建师范大学,2012,31.

级体育教育专业的学生学习的动机水平高,主要是为了通过考试,学习动力不强,学生都知道学习的重要性,他们也不愿意倾全力学习。2007 级体育教育专业学生基本对体育实践课程感兴趣,而对体育理论课的学习兴趣相对缺乏。学习成绩差的学生,对体育理论课和实践课几乎不感兴趣①。从体育教育专业培养的微观角度来看,教师和学生都很倦怠,动力不足,对体育教育人才培养的合力不够,有待进一步改革与完善。

8.1.3 高校体育教育专业困境产生根源

(1) 中小学教育与体育教育专业缺少互动,培养机制运行呈现"血栓",信息渠道流动受阻

中小学教师进修的机会较少,高校体育教育专业的教师研究中小学教育的深度和广度不够,尤其了解一线的教师更少,这样就形成各自为政,信息不通畅。所以在普通高校对体育教育专业学生的教学内容与中小学的教学内容,方法交集较少,更加重视理论的教育和学习②。普通高校对体育教育专业学生的教学理念与中小学教学需求脱节,普通高校对体育教育专业的课程设置中关于新课标、中小学体育课程改革等相关内容课程较少,导致培养的学生对中小学体育课程改革了解甚少、教学理念相对滞后。部分体育教育的任课专业教师不了解中小学体育健康课程标准的内容,所以在制定教学大纲时忽略了其需求,因此教学内容与中小学教学内容脱节。此外,中小学与普通高校在体育场地、器材、人数等方面存在差异,以致培养出来的体育教育专业的学生很难胜任中小学体育健康

---

① 马绮龙. 宁夏大学体育学院学生学习态度的调查与分析[J]. 当代体育科技,2014(6):187—188.

② 樊姝皎. 高校体育教育专业课程设置与基础教育[D]. 郑州大学,2010,43.

课程标准相关内容的教学高校体育教育专业任课教师,缺乏对市场需求的认识,而中小学体育教育得不到普通高校的教学、科研和训的支持,相互间犹如人体内血管不同,形成了血栓①。

(2) 普通高校行政化态势根深蒂固,恰似体育教育专业发展的"定时炸弹",教育重心本末倒置

行政化本事政府部门管理的专利,但是随着社会的发展运行,滋生了普通高校的行政化。高校行政化就是指高校在办学理念、职能配置、组织建构、运转机制、决策管理等方面呈现出与行政机构相似的特征②。高校行政化是一种教育病,包括外部行政化疾病和内部行政化疾病两个方面。前者的病因在于高校对教育行政部门的资源依赖,使高校成了政府机构的下属组织,丧失了应有的办学自主权和大学精神。后者的病因在于校内学术人员对行政人员的资源依赖,使学术事务由行政人员以行政方式主导,偏离了自身应有的发展轨道[11]。正是因为这种现象在普通高校的泛滥,育教育专业管理者对基础教育课程改革的重视程度不够,专业教师对课程改革了解甚少,管理者的时间和精力都花在了位置、票次和面子上。李秉德先生在 2005 年版的《教学论》中认为:学校要以教学为中心。但当前很多高校,教师与其教师不应聘教师岗位,不如竞争学校的处级干部,当然这其中有很多潜规则。随着行政化现象在高校的渗透,专业教师的大部时间也花在了怎样谋取位置,再怎样牟取利人益上。从而,忽略了教师应有的义务和责任,教书、育人、科研和训练。这样,促使我国体育教育专业培养形成本末倒置,教学质量连

---

① 安宏,王琳琳. 高校体育教育专业学生培养与中小学体育教学衔接的若干问题研究[C]. 学校体分育会,1993—2013,63.

② 李厚刚,张延华. 浅谈我国内地部分高校的行政化[J]. 学习月刊,2006(12):23—24.

年倒退,因而出现 2014 年体育教育专业挂红牌。

(3)体育教育专业大范围连年扩招,犹如向山下滚动的大雪球,培养水平整体下滑

我国普通高校从 1999 扩招以来,体育教育专业招生的学生人数连年攀升,已经超出了市场需求。体育教育专业扩招是体育教师趋于饱和的推动器,同时是精英教育走向大众化教育的必然。

表 29 我国体育教育专业招生、在校生及毕业生人数(单位:人)[12]①

	2001 年	2002 年	2003 年	2004 年	2005 年	2006 年	2007 年	2008 年
毕业生数	7241	8916	12674	15895	19164	22486	24843	27233
招生数	16996	20366	22976	25642	56899	27258	28884	30325
在校生数	52777	666600	78047	91856	101933	108327	111577	115713

从表 29 就可以看出,从 2001 年至 2008 年间,体育教育专业毕业的学生人数几乎是 3 倍的增长,招生人数接近 2 倍,在校学生人数也超过 2 倍。通过这些数据不难发现,体育教育专业培养人才超负荷招生。在这种情况下,首先,住宿条件极其拥挤,导致大部分高校在校外租房提供学生住宿。其次,运动场地严重不足,教学过程中人满为患,在一片运动场上有 3 个班上足球课、2 个班上田径课、还有 1 个班武术课,到了上午第三四节课还有十几个班级同时在一片运动场教学。第三,专业教师与学生比例不协调,1998 年的 1:9.81,2002 年降为 1:19,经过近十年的努力培养,2009 年我国普通高校师生比方达到 1:17.27。我国高校教师队伍的结构也存在问题②。第四,扩招导致门槛降低,一方面,高校扩招

---

① 顾小霞.我国高校体育教育专业发展现状及问题分析[J].西安体育学院学报,2011(2):253—256.

② 卜静静.1999 年以来我国普通高校招生规模影响因素实证研究[D].山东经济学院,2011,34.

降低了上大学的"门槛",在一定程度上打击了劳动者进行人力资本投资的积极性,使大学生和非大学生劳动者的差异程度下降[①],一定程度影响体育教育专业毕业生进入人力资源市场竞的争力。此外,由于扩招,学生的专项水平参差不齐,教学方法和手段难以适应其要求,出现市场对体育教育专业毕业生反馈,教学能力和水平难以满足当前中小学以及市场的需求。

8.1.4　高校体育教育专业困境的消解

（1）树立为社会服务的理念,坚决走高校去行政化的道路,消解流通不畅的障碍

从十二届三中全会提出要建设"有计划的商品经济",到十四大明确了"发挥市场机制在资源配置中的基础性作用,建设社会主义市场经济"的改革目标;再到十六届三中全会提出"更大程度地发挥市场在资源配置中的基础性作用"[②]。2013 年 11 月 12 日中国共产党第十八届三中全会通过《中共中央关于全面深化改革若干重大问题的决定》指出,处理好政府和市场的关系,使市场在资源配置中起决定性作用和更好发挥政府作用。通过这些转变,为普通高校体育教育专业招生、培养和输出提供了方向。在高校层面,应加强"学术本位"的思想观念,一是强化高校教师的学术思想,淡化教师追求官位而不重学术研究的现象,改变教师的"官本位"思想,强调教师的职责是教书育人、创新科研,教师的成就应当从学术成就来体现;二是给高校的管理人员树立服务学术的观念,让管理人员认识到高校是一个学术机构,行政管理的存在都是为

①　徐舒. 中国劳动者收入不平等的演化[D]. 西南财经大学,2010,91—112.

②　尚前名. 市场"决定性作用"的深意[EB/OL],http://www.lwgcw.com2013—11—16.

了保证学术活动的顺利进行，而并非为了管理学术事务。只有纯化了高校学术氛围，才能使高校的管理人员和教师都自觉遵从于"学术本位"①。只有如此，体育教育专业的发展方能消解行政化的阻力，教师才能专心致志地教学、研究和训练，体育教育专业才有魅力的愿景。

（2）"问渠那得清如许，为有源头活水来"，加强招生源头监督管理，全国招生布局统筹安排

招生科学公平，但当前专项技术测试中尚存在权力寻租和舞弊现象，其主观原因是考生、考务人员的利益动机和机会主义的倾向，客观原因是监督机制的不健全和一些规则的缺失。教育部招生考试管理部门应尽快制定体育教育专业招生考试指导方案，对体育专业技术测试项目、内容、程序、技术手段、监督办法及录取办法等作出明确而具体的规定②，习近平指出，深化考试招生制度改革，总的目标是形成分类考试、综合评价、多元录取的考试招生模式，健全促进公平、科学选才、监督有力的体制机制，构建衔接沟通各级各类教育、认可多种学习成果的终身学习立交桥③，这也为体育教育专业招生提供了思路；全国各省应该加强对体育教育专业招生考试中不轨行为的打击力，提高社会的监督面，向全社会公示招生的全过程，让体育教育专业术科考试完全透明。教育部在审核各省上报的招生计划时，根据各省生源数、教师数、教学水平、培养的教学质量等因素，综合权衡统筹安排招生，使得体育教育专业

---

① 王思婷. 问题与对策：我国高校去行政化研究[D]. 湖南师范大学，2012，38.

② 王树宏. 体育教育专业招生考试公平问题研究[J]. 体育文化导刊，2012（12）：102—105.

③ 辛闻. 习近平：深化考试招生制度改革促进教育公平[EB\OL]. 北京：中国网，http://www.china.com.cn/news/txt/2014-08/18/content_33271883.htm 2014—08—18.

每年的招生科学合理运行并合理布局。

（3）在培育学生过程中，突出终身学习的思想主题，技能学习与人文素质教育并举，消解其剪刀差

当今已经是全球化、信息化、数据化的社会，在大学学习的知识已经不能满足教学与工作的需要，所以终身学习满足时代要求，否则就会淘汰。因为专业特征，体育教育专业的学生都对术科非常感兴趣，而忽略理论课的学习。在教育部招生计划中，体育教育专业学生文化高考分数线达到本科大学分数线的70%—80%，所以体育教育专业学生起点比较低，再加上大部分体育教育专业的学生坐板凳的功夫不足，这导致体育教育专业学生形成专业技能与人文素养形成了剪刀差。消解他们的剪刀差，高校辅导员要加强对学生的指导、引导和开导，教师在教学过程中加强正确的指引、说服和影响，学校需要提供良好的学习环境、形成良好的学风、做好学习和教学服务。

（4）培养、建设和强化高校高素质的体育专业教师队伍，消解教师队伍水平不高、数量不足

《国家中长期教育改革和发展规划纲要》（2010—2020年）把"严格教师资质，提升教师素质，努力造就一支师德高尚、业务精湛、结构合理、充满活力的高素质专业化教师队伍"。"教育者必先受教育""教人必先强己"①，依据这些观点，普通高校体育教育专业的任课教师必须先接受教育，多提供机会提升教学科研和训练水平。高访学习、课程进修、课程培训、专业培训，研究生学习等都为教师专业学术水平提升创造了机会。优秀教师队伍的建设，离

---

① 辛闻.习近平：深化考试招生制度改革促进教育公平［EB\OL］.北京：中国网，http://www.china.com.cn/news/txt/2014—08/18/content_33271883.htm 2014—08—18.

不开老教师的"传帮带",新旧更替是自然界的规律,但是新事物需要传统事物的积淀,否则就是无根之木,空中楼阁。从最初的供不应求,到扩招后的毕业就是失业,都反映出市场需求达到饱和,这样将会从泛滥到统筹招生,体育教育专业学生数量会呈现下降趋势,所以普通高校要提前预判和规划招聘的教师数量,这样教师队伍才能得到合理科学的建设。

（5）消解体育教育专业学生与中小学体育教师距离,全程实习实践教学模式不可或缺

作为一位准体育教师,体育教育专业毕业学生与一位中小学持证教师存在差距是不争的事实,这中间的原因有很多,在教学环节中教师、学生、教学实践等方面所致。教师作为教学的执行者和主导者,需要研究中小学不同时期的课程标准、教学内容、教学方法、学生水平等方面的内容,此外还要熟悉体育教师资格证书考核要求,这样在制定教学大纲和在教学中灌输中小学教学的指导思想,消解其差距才有可能。在体育教育专业教育培养过程中,灌输"全程实践教学"培养模式:创新与优化课程结构体系;全力为学生创建教学技能"实践场";实现学生"内隐学习"与"外显学习"的融合;多渠道开发学生多种智能;完善教学质量监控和评价体系①。在对体育教育专业学生培养过程中,从客观上,在教学、实习实训、学术报告、中小学教学术交流会、教学经验交流会等方面提早接触中小学教育,提前感受中小学教育,实现转变和实现体育教师角色,为后续体育教学做好准备;从主观上,树立将来成长为一名中小学体育教师的思想,学习中小学体育教师资格证考核的要求,了

---

① 方爱莲,陈亮,陈洪.体育教育专业全程实践教学培养模式的构建[J].北京体育大学学报,2010(1):80—84.

解中小学教学内容等。

8.2 高校转型对体育教育专业的挑战与机遇

8.2.1 高校转型产生的背景

随着我国高等教育大众化进程的快速推进,部分高校,尤其是1999 年以后新建的本科院校出现目标定位与培养措施不相适应,沿袭传统本科办学思路导致大多数高校还是一个模式、一种发展路径,按照传统的精英教育模式培养学生,造成了"千校一面"、"千军万马争过独木桥"的局面[①],这些高校在设置学科专业时更多的是从学校自身原有办学条件和经济效益考虑,而忽视社会需求,致使许多专业低水平重复开设现象严重,造成这些专业毕业生结构性过剩。基于高校培养目标和社会需求脱节,高校毕业生就业等现实背景,国家提出地方高校转型发展是对原有高校精英教育培养模式的突破和创新。体育教育专业自 1999 年扩招后,截止到2014 年已有 313 所高校开设体育教育专业,毕业生就业率低、就业质量不高,连续几年被教育部亮红牌。近期教育部《关于地方本科高校转型发展的指导意见》(征求意见稿)也提出,"引导和推动部分地方本科高校向应用技术型高校转型发展"。2014 年 5 月 2日,国家正式颁布了《国务院关于加快发展现代职业教育的决定》(国发〔2014〕19 号),提出要"引导普通本科高等学校转型发展。采取试点推动、示范引领等方式,引导一批普通本科高等学校向应用技术类型高等学校转型,重点举办本科职业教育。"实现建设应

---

① 潘懋元,董立平. 关于高等学校分类、定位、特色发展的探讨[J]. 教育研究,2009(2):33—38.

用技术型大学的目标,必须开门、开放办学,摒弃象牙塔和自命清高的思维习惯,必须坚定地走产教融合、校企合作的发展模式。高校转型对于体育教育专业而言,既是一次挑战,也给其带来了一些机遇,如何抓住机遇应对挑战关系到体育教育专业今后的发展规模和发展前途具有深远的理论意义和现实意义。

8.2.2　高校转型背景下体育教育专业面临的挑战

高校转型给学校以及学校各专业都会带来各种各样的挑战,其中对体育教育专业的挑战包括传统教学模式、发展观念的挑战,师资力量、教学器材的挑战,人才培养能否符合社会需求的挑战等方面。

（1）对传统教学模式、发展观念的挑战

在传统的教学过程中,以教师为中心,教师教什么学生就学什么,学生处于被动的接受教师灌输知识的地位。教师按照自己多年教学的经验,辛苦的把自己的东西一点点的教给学生,学生也只能按照学校的规定学习教师所教的东西,但是所学的在现在这个社会还能起到什么作用,学生压根就不清楚,而对于学生自己想学的一些东西学校并未看重。高校转型将会打破这个模式,更加注重学生的需要,让学生在教学过程中占主体的地位,让学生能够学到自己想学的一些东西。同时更加注重学生的实践能力,培养学生的动手能力与动脑能力,与社会的需求对接起来,让学生在毕业后能够准确找到自己的定位。

学校的传统发展观念就是把学生培养成一专多能的复合型人才。在体育教育专业中,大部分运动技能学生都要学习,每项运动技能学生基本上都是学了点皮毛而不够精通,大学毕业下来感觉什么都学了,但需要拿出来的时候才发现自己没学到真东西,在实践中没办法展现出自己的真正水准。高校转型和教师专业化背景下将会更加注重加强学生某几项运动技能的学习,让学生精通1—2项技能,并非再强调学生对每个运动技能都要学习掌握。在学校期间就鼓励学生去各个单位实习,学生在校期间就开始规划自己的未来职业发展方向。这样对传统的教学模式也将会有很大的冲击,对学校的经费以及学校办学观念将会带来比较大的挑战。

(2) 对师资力量、教学器材的挑战

师资力量是学校的根本,同时也是学校发展的动力,没有好的师资力量将无法教育出好的学生。在体育教育专业方面,师资力量也是非常的重要,好的教师给学生可以提出科学的培训计划,防止学生受伤,以延长学生从事体育的年龄。转型背景下对体育专业的师资力量也会有更大的考验,因为不同的学生想学的东西不一样,每个人都会有自己特长以及自己的身体特点,每个学生自己所学的东西将会更加的精通。教师需要有更强的专业技能、更深的理论水平和制定良好训练计划的能力,能够发现学生的特长与不足,让学生认识到自己将来往哪个方向发展。高校转型下体育教育专业要建设一支"双师型"队伍,教师既要有很强的理论水平同时又要有更强的专业水平和实践能力,这将是对高校教师提出的一个新挑战。

教学器材是体育教育专业教学的硬件之一,是实施体育教学的物质保障,教学器材的缺乏常常会成为体育教学的制约因素。体育教材是提高体育课堂教学质量和效益,丰富学生体育活动必不可少的基础条件之一,同时也是提高学生专业技能必不可少的。高校转型下,学生学习的方向不同,就需要有不同的教学器材,"大一统"的器材很难满足提高学生专业技术的需求。要想让学生在专业上有大的突破,器材就是学生一个非常有利的帮手。不同器材对学生身体锻炼的效果不同,能帮助学生发展各项身体机能,提高学生的综合素质。但是现有器材还不能满足学生多方面训练的需要,学校器材的更新换代也将是高校转型下体育教育专业将要面临的一种挑战。

(3) 对人才培养任务的挑战

高校转型给体育教育专业会带来很大的变化,所培养的学生也会跟以前有很大的变化,学生所学的东西在社会上能不能有用,能不能与社会上的岗位对口,能不能在企业中找到自己的定位,能不能在社会上发挥应有的价值等都将是一个非常关键的问题。转型后体育教育专业的学生专业技术水平和实践能力将会比以前有很大的提升,体育教育专业学生能否学有所用,快速融入工作岗位应该是检验转型是否成功的重要标准之一。同时转型背景下体育教育专业怎样办出特色,发挥自己特有的价值,也是决定转型是否成功的重要评价标准。体育教育专业应该怎么样转,怎么样去把学生在学校所学的东西能够与社会中的各个岗位对接起来,与社会职业的对接,与企业用人单位的对接,以及与各个中小学的对接,学以致用,是体育教育专业必须面对的严峻挑战。

8.2.3 高校转型对体育教育专业带来的机遇

高校由原来的科研性大学向应用技术性大学的转变,将会给学校带来许多的改变。在这种大的变化下,高校体育教育专业面临挑战的同时也会带来很多的机遇。

(1) 体育教育专业应用特色更加突出

1999 年大学扩招后,很多地方高校都开设了体育教育专业,雨后春笋现象造成了很多高校同质化严重,高校转型突出培养应用型人才,应用型人才更多的意味着特色和优势。体育教育专业的办学特色一直以来都是以强调培养学生专业技术水平、增强学生的体质,更多参与实践,让学生学以致用,这是体育教育专业区别其他专业的一大特征。体育教育专业充分关注学生在体育锻炼中所学,把教师教和书上学的知识与技能变成自己的能力,营造有利于学生成长的良好环境,注重精神和意志力的培养,建立其区别其他专业的一个优势培养模式。但是,通过仔细观察,不难发现当前体育教育专业暂时还不能很好的突出体育运动方面的专业特长,还有一些存在着模仿和移植其他专业的办学思路,在体现规律、承继传统的同时,"量体裁衣"的特点并不明显。体育教育专业如何抓住高校转型的良好机遇,找到体育教育专业和应用型人才培养的契合点,寻求应用办学特色是高校转型给体育教育专业带来的机遇。

(2) 体育教育专业课程建设更加合理

应用型人才的培养离不开应用型专业的设置,专业课程的建设直接对人才培养的质量起到决定性影响。如何改变传统的以学科体系为指导的专业课程设置,转变成根据职业与岗位的需求设置课程,增设诸如职业生涯课程等应用型课程,同时及时更新及优化相关教学内容,紧密联系体育行业的需求,进行教学课程的改革。课程的设置方面一定要依据中小学的体育教师标准为指导,不仅要主动培养学生的技能和体适能水平,关注学生的专业基础提升,同时更要注重教育学课程与课堂设计的教学,对学生进行个性化教学。

总的来说,高校转型——培养应用型人才这一理念更是要求体育教育专业的专业建设更加合理,体育教育专业更应该借助转型这一契机,从学生个体特征出发,根据学校自身的条件,根据社会需求以及学生的诉求,利用一切可以利用的条件,为学生进行未来职业规划,分层培养。明确培养目标,合理设置课程,将学生培养成职业适应性强、社会认可度高的体育复合型人才。

（3）加速构建高校体育教育专业与企业、中小学、政府四位一体的育人体系

产学研合作研究由来已久,作为连接高校、企业、科研院（所）以及政府等之间纽带,为科研成果的转化起到了很大的推动作用。高校转型的目的主要是要让培养的人才更适应社会的需求,因此建立起一个由政府主导、行业指导、企事业参与的合作机制,为合作各方提供政策与机制保障,让各方达到共赢的效果,吸引企业和中小学等社会力量参与合作,联合培养大学生,共同建设实训基地,逐步形成产学研结合的长效机制。

学以致用,学到的知识和技能,只有通过实践,才能真正内化成为自己的知识。体育教育专业建立产学研合作基地,实施多方合作教学模式,增加学生参加实践的机会,让学生在参加实践活动的过程中,对于提高学生的实践探索、交际、专业及创新能力都是有着积极意义的。目前来说,很多高校也认识到了这一培养方式的优势,进行了高校与中小学、体育行业等之间的深度合作,探索双赢机制。地方高校转型和教师专业化背景下,体育教育专业将面临更好地产学研合作教育平台,以解决体育教育专业学生理论知识强、实践能力弱的问题,从而提高体育教育专业人才的培养质量。

在高校转型的背景下,体育教育专业将会有很多很多的发展机遇,同时也将面临各种压力。因此,怎样提升体育教育学生的核心能力,增强其核心竞争力,是体育教育专业办学的重要目标。

8.3 体育教育专业学生核心能力网络 "度分布"对人才培养的启示

前面的研究已经确定了体育教育专业学生核心能力网络是具有无标度特征的,而无标度网络的一个显著特点就是核心节点在网络中的作用非常重要,对网络结构的演化过程有着非常重要的影响,所以,把握体育教育专业学生核心能力网络结构的核心节点就可以抓住体育教育专业人才培养中的关键问题,从而更加更好的制定体育教育专业人才培养方案。通过以上7.2的研究,体育教育专业学生核心能力网络结构的核心节点主要是教学设计能力和课堂实施与管理能力。这种量化研究的结果与当前教师专业化精神是高度吻合。

（1）高校培养现状

体育教学设计是在详细分析体育教学活动中的各个要素(包括教学的内容、对象、场地器材等)后,根据教学目标,综合学校自身的环境与资源,依照教材和所学理论制定出具体的实施方案,并通过不断的对教学内容和教学对象的特性进行了解和分析后再逐步完善方案的过程,是一项强应用型的教学技术[①],是每一位体育教师和职前体育教师必须具备的能力。自1987年华东师范大学钟启泉教授等人将国外的教学设计理论引进以来,体育教学设计能力受到体育教育界专家和学者的重点关注,无论是在体育教学理论领域还是在体育教学实践过程中,都被大家所高度重视。然

---

① 柴娇. 我国中小学体育课堂教学设计的理论与实践研究[D]. 北京:北京体育大学,2006.

而,在此之前,受传统教学理念、经验主义的影响,体育教育课堂都是使用备课这一说法,凭借个人接受体育教育时的经验和意向,主要以规范的技能教学为目标,只注重运动技能的传习,而且将复杂多变的体育教学活动作出确定性的假设,备课中教学策略的选择主要采用竞技体育运动项目惯用的"训练式"方法和手段,偏重于教师的"教",对学生的"学"的方面少有设计,很少考虑学生的兴趣和身心发育特点。以学生为中心的教学设计与教学模式等并未得到重视,如运动教育、理解式教学。从而导致了体育教学活动机械化和程序化,千篇一律,严重阻碍了教师的创新性思维的发展,同时也导致学生的体育课堂学习中的主体性被忽视。

教学设计理论的引入后,教学目标、教学内容和教学媒体等多种要素之间存在的某些教学问题能够运用更多地学习理论和教学理论来解释,比传统的凭经验备课在内容、形式和成果形式方面有了明显的变化。尤其是新课程理念的提出,一切以学生的发展为出发点,将体育教学过程的计划性和动态生成性融合起来,既考虑到了学生的身心发展规律,又考虑到了外界环境和课堂情境对教学效果的影响,同时还将学生的兴趣和需求作为教学内容的首要选择依据,最重要的是将教师从教学活动的主导者、管理者的身份转变成为引导者、促进者和辅助者的身份。随着经济的发展和社会的转型,体育教师也正处于转型期,中小学体育教育的课程目标也从过去的"技能"转换成先前的"体质"再演化成当前的"健康",因而教学设计中也要更注重培养学生的健康意识,加强健康知识和健身方法的注入[1]。

就体育教学设计的组成成分而言,它的基本要素主要包括教学

---

① 张建滨,苏娟,胡丽萍.社会转型期的体育教学课程改革设计[J].体育与科学,2003,24(5):68,79—80.

任务、教学目标、教学策略的制定与教学过程的设计以及教学设计自我评价五个部分。其中,体育教学任务主要包括对体育教学背景的分析、教学内容的分析、教学对象的分析;教学目标主要包括对目标的主体和维度进行设定、对目标的陈述内容和注意点;教学策略测定主要针对教学组织形式、教学方法、学法指导、教学媒体的应用设计方面的内容;而教学过程作为体育教学设计的核心,主要包括教学课程设计的意图和设计过程中要考虑到的反馈及预期预期效果过等因素;对教学设计进行自我评价有利于教师更理性的认识和反思①。

体育教学设计作为协调教学过程中各个环节的重要枢纽,能够有利于学校体育教育功能的最大发挥,实现体育教学的最大价值,因此一个好的体育教师必须首先要具备好的体育教学设计能力。正如一个优秀运动员在技能方面非常擅长,但他却并不一定是一个好的体育教师,一个重要方面的原因就是因为他没有接受过专业的教师教育,不能系统全面的考虑各教学要素之间的影响,只能简单的进行技能传递。

但目前体育教育专业学生的课堂教学设计能力还有待提高,有学者调查显示体育教育专业学生在有些方面还比较好,例如分析教材和教学对象、对场地与器材的选择和使用以及组织形式的选取等;但是有些方面的能力还比较弱,比如对教学评价手段的选择、教学策略的选取以及理论知识的运用等方面的能力还亟待加强②,赵泽顺等人的研究成果中也得出了类似的结论③。

① 李建军.从传统教案走向现代体育教学设计——对新课程理念下的体育课堂教学设计的思考[J].北京体育大学学报,2006,29(1):96—98.

② 张明伟.体育教育专业学生教学设计能力的调查研究[J].江苏科技信息,2014(12):77—79.

③ 赵泽顺,周邦伦,娄晓红等.高师体育教育专业学生体育教学设计能力的现状调查与分析[J].云南师范大学学报(自然科学版),2011(3):74—78.

　　体育教学设计作为一个有效整合各种资源，能够为优化教学效果提供前提条件，但它只是一个理论设想，最后必须通过教学实施来实现最终的教学效果。教学实施过程中，可能会出现一些意外事件和突发情况，因此体育教学过程不应该是忠实执行教学设计方案的过程，而应该是一个动态的、不断建构、不断生成的过程，需要在体育教学实践中得到检验、修正、调整和完善①。这就依赖于教师的课堂实施与管理能力，主要是指体育教师为了达到教学设计中所设定的教学目标而采取的有效的教学活动方式②，主要包括讲解、示范、课堂组织与管理、激发学生兴趣和积极性、创新教学以及指导学生六方面的能力。

　　讲解、示范能力作为体育教师的基本素质，要求教师能够有良好的语言表述能力，讲解时条理清晰，有较强的逻辑性，重点突出，示范动作要准确规范、示范时间与访问和角度要恰当，同时要将分解示范和讲解结合起来。这于上课多年的老教师而言一般来说没有太大压力，但是对于职前体育教师而言，他们在语言的简练和重难点以及讲解时机的把握方面还有上升的空间。大部分职前体育教师在自己的专项动作示范时，能够基本准确标准，但在非专项的运动项目示范动作时，就仅仅只能用差强人意这四个字来形容了③。然而中学体育课堂教学内容却有足足十余项之多，因此不难想象，如此广泛的要求使得体育教师在掌握某些运动项目知识方面存在一定的局限性，这样的结构性缺陷最终就会导致教师某

　　①　伍天慧,谭兆风.体育教学设计与实践的系统观[J].体育与科学,2005,26(2):78—80.

　　②　仲宇,徐波锋,王利娥.体育课堂教学技能评价指标体系研究[J].西安体育学院学报,2011,8(4):504—508.

　　③　张瑞华.北京市高校体育教育专业实习生专业能力的调查与研究[D].北京:北京体育大学,2011,42—44.

些课堂上的力不从心①。

体育教师课堂管理指的是教师出于课堂效果的考虑,采取的一系列对学生课堂上的行为进行引导的积极手段,从而达到促进学生课堂活动参与与合作行为的目的,是为了实现学生自我管理与教师自我管理有机结合的过程②。体育教师课堂管理的类型主要包括放任型管理、专断型管理、民主型管理、情感型管理、理智型管理和兴趣型管理六种类型,对学生课堂活动的效率乃至整堂课的教学效果都有着重要的影响。受传统体育教学观念的影响,大多学校领导和评课专家在评价一堂体育课的优劣时,常常会以课堂组织与管理是否组织有序、整齐划一等诸如此类程序化、标准化的标准来判定教师的课堂组织与管理能力,因此体育教师不得已只能采取专断型的管理模式,追求严肃认真、队列整齐的课堂氛围以迎合领导和专家的评价标准③。

对于体育学科而言,学生的兴趣和积极性主要取决于课堂的教学内容和教师采取的教学方法。一方面学生在体育课堂上最先关注的是教师要教授的内容,如果教师选择的教学内容与学生的期望内容一致的情况下,学生就会有较高的关注度,从而产生兴趣,课堂积极性也会更高。另一方面,教学内容虽然能够初步激发学生的兴趣,但是如果没有恰当的教学方法与手段时,学生的兴趣持续时间不会太长,因此教学方法的合理运用可以激发学生的好奇心从而调动学生的积极性。对于体育教育专业学生而言,在选择教学内容时能够精心设计,但由于经验的缺乏,教学方法与手段较为单一,缺乏创新④。这和他

---

① 唐炎.中小学体育课堂教学的社会学分析[D].北京:北京体育大学,2005,63.
② 竹艳.体育教师课堂管理结构、实施、评价[D].重庆:西南大学,2009.
③ 唐炎.中小学体育课堂教学的社会学分析[D].北京:北京体育大学,2005,49.
④ 张瑞华.北京市高校体育教育专业实习生专业能力的调查与研究[D].北京:北京体育大学,2011,47—49.

们在培养期间接受的教育不无关系,在高校培养期间,主要的实践教学内容都是以几个竞技运动项目为主①,教学模式也是以典型训练式模式为主,对动作的技术水平要求很高,但对提高运动技能的教学方法上要求不高,这样的职前体育教师教育就使得学生教师在从事教师工作后项目知识结构的缺乏,从而进一步导致其会不由自主的采用"运动训练式"的教学方法②。

体育课堂上,如何分析学生的技术动作,解答学生的疑惑,随时观察学生的状态,注重与学生的沟通,创建良好的教学情境也是学生对体育教师的期望。但是众多研究成果表明体育教育专业学生在这方面的表现不尽如人意。胡惠芳在对体育院校体育教育专业学生的教学能力进行调查和研究的结果中指出体育教育专业学生调动学生学习积极性、纠错和随机应变等方面的能力比较薄弱,纠错效果不明显对课堂的调控和反馈能力方面有待提高③。张瑞华在他的硕士论文中也得出了类似的结论④。

(2) 高校培养中的问题分析

体育教育专业是伴随着社会对体育教师的需求而产生,我国体育师资的培养是在不断模仿和借鉴西方国家体育教师教育的理念和培养规格,属于典型的"后发外生型发展模式"。新中国成立前的访日、学美以及新中国成立后的全面鉴苏都给我国体育教师教育培养产生了重要影响,尤其是受前苏联的影响最大,如大学中

---

① 毛振明. 体育课程与教材新论[M]. 沈阳:辽宁大学出版社,2001,48.

② 唐炎. 中小学体育课堂教学的社会学分析[D]. 北京:北京体育大学,2005,47.

③ 胡惠芳. 体育院校体育教育专业学生教学能力的调查及对策研究[C]. Proceedings of the 2011 International Conference on Education Science and Management Engineering(part 4),USA:Scientific Research Publishing,2011.

④ 张瑞华. 北京市高校体育教育专业实习生专业能力的调查与研究[D]. 北京:北京体育大学,2011.

分专业培养人才,体育教育专业学生注重运动技能培养等。从我国改革开放以后颁布的 5 套体育教育专业课程方案(教学计划)培养目标来看,体育教师培养已从过去的专才教育向现在的通才教育转变。1980 年、1986 年、1991 年三套教学计划的培养目标都是定位在"中小学体育教师",1997 年颁布的课程方案培养目标定位于"体育教育专门人才",2003 年的课程方案培养目标则定位于"复合型人才"培养。也即体育教育专业的培养目标从"中小学体育教师"到"体育教育专门人才"再到"复合型人才"的嬗变。培养目标转变的原因主要是社会需求转变和高校体育教育专业急剧扩招,因此国家主流观点认为体育教育专业的口径必须拓宽,应加强学生的社会适应能力培养。但从目前培养的效果和广大用人单位的反馈来看,高校体育教育专业学生培养质量达不到中小学教育改革的要求。也就是说高校现行的体育教育专业培养目标不明朗和价值取向模糊,培养的学生"越来越不像体育生","文不文来武不武"是我们常听到的声音。

20 世纪 80 年代前后,国际上众多国家以提高教师质量为目的的教师教育运动开展得如火如荼,我国也从 90 年代起逐步施行了教师专业化制度和措施,国家对教师的要求越来越高。2011 年我国首次颁布了中小学的教师教育标准,2015 年开始我国中小学教师资格证必须通过"国考"才能获取,可见,体育教师专业化发展是时代所需也是现实所迫。相应地,高校体育教育专业也应从过去的"资格"取得转为注重"专业精进"①,职前体育教师培养应该要与教师教育标准和体育教师专业化要求相一致,培养的体育教师应该具有"专业性"和不可替代性。

---

① 黄爱峰.体育教育专业的发展与改革[M].武汉:华中师范大学出版社,2008.

　　因此,无论从高校体育教育专业培养目标定位还是从中小学体育教师专业化要求来看,当前高校体育教育专业的培养和中小学教学改革实际需求相脱节。职前体育教师培养是教师专业化发展的重要阶段,我们应该重新定位和思考高校这一体育师资培养母机。造成体育教师职前培养质量达不到中小学教育改革和体育教师专业化发展要求的原因是多方面的,其中,体育教育专业的招生和培养过程中的课程设置是导致这一现象的重要原因。

　　课程是高校各专业培养学生能力的途径,体育学科中通常有"学科"和"术科"之分。体育专业教育里的"学科"就是指体育教育中的知识学科,而"术科"就是我们所指的运动技术,从内容上看,运动项目就是其主要内容①。从体育教育专业历年的课程方案(教学计划)变化来看,其实质就是"学科"和"术科"的比例问题。20 世纪 80 年代以来颁布的 5 套课程方案(教学计划)中,"学科"比例越来越大,"术科"比例越来越小。"学科"比例增大是基于让学生拥有宽广的知识面和较强的社会适应性的思考,而"术科"比例的减少则使学生的运动技能普遍下降,术科课时减少带来的运动技能弱化问题已引起很多学者的高度重视。② 体育教育专业课程设置中"学科"和"术科"的比例问题反映了课程的价值取向,自该专业开办以来,"术科"就得到了高度重视,曾一度要求学生达到健将级运动员技能水平,强调体育技术动作的熟练性和规范性,一直以来体育教育专业课程设置中的体育教育学类课程没有得到重视,即只重视"学术性"不重视"师范性"。

---

① 苏益华,王金稳,李伟坚,等.对体育教育专业课程方案中学科与术科比例问题的探讨[J].武汉体育学院学报,2006,40(2):85—88.

② 唐炎.现行体育教育本科专业课程方案存在的问题与改进建议[J].体育学刊,2014,21(2):61—64.

　　随着社会的快速发展,人们对教育的要求必定只会越来越高,对教育的高要求归根到底是对教师的高要求,当前,国内外教师专业化运动开展如火如荼,中小学课程改革也对教师要求越来越高。高校作为培养教师的母机也应该审时度势,为中小学输送更多专业化的体育教师。中小学体育教师的教学与训练不但包括动作的示范和讲解,还应包括教学方法、教学组织、观察学生、动作纠错等多种教学要素。因而,高校体育教育专业的课程价值取向应该是与中小学体育教学的性质和体育教师专业发展要求相一致[①]。即职前体育教师培养应该按照未来从教的要求和个人专业发展的需要来设置相关理论和实践课程。过去单纯的运动技能取向是不能满足由传统经验的体育教育向科学的体育教育演进的特殊要求[②],如今的"唯理性主义"也只是通过理论知识的学习和掌握,实践层面重视不够。高校体育教育专业以运动技能取向或唯理性主义的课程设置都是对中小学体育教师专业化的片面理解,都存在理论和实践脱节的现象。

　　当前高校体育教育专业主要通过教育类课程和实践类课程来培养未来体育教师的师范技能,但课程开设的比例不高、重视程度不够、经验化严重、理论空洞实践性不够[③]。如学者彭健民对湖南省 13 所有体育教育专业的高校课程设置进行了调研(见表 22)发现,湖南省高校体育教育专业教育类课程占总课时的 8.4%,平均开设 7.8 门,5.9 门为必修课,与国外相比课时明显偏少,课程门

---

　　① 王健,季浏.体育教师教育课程改革的专业化取向[J].上海体育学院学报,2008,32(1):70—73,94.

　　② 王健,黄爱峰,季浏.实用性与唯理性:体育教师教育实践观辨析[J].武汉体育学院学报,2007,41(11):61—64.

　　③ 彭健民.体育教育专业本科教育类课程设置的研究[J].西安体育学院学报,2005,22(2):104—107.

类不多,且教育类课程的授课教师要么由不懂体育的其他学科教师担任,教师授课时只注重理论讲解,不能很好的结合体育学科的特性和实践中的问题进行教学,要么由体育院系的专任教师承担,他们授课时注重经验的授受,缺少系统的教育教学理论指导。因此职前教育学生对教育类课程普遍缺乏兴趣的根本原因是理论讲解和实践问题不能相互衔接,理论不能联系实际 3[①]。教育实践类课程作为职前教师教育中的重要组成部分,是沟通教育理论和实践的关键环节[②],在国外高校体育教育专业中得到了高度的重视,见习实习安排早时间长,方式多样化,注重实习中学生的问题分析和教学反思能力培养,包括实习在内的教师教育类课程占全部课程的比例最高达到 40%。而我国高校体育教育专业的教育实践类课程主要安排在学程的后期,受"学术性"和"师范性"之争的影响,体育教育专业通常只注重"学术性",体育学科中的"学术性"主要指各个运动项目的运动技能,因而体育教育专业常以运动技能的系统传授为主,而是学生的"师范性"培养不重视,认为学生只要具有足够的运动技能,再加上教育理论学习就能解决教育教学实践的各种问题,即我们高校师范专业通常采用的"相继式课程模式","知"与"行"通常是相互独立,"知"而后"行",这种模式常常导致职前教师面对真实情境时产生"现实挫折",难以形成教学实践性知识和能力[③]。从表 22 也可以看出湖南省 13 所高校体育教育专业学生平均见习时间仅为 1.4 周,平均实习时间仅为 7.6 周。

---

① 彭健民.湖南省普通高校体育教育专业课程方案的研究[D].长沙:湖南师范大学,2008.

② 熊彩霞.加拿大职前教师教育实践课程设置研究[D].重庆:西南大学,2015.

③ 陈威."实践取向"小学教育专业课程设置研究[D].长春:东北师范大学,2013.

表 30　湖南省高校体育教育专业教育类和实践类课程设置情况统计表①

学校名称	开设门数	教育学	心理学	现代教育技术	学校体育学	体育教学论	教师职业技能	教育类选修	合计	总学时(学分)	%	见习	实习	学分比例
湖南师大	7 / 5*	34 (2)		34 (2)	34 (3)	20 (1)	18 (1)	无方向要求	140 (9)	2593 (164)	5.4 (5.5)	1w (1)	8w (8)	4.9
吉首大学	8 / 6*	36 (2)	36 (2)	36 (2)	54 (3)	36 (2)	36 (4)	无方向要求	234 (15)	2902 (193.5)	81 (7.8)	1w (1)	8w (8)	4.1
湖南科大	11 / 7*	32 (2)	32 (2)	32 (2)	48 (3)	32 (2)	32+4w (6)	96 (6)	304 (23)	2608 (184)	11.7 (12.5)	1w (1)	2+8w (10)	5.4
湖南工大	8 / 7*	48 (3)	48 (3)	32 (2)	48 (3)	32 (2)	32 (2)	无方向要求	240 (15)	2432 (190)	9.9 (7.9)	3w (3)	7w (7)	3.7
怀化学院	6 / 6*	51 (3)	34 (2)	34 (2)	51 (3)	34 (2)	17 (1)	无方向要求	221 (13)	2667 (179.5)	8.3 (7.2)	1w (1)	8w (8)	4.5
文理学院	3 / 3*	36 (2)			72 (4)	18 (1)		无方向要求	126 (7)	2530 (167)	5.0 (4.2)	2w (2)	6w (6)	3.6
人文科技	7 / 5*	54 (3)	54 (3)	36 (2)	36 (2)	36 (2)		无方向要求	216 (12)	2657 (172)	8.1 (7.0)		8w (8)	4.7

① 彭健民. 湖南省普通高校体育教育专业课程方案的研究[D]. 长沙: 湖南师范大学, 2008.

（续　表）

学校名称	开设门数	教育学	心理学	现代教育技术	学校体育学	体育教学论	教师职业技能	教育类选修	合计	总学时（学分）	%	见习	实习	学分比例
												教育学习		
湘南学院	6 5*	36 (2)		32 (2)	72 (4)		30 (2)	无方向要求	170 (10)	2739 (183.5)	6.2 (5.4)	2w (1)	8w (8)	4.4
邵阳学院	6 6*	32 (2)	54 (3)		72 (4)		66 (4)	无方向要求	224 (13)	2792 (194)	8.0 (6.7)	1w (1)	7w (7)	3.6 (8)
湖南科技	9 7*	51 (3)	51 (3)		32 (2)	32 (2)	66 (4)	无方向要求	232 (14)	26 (185)	23 (7.6)	8.8	8w	4.3 (8)
衡阳师院	17 8*	54 (3)	54 (3)	36 (2)	24 (1)	36 (2)	66 (4)	72 (4)	342 (19)	2649 (176)	12.9 (10.8)	1w (1)	8w (8)	4.5
湖南理工	7 6*	36 (2)	36 (2)	36 (2)	36 (2)	54 (3)	30 (2)	无方向要求	228 (13)	2565 (178.5)	8.9 (7.3)	1w (1)	7w (7)	3.9 (7)
湖南城市	6 6*	48 (3)	48 (3)		32 (2)	64 (4)		无方向要求	192 (12)	2584 (193)	7.4 (6.2)	2+2w (2)	6w (6)	3.1 (6)
合计	101 77*	548 (32)	447 (26)	308 (18)	611 (36)	394 (23)	393 (30)	168 (10)	2869 (175)	34341 (2360)	8.4 (7.4)	18w (15)	99w (99)	4.2
平均数	7.8 5.9*	42.2 (2.5)	34.4 (2.0)	23.7 (1.4)	47.0 (2.8)	30.3 (1.8)	30.2 (2.3)	12.9 (0.8)	220.7 (13.5)	2641.6 (181.5)	8.4 (7.4)	1.4w (1.2)	7.6w (7.6)	4.2
03方案		公共课程 720 学时,按教育部相关文件执行;体育教学训练方向(17 选 2—3)列有体育课程与教学论、体育教学设计、体育学习原理供学生选修;各校公共选修课中的教育类课程没有设计。								2600—2800			1—2w	10—12w	

注:括号内为学分数,*为必修课程开设门数。

且实习过程中实习教师的基础性素养不高,有效工作量不足,实习指导教师的指导模式的"老旧"等问题,导致实习效果并不佳①。实习效果并不佳。因此,高校中存在课程设置价值取向模糊,培养的职前体育教师与中小学教师专业化要求不相一致,应尽快完善高校的课程设置问题。这与前面的量化研究结果教学设计类能力和教学实施与管理类能力是体育教育专业学生最重要的核心能力是相吻合的。

客观来讲,造成高校体育教师职前培养质量达不到中小学教育改革和体育教师专业化发展要求除上述分析的高校课程设置原因外,还有一个很重要的原因就是 1999 年开始的高校扩招计划。体育教育专业扩招即意味着门槛降低,具体表现为许多学生为了升大学临时"集训",很大一部分学生并没有"体育比赛"经历,运动技能水平普遍下降。要弥补学生进校前运动技能水平下降的缺陷,本应增加术科课时,强化运动技能学习,这与当前高校培养中"术科"课时减少形成了强烈"反差"。加之体育教育专业的就业越来越难,很多学生对本专业学习兴趣不大,动机不强,很多学生在校期间并没把全部精力放到专业学习中。另一方面,社会对教师的要求越来越高,教师资格证国考制度实施和中小学教师专业化趋势明显。培养的学生能力"低"与社会对教师要求"高"形成了强烈的"剪刀差"效应,高校当前的职前教师培养已表现为"苍白无力"。

高校扩招计划对体育教育专业学生培养质量的影响,从高校层面来说,1999 年扩招计划实施后,众多高校尤其是地方新建本

①　刘华.实习教师专业发展深层次问题探析——兼论教师教育课程改革措施[J].教育发展研究,2012(Z2):51—56,61.

科院校,不考虑其自身的办学条件是否合适,都一窝蜂的增设了体育教育专业①。体育教育专业自 1999 年扩招后,截止到 2014年已有 313 所高校开设体育教育专业,毕业生就业率低、就业质量不高,连续几年被教育部亮红牌。这一现象的产生与新建地方本科院校目标定位与培养措施不相适应是有关系的,这些高校在设置学科专业时更多的是从学校自身原有办学条件和经济效益考虑,而忽视社会需求,致使许多专业低水平重复开设现象严重,造成了"千校一面"、"千军万马争过独木桥"的局面②,基于高校培养目标和社会需求脱节,高校毕业生就业等现实背景,国家提出地方高校转型发展是对原有高校精英教育培养模式的突破和创新。近期教育部《关于地方本科高校转型发展的指导意见》(征求意见稿)也提出,"引导和推动部分地方本科高校向应用技术型高校转型发展"。2014 年 5 月 2 日,国家正式颁布了《国务院关于加快发展现代职业教育的决定》(国发[2014]19 号),提出要"引导普通本科高等学校转型发展。采取试点推动、示范引领等方式,引导一批普通本科高等学校向应用技术类型高等学校转型,重点举办本科职业教育。"③高校转型发展就体育教育专业而言,就是要高校职前培养应与中小学体育教学实践相结合相一致,当前高校与中小学的"松散合作关系"应建设成"紧密合作关系",有效打破"院""校"之间的壁垒,实现专业理论学习与教育

---

① 尹龙,李芳.高校转型背景下体育教育专业的困境与消解[J].体育研究与教育,2014,29(5):67—71.

② 潘懋元,董立平.关于高等学校分类、定位、特色发展的探讨[J].教育研究,2009(2):33—38.

③ 国务院.国务院关于加快发展现代职业教育的决定[EB/OL].[2014—05—02].http://www. Moe. gov. cn/publicfiles/business/htmlfiles/moe/s8263/201406/170691. Html.

实践工作的无缝对接,主动适应基础教育改革、教师专业发展和社会经济发展要求,更好地服务地方教育、经济、社会发展。因此,高校转型背景下,体育教育专业形成高校与中小学协同培养职前体育教师是一种新趋势。

（3）国外高校体育教育专业课程设置的启示

体育教师教育课程是体育教师专业化发展的重要保障,基本上由三个部分组成:普通教育课程、体育学科专业课程和体育教育专业课程。其中普通教育课程主要是指公共基础课程即人文科学、社会科学以及工具类（外语、计算机等）课程组成的通识课程;体育学科专业课程又包括体育学科专业技术课程和体育学科专业理论课程;体育教育专业课程则是为体育教育专业学生专门开设的有关教育教学理论、方法、技巧等培养体育教师专业内涵的课程,这类课程主要体现的是教师的专业特点①。另外,体育教育实践课程作为教师教育过程的重要组成部分,主要是为学生提供运用其在课堂上掌握的知识于实际教学中,将理论和实践更好的结合,通常包括教育见习和教育实习两个部分。

美国作为教师专业化程度相对较高的国家,其教师教育的内容主要也是有普通教育课程、学科专业课程和教育专业课程三部分组成,其所占全部课程的比例分别为40%、40%、20%,而我国2003年颁布的《全国普通高等学校体育教育本科专业课程方案》中只对普通教育课程和体育专业课程有相关规定,其中普通教育课程比例为25.7,体育专业课程所占比例为74.3%,其中中能够真正体现出体育教师“教育教学能力”培养的课程仅仅只有必修课中“学校体育学”和限选课中的“体育教学训练方向”的课程中的

---

① 教育部.教师专业化的理论与实践[M].人民教育出版社,2003,279—280.

2—3门,通过对比湖南省地方新建本科院校体育教师教育课程的设置来看,普通教育课程的比例为24.5%,学科专业课程的比例占67.1%,教育专业课程占8.4%[①]。从这些数据来看,湖南省地方新建本科院校体育教师教育课程设置中学科专业课程所占比例极高,而普通教育类课程与教育专业课程所占比例与发达国家相比,课时安排太少,这也是导致湖南省乃至我国体育教育专业学生教学实践能力不高的主要原因之一。但是在此前的研究中我们已经多次得出要实现体育教师的专业化,教育教学能力是重中之重,美国的俄亥俄州立大学体育教育专业课程设置中对职前体育教师的教学能力培养相当重视,值得我们参考和借鉴。

表31 俄亥俄州立大学体育教育专业课程设置基本情况表[②]

学期	第一学年		第二学年		第三学年		第四学年	
	所开课程与学分		所开课程与学分		所开课程与学分		所开课程与学分	
上学期	英语	3	基本教学法	3	隔网类场地项目教学	3	文化课与教学	3
	体育概论	3	拓展教育	3	拍类项目教学	3	中学体育教学内容与方法	3
	专业学习计划	1	数学与逻辑分析	3	小学1—3年级体育教学内容与方法	3	中学体育教学实习(初期)	3
	艺术与全球问题	3	协作与社会多样化	3	小学4—6年级体育教学内容与方法	3	学校体育社会文化问题	3
	数据分析:统计	3	生物学	3	残疾人体育概论(教学实习)	3	教学实习研讨会	2
					历史	3	自选课	3

---

① 彭健民.湖南省普通高校体育教育专业课程方案的研究[D].长沙:湖南师范大学,2008,22—27.

② 本表依据俄亥俄州立大学李卫东教授提供的2015年该校实行的体育教育专业课程设置翻译整理.

（续　表）

学期	第一学年		第二学年		第三学年		第四学年	
	所开课程与学分		所开课程与学分		所开课程与学分		所开课程与学分	
下学期	社会学	3	身体对抗类项目教学	3	教育心理学	3	小学体育教学实习	6
	人体动作发展	3	运动技术分析	3	小学体育教学实习（初期）	3	中学体育教学实习	6
	文学与全球问题	3	社会学	3	文化创新与历史	3		
	人体科学（包括实验）	4	自选课	3	选修课	2		
	体质与健康	3	科学	3				

备注：1.毕业最低学分要求120.　2.二年级下学期申请专业（有要求标准）

　　通过仔细研读俄亥俄州立大学体育教育专业的课程设置中教育和实践类课程的安排，对比湖南省本院院校体育教育专业教育类和实践类课程设置情况，从比例上看，湖南省本科院校体育教育专业教育类和实践类课程占 8.4%，而俄亥俄州立大学体育教育专业教育和实践类课程则高达 31.1%；从授课的内容上来看，湖南省本院院校体育教育专业教育类和实践类课程主要包括教育学、心理学、现代教育技术、学校体育学、体育教学论、教师职业技能、教育类选修和教育实习，而俄亥俄州立大学体育教育专业的教育类和实践类课程则包括了小学 1—3 年级体育教学内容与方法、小学 4—6 年级体育教学内容与方法、残疾人体育概论（教学实习）、教育心理学、小学体育教学实习（初期）、中学体育教学内容与方法、中学体育教学实习（初期）、教学实习研讨会、小学体育教学实习、中学体育教学实习、基本教学法，在课程门类和学分设置方面都远远高出湖南省本科院校，且俄亥俄州立大学还专门针对中学和小学一级特殊人群展开了不同的体育教学内容与方法，提供更多的机会让学生参与到中学、小学、特殊人群的体育课堂教学中去，这也是湖南省本科院校乃至全国体育院校体育教育专业值得借鉴和参考的，因为从当前我国《教师专业标准》的设置来看，中学教师和小学教师以及学前教育的标准并非是统一的，而是各有侧重点的，这也刚好符合我国体育教育专业人才培养的目标——培养复合型的体育人才，当然这个复合型和培养目标中的复合型并非完全一致，应该是"复合型体育教育人才"。

8.4　体育教育专业学生核心能力网络"小世界特征"对人才培养的启示

地方新建本科院校体育教育专业核心能力网络在前面的研究中已经证实了其平均路径长度（L＝2.42）较短，集聚系数（C＝0.27）较大，这就可以判断地方新建本科院校体育教育专业核心能力网络是一个具有小世界网络特征的网络结构。因此，对于地方新建本科院校体育教育专业核心能力这一小世界网络来说，其演化过程中一定存在一条较短的升级路径，也就是说在体育教育专业学生各方面核心能力不断提高到优秀职前体育教师标准的过程当中，必然存在一个最佳的培养过程，如何找到和实现这一过程，是体育教师教育的关键所在。

第一步，是找到体育教育专业学生核心能力网络结构演化的最短升级路径。

一名体育教育专业的学生从刚入校到大四毕业期间，其核心能力网络结构需要经历不断的演化与升级，而在这个升级过程中，会有各种不同的路径，各个学校会采取各种不同的培养模式，但是不管采取怎样的培养模式，最终的目的都应该是为了培养优秀的职前体育教师,如果不能坚守这一目标的话,培养的学生就会什么都懂却什么不精,正如唐炎教授在其研究中指出的体育教育专业真正更应该关注的是强化自身能够独立存在的核心价值——培养更加专业化的体育教师,而非分散精力去盘算其他行业的人才市场①。因为多样化的培养目标必然会导致课程学时的分配过于分散,在有限的四年时间内体育教育专业学生的精力也有限,必须少走弯路,集中时间与精力寻找最短的升级路径,优化体育教师专业化的初始化阶段。

第二步,在寻找体育教育专业学生核心能力网络结构演化的最短升级路径的过程中,应该要充分发挥网络的整体功能,逐步实现最优化的网络结构。在体育教育专业学生核心能力网络结构中,每个节点本身又是一个系统,是一个由多个子节点构成的复杂系统,因此每个节点的升级过程决定着整个网络结构的升级过程。培养优秀的体育教师是一个系统工程,完成每个阶段的演化与升级都需要每个培养单位和职前体育教师教员(即体育教育专业教师)用系统论的观点来统筹安排培养计划和实行培养模式。在建立各节点之间的连接时,必须有一个合理的培养计划来实现某个阶段的培养目标,而并不是随机的进行连接,这就会让每个阶段的核心能力子节点之间的连接受到一定的约束,因此培养机构和教师教员可以适当的选择一部分子节点之间的连接进行限制。比方说,我国现行的体育教育专业人才课程方案中要求学生掌握数十门运动项目技能,然而由于高校扩招导致的体育教育专业学生整体术科基础能力下滑的现象却导致学生在短短的四年时间内无法

---

① 唐炎.现行体育教育本科专业课程方案存在的问题与改进建议[J].体育学刊,2014,21(2):61—64.

掌握得"精"而"深",而且当前中小学生由于静坐过久导致的肥胖、身体素质下降的现象以及中小学体育课程"健康第一"的指导思想决定了中小体育课程内容应该更趋向于"与健康相关"的体适能项目,而非竞技技能。这从俄亥俄州立大学的术科课程的设置方面也可以看出,该校仅仅只设置了8%的术科课程,当然这也与美国体育教育专业学生在进入大学之前就已经达到了较高的运动技能水平不无关系。因此,体育教育专业课程设置是否可以考虑减少术科课程的门类,让学生将少数几门运动项目真正掌握,更重要的是要掌握"怎样去教"的实践能力,对于"技能"这一核心能力节点的升级可能会更容易达到最优目的。从而对整个网络的升级加速进程。

另一方面,我国现行的体育教育专业培养学生的实践能力的模式采取的是"相继式课程模式"即先学理论再参与实践,这种模式的理论假设是"知而后行"——体育教育专业学生只要掌握了足够的学科知识(大学期间前三年的专业学习),再通过学习普通的教育理论、原则和策略(普通教育课程的学习),就能够解决教育实践情境中的各种问题(教学实习),并具备教育实践能力。但是实践证明,这种培养模式忽略了教师的专业内在知识是相互融合的这一特征,造成了体育教师教育中学科知识与教育知识的支离,最终导致职前体育教师在面对真实的体育教学情境中可能会产生"现实挫折"后产生一定的质疑和抵触情绪,最终对于实践性知识和教育实践能力的获得产生障碍[①]。如此这般,"学科教学知识与能力"这一类节点的升级演化就会受到抑制,导致整个网络的演化

---

① 陈威."实践取向"小学教育专业课程设置研究[D].长春:东北师范大学,2013,199—200.

升级受到阻碍,而要解决这一问题,我们可以参考和借鉴俄亥俄州立大学教学理论与实践相结合的"理论—实践"互动的培养模式,帮助职前体育教师通过实践学习教学,将理论与中小学体育课堂的实践教学情境相互结合融入,在不同学期设置相关的理论课程学习同时安排教育见习或实习,将学到的理论运用到是实践当中进行检验,并在实践过程中获得中小学体育教学的体验,发现实践中存在的问题再带到理论课堂上进行讨论和分析,进一步得到教师较远的指导,让理论和实践在实践和内容上相互融合,形成"理论—实践—理论"的交替式课程结构,帮助职前体育教师掌握实践性知识,实现"学科教学知识与能力"这一类节点的升级演化,从而为实现整个核心能力网络结构的演化升级的加速。

8.5 体育教育专业学生不同年级核心能力网络结构对人才培养的启示

根据以上 7.3 中的研究,不同年级体育教育专业学生的核心能力网络结构是不一样的,在低(一、二)年级学生的核心能力网络结构中的度值较大的节点主要集中在体育理论类知识、运动技能与专业理念与品格类节点,三年级学生的核心能力网络结构中的度值较大的节点主要集中在专业理念与品格能力类节点、课堂实施与管理能力类节点、课堂组织能力类节点,四年级学生的核心能力网络结构中的度值较大的节点则主要集中在教学设计能力类节点、课堂组织能力类节点、专业理念与品格能力类节点。

从以上结果可以明显看出,专业理念与品格是四个年级中无论哪个年级都很重要的核心能力中心节点,但是就目前而言,地方新建本科院校体育教育专业大量扩招,生源质量下降,许多学生是因为文化成绩一般,常规升学无望,于是高考前半年时间突击"集训",实现自己的"大学梦"。有研究显示当前高校体育教育专业学生对体育教师职业认同度不高,专业学习态度一般,体育只是他们实现自己大学梦的一块敲门砖而已,很大一部分学生对体育教育专业学习兴趣不大①。体育教育专业学生作为未来体育教师培养的主力军,他们对体育教师职业的认同和热爱是他们今后成为优秀体育教师的重要前提。如何培养他们在校期间的专业理念与品格,让这些准体育教师们热爱体育教育专业,对体育教师职业形成向往是体育教师专业化发展的力量源泉,同时也是高校体育教育专业得以生存的重要保障。

8.5.1　核心能力网络对低年级体育教育专业学生培养启示

高校大量扩招就意味着招生的门槛降低,当前体育教育专业学生运动技能水平普遍不高。而中小学体育课堂的基本要求是体育教师要"能教",能教的前提条件之一就是要掌握一定的运动技能和相关的理论知识,因此我国体育教育专业课时方案中为低年级学生设基本运动技能和相关理论课程具备一定的合理性,但是在培养过程中,由于学生人数多、基础较差,加之地方新建本科院校的场馆器材的限制,门类过多的术科课程使得学生仅仅只能掌握一点皮毛,违背了运动技能形成的规律,这一阶段学到的项目内容知识也仅仅停留在理论层面,很快就会被遗忘,理论学习和实践存在严重脱节。前面的研究已经指出低年级学生的核心能力网络

---

① 成聪聪.河南省体育教育专业学生职业认同现状研究[J].四川体育科学,2013,32(1):118—122,129.

结构节点之间的连接还并不稳定,整个网络的稳定性较差,过于强调某一两个能力节点的演化会抑制整个网络的演化升级。因此在低年级阶段,体育教育专业应该采取整体式升级的方式进行网络结构的升级,在人才培养方面,注重相关理论知识与术科教学训练的结合,同时在术科课堂上采用领会式教学和探究式教学法,促进学生项目内容知识的获得与运用。另一方面当前湖南省地方本科院校体育教育专业在专项的开设时间方面对学生的"能教"能力方面的培养也有一定的阻碍,因为大部分湖南省地方本科院校都是在大三第一学期开始开设专项与副项课程的选修,而大四第一学期又面临着教育实习,导致学生在校学习专项和副项的实践仅仅只有一年,这对学生"能教"能力的培养是极为不利的,也是湖南省地方本科院校体育教育专业主管领导所应该着重考虑的,当然也有部分学校已经开始在着手改革,从大一开始选修专项与副项。

再者,在前面的研究中,已经证实了一二年级的体育教育专业学生的核心能力网络结构都具有典型的无标度网络结构特征,而无标度网络的择优连接的特性会导致网络在演化过程中新加入的节点会倾向于和网络中的核心节点建立连接,也就是说,运动技能和体育理论知识作为低年级体育教育专业学生核心能力网络结构中的核心节点,应该对其加强培养。但是无标度网络的另一特征——鲁棒性,即网络对蓄意攻击则表现出高度的脆弱性,因此如果学生在技能习得方面安排的负荷强度过大,虽然会在短时间内提高运动技能,但过大的负荷可能会导致学生的伤病,这样从长期意义上来看,非但不能提高学生的技能水平,反而会导致整个核心能力网络结构受到打击,甚至让整个网络面临瘫痪。因此科学控制教学和训练的负荷与强度,既要重点发展学生的核心节点能力,又要防止对核心节点功能的无限放大。

8.5.2 核心能力网络对高年级体育教育专业
学生培养启示

在职前体育教师教育阶段，鉴别与选择对将来体育教师专业化发展最具影响的能力，并对其进行着重教学与训练，是培养高年级体育教育专业学生的任务。到了高年级学习阶段，各种子核心能力节点的水平随着课程的学习和经验的积累都得到了一定的提高，决定高年级体育教育专业学生竞争力高低的标准从低年级的"能教"逐步过渡到了"会教"。但是"能教"和"会教"是成为一个优秀职前体育教师的两个重要方面，因此并不是说"能教"就不重要了，只是"会教"在高年级培养阶段更具甄别性，所以在低年级阶段就要完成"能教"这一培养目标，为高年级集中时间与精力培养"会教"即教学能力打好基础。教学能力往往需要综合考虑和处理诸如讲解示范、观察和分析学生、对技术动作进行甄别和诊断、为学生提供改进的方法等多种要素，都需要教师在实践情境中去发现和解决问题，所有理论知识的习得都是为教育实践所服务的，因此到行动中去学习。再但是目前，湖南省地方新建本科院校对于"会教"能力的培养在整个课程设置中所占比例较少（8.4％），而国外体育教育专业培养过程中却相当重视教学实践经验的积累，如美国俄亥俄州立大学专门针对小学和中学开设了各一个学期的教学实习，在此之前还多次让学生参与到中小学体育课程中进行见习。王健教授也在他的研究中强调体育教育师范生即体育教育专业学生在实践过程中及时确立其体育教师的角色意识、职责定向、专业归属和师德升华，同时结合自己学习过程获得的经验，对实践中遇到的问题运用自己所学的理论知识作出检验和反思，如此这般，就能不断的形成能够指导实践过程的具有个人特色的理论，从而真正形成实践教学智慧,达到转识为智的目的①。因此在体育教师教育过程中,需要建立以"实践观"为指导思想的教育理念,多为学生提供实践的机会,让其在实践中反思和进步,这是我国体育教师教育未来研究的重要方向。

---

① 王健,黄爱峰,季浏.实用性与唯理性:体育教师教育实践观辨析[J].武汉体育学院学报,2007,41(11):61—64.

9　研究结论与研究展望

9.1　研究结论

9.1.1　体育教师教育系统是一个典型的复杂系统,具有复杂系统具备的各种特性:整体性、非线性、自组织性、非还原性和动态过程性。

9.1.2　体育教育专业学生核心能力网络指标主要包括三个维度,十个类别,85 个项目,每一个项目代表一个网络中的节点,通过测量每个项目的得分后运用相关分析根据相关系数的大小判断出各项目之间联系的密切程度来确定网络节点之间是否存在边,得出"边"的矩阵,构建地方新建本科院校体育教育专业学生核心能力网络。

9.1.3　研究对体育教育专业学生核心能力网络结构的相关统计学指标(度、度分布、平均路径长度和集聚系数)进行分析,发现体育教育专业学生核心能力网络是一个典型的具有小世界网络结构特征的无标度网络,在其演化升级的过程中,会呈现出一系列诸如鲁棒性、异质性、高聚集性、增长性和较短路径长度的特征。

9.1.4　体育教育专业学生核心能力网络结构的核心节点主

要是教学设计类能力和课堂实施与管理类能力,这些能力是决定地方新建本科院校体育教育专业学生的核心能力网络结构能否顺利完成升级与演化的必要条件。

9.1.5　低年级体育教育专业学生核心网络结构的稳定性较差,但其升级空间较大,其中运动技能类、体育理论知识类、专业理念与品格类节点是网络的核心节点,在此阶段应着重培养,但要防止对核心节点功能的无限放大。

9.1.6　高年级体育教育专业学生核心网络结构的稳定性相对较好,其中教学设计类、课堂实施与管理类、课堂组织类以及专业理念与品格类节点是该网络的核心节点,在该阶段需要组织学生在"实践中"去学习,形成实践教学智慧,努力为社会输送优秀体育师资。

9.2　研究不足与展望

地方新建本科院校体育教育专业学生核心能力网络结构模型的构建仅仅只是复杂性科学运用于体育教育领域的初步探索,由于研究时间和个人能力的有限,研究仅仅只是从复杂网络的初步统计学特征的角度做了一些基础性的分析,在本研究过程中还存在着许多可以进一步完善的地方:

9.2.1　本研究由于时间和经费的原因,仅仅只选择了湖南省新建本科院校的体育教育专业学生作为研究样本,地域的局限性有可能会导致研究结果的片面性,因此如果可能的话,会在后续研究中扩大样本的覆盖面以获得更全面的数据来源。

9.2.2　研究中对学生核心能力的测量与评估主要采取的是自我评价的方式,使得核心能力的评价结果可能会受学生主观美化的影响,在一定程度上讲整体得分拉高,因此如果能采用教师与专家和同学之间的评价综合考评的话,效果会更好,但是由于样本量偏大,要实现这一评价方式,难度较大。

9.2.3 专业体育院校与地方新建本科院校在体育教育专业培养方面的课程设置与培养方式上可能存在一些异同,但方法是可以通用的,具有普适性,因此后续研究可以考虑将二者之间进行对比研究,找出异同,并进一步开展行动研究,试点选择一些学校进行课程设计与实施,如作者所在学校正在开展的"卓越体育教师"班级试点。

总的来说,复杂性科学在体育领域中的运用目前还处于一个发展阶段,而运用复杂网络方法对体育教育专业学生核心能力进行研究更是一种新的尝试,因此对其中相关指标和统计学特征的研究还具有一定的难度,还需要我们不断的攻克和突破,才能逐步走向完善。本文希望能够抛砖引玉,为推动复杂网络在体育教育乃至整个体育领域中的运用尽一份绵薄之力。

主要参考文献

中文文献：

[1] 李强,毛振明.体育教育专业人才培养质量要素的新视域——课程核心与多因互动[J].北京体育大学学报,2011,34(9):93—96,100.

[2] 王健.体育专业课程的发展及改革[M].武汉:华中师范大学出版社.2003.

[3] 首份高等教育质量"国家报告"出炉[EB/OL].教育部官方网站,http://www.moe.gov.cn/jyb_xwfb/xw_fbh/moe_2069/xwfbh_2016n/xwfb_160407/160407_mtbd/201604/t20160408_237171.html,2016.5.20.

[4] 尹龙,李芳.高校转型背景下体育教育专业的困境与消解[J].体育研究与教育,2014,29(5):67—71.

[5] 王健,黄爱峰,季浏.实用性与唯理性:体育教师教育实践观辨析[J].武汉体育学院学报,2007,41(11):61—64.

[6] 李强,毛振明,王烨.论体育教育专业学生运动技能学习的理性回归[J].沈阳体育学院学报,2010,29(5):108—110.

[7] 孔庆波,朱子祥.基于竞技视角的体育教学现状与改革思考[J].体育学刊,2014,21(4):101—103.

[8] 王广虎.体育教学改革必须走出四大误区[J].成都体育学院学报,1998,24(1):53—57.

[9] 黄汉升,季克异.我国普通高校本科体育教育专业课程方案的研制及其主要特征[J].体育学刊,2003,10(2):1—4.

[10] 李强,毛振明.体育教育专业人才培养质量要素的新视域——课程核心与多因互动[J].北京体育大学学报,2011,34(9):93—96,100.

[11] 李芳,尹龙,司虎克.国际上体育教师教育研究的热点与前沿分析[J].体育学刊,2015,22(2):97—102.

[12] 李芳,尹龙,谢亮.高校转型背景下体育教育专业的挑战与机遇[J].南京体育学院学报(自然科学版),2015,14(3):14—17.

[13] 唐炎.现行体育教育本科专业课程方案存在的问题与改进建议[J].体育学刊,2014,21(2):61—64.

[14] 赖天德.学校体育改革热点探究[M].北京:北京体育大学出版社,2003.

[15] 黄爱峰.体育教师教育专业化研究[D].南京:南京师范大学,2005.

[16] 教育部文件.《专业标准》[EB/OL].http://www.moe.gov.cn/srcsite/A10/s6991/201209/t20120913_145603.html.2013.12.2

[17] 黄爱峰.体育教育专业的发展与改革[M].武汉:华中师范大学出版社,2008.

[18] 潘懋元,董立平.关于高等学校分类、定位、特色发展的探讨[J].教育研究,2009(2):33—38.

[19] 辞海.缩印本[M].上海:上海辞书出版社,1980.

[20] 张瑞华.北京市高校体育教育专业实习生专业能力的调查与研究[D].北京:北京体育大学,2011.

[21] 王明伦.高职教育人才培养规格的研究[J].职教论坛,2002(12):21—23.

[22] 贺德方_图书馆学与情报学研究生职业核心能力构建[J].图书情报知识,2011(5):10—11.

[23] 章健.核心能力和价值链理论对企业创新的消极影响[J].经济管理,2001(10):20—24.

[24] 丁开盛,梁雄健.企业核心竞争能力初探[J].北京邮电大学学报:社会科

学版,1999(1):13—17.

[25] 周星,张文涛.企业核心能力培育与创造持续竞争优势[J].经济与管理研究,1999(1):37—40.

[26] 李悠诚,陶正毅,白大力.企业如何保护核心能力的载体——无形资产[J].国际商务:对外经济贸易大学学报,2000(4):49—52.

[27] 范徽.论企业知识资本与核心能力的整合[J].经济管理,2001(22).

[28] 郭斌.基于核心能力的企业竞争优势理论[M].北京:科学出版社,2003.

[29] 左建军.浅谈企业核心竞争力[M].中国经济出版社,2000:4—6.

[30] 秦永杰.基于核心能力的临床医学专业学位硕士课程体系构建研究[D].重庆:第三军医大学,2012.

[31] 张丽花.浅析大学生核心竞争力的培养[J].山西高等学校社会科学学报,2009,21(8):105—107.

[32] 潘强,刘胜.控制科学与工程学科视角下的大学生核心能力范畴研究[J].时代教育,2013(4):84—85.

[33] 钱铭佳,杨静珍,李伟民等.对培养未来文武双全,德才兼备的体育师资的研究——97首届全国体育教育专业大学生基本功大赛的分析与思考[J].北京体育大学学报,2000,23(1):70—72.

[34] 张学研,王崇喜.对普通高校体育教育专业学生能力培养与评价的研究[J].体育科学,2000,20(6):15—18.

[35] 龚健.对体育教育专业学生能力结构的思考[J].教育与职业,2006(20):137—138.

[36] 姜国成.浅谈师范专科学校体育教育专业学生能力的培养[J].成都体育学院学报,1992(1):84—87.

[37] 陈显松.新时期体育教育专业学生能力的培养[J].福建体育科技,1998(4):16—18.

[38] 谭学彪,贾宝国,权翠等.养成教育与体育专业学生能力培养[J].和田师范专科学校学报,2008,28(6):182—183.

[39] 张学研,王崇喜.对普通高校体育教育专业学生能力培养与评价的研究

[J].体育科学,2000,20(6):15—18.

[40] 李翠玲.加强高师体育教育专业学生能力的培养[J].山东师大学报(自然科学版),1998(2):102—104.

[41] 刘平清.谈体育教育专业学生能力的培养[J].四川三峡学院学报,1999(2):91—92.

[42] 沈建文.从"能力结构"的形成谈高师体教专业学生能力培养方案[J].湖北体育科技,2005,24(1):37—39.

[43] 李波,孙卫红.课程改革背景下的体育教育专业学生的能力培养[J].山西师大体育学院学报,2008,23(1):82—83.

[44] 冯岩.我国体育院校体育教育专业学生基本体操教学能力培养的研究[D].北京:北京体育大学,2012.

[45] 秦云兴.论对学生创造能力的培养[J].中国体育科技,1997(Z1):78—78.

[46] 孔超.高校体育教育专业学生篮球裁判能力培养的研究[D].西安:陕西师范大学,2012.

[47] 夏健松,韩冰楠.构建普通高校体育专业学生科研能力的培养体系[J].体育学刊,2004,11(4):97—99.

[48] 邓韵.体育教育本科专业学生专业实践能力培养探析[D].长沙:湖南师范大学,2009.

[49] 张永贵.论高师体育教育专业学生实践能力培养[J].河西学院学报,2007,23(2):80—82.

[50] 艾军.体育教育专业学生田径教学能力的培养与评价的研究[J].沈阳体育学院学报,2001(2):53—56.

[51] 白震.高校体育专业学生专业能力评估指标体系的设计及模糊综合评判[J].湖北体育科技,2000(2):66—68.

[52] 李佳,付业勤.高尔夫专业本科学生专业能力的构成与评价[J].高教论坛,2012(2):95—98.

[53] 龚健.对体育教育专业学生能力结构的思考[J].教育与职业,2006(20):

137—138.

[54] 陈显松.新时期体育教育专业学生能力的培养[J].福建体育科技,1998
(4):16—18.

[55] 张学研.提高高校体育教育专业学生能力的对策[J].湖北体育科技,
2000(3):73—75.

[56] 沈建文.从"能力结构"的形成谈高师体教专业学生能力培养方案[J].湖
北体育科技,2005,24(1):37—39.

[57] 李波,孙卫红.课程改革背景下的体育教育专业学生的能力培养[J].山
西师大体育学院学报,2008,23(1):82—83.

[58] 李维维,唐旭东,吕全忠.应用型工程院校学生专业核心能力的构建与培
养[J].高等工程教育研究,2008(1):110—112.

[59] 潘强,刘胜.控制科学与工程学科视角下的大学生核心能力范畴研究
[J].时代教育,2013(7):84—85.

[60] 李霞.高职学生核心能力培养研究[D].咸阳:西北农林科技大学,2011.

[61] 贺德方.图书馆学与情报学研究生职业核心能力构建[J].图书情报知
识,2011(5):10—11.

[62] 张向先.解析图书情报专业硕士职业核心能力[J].图书情报知识,2011
(5):11.

[63] 孙沛.对教育技术学专业培养核心能力的反思[J].电化教育研究,2007
(6):34—36.

[64] 秦永杰.基于核心能力的临床医学专业学位硕士课程体系构建研究
[D].第三军医大学,2012.

[65] 邓凤莲.体育学院学生核心竞争力构成要素分析[J].山西师大体育学院
学报,2005,20(3):67—69.

[66] 樊占平,曲润杰.复杂性视野下的体育教学观[J].沈阳体育学院学报,
2007,26(5):18—20.

[67] 杜长亮,丁振峰.竞技能力网络结构特征[J].体育科学,2012,32(10):
39—49.

[68] 马卫平.复杂性思维视野中的体育研究——对我国体育研究中的思维方式之反思[J].体育科学,2007,27(1):76—84.

[69] 陈天平,卢文联.复杂网络协调性理论[M].北京:高等教育出版社,2013.

[70] 汪小帆.复杂网络理论及其应用[M]北京:清华大学出版社,2006,27.

[71] 张方风.大脑功能连接复杂网络研究[M]北京:对外经济贸易大学出版社,2011,47.

[72] 李秀林.辩证唯物主义和历史唯物主义原理[M]北京:中国人民大学出版社,1995.

[73] 林枫,江钟立.网络思维:基于点线符号的认知图式和复杂性范式[J].自然辩证法通讯,2011(1):29—30.

[74] 杨烨,张晓玲.我国中小学体育教师专业能力标准的制定[J].上海体育学院学报,2009,33(5):90—93.

[75] 孙义良,王兵,周贤江,等.新形势下体育教育专业人才培养模式的构建与创新[J].武汉体育学院学报,2011,45(5):62—66.

[76] 王飞,耿廷芹,陈勇芳.对我国本科体育教育专业培养目标的思考[J].山东体育学院学报,2009,25(12):83—85+92.

[77] 鞠玉翠.师范生学习动力系统的若干特点——基于全国教师教育机构调查数据的分析[J].基础教育,2014,11(1):72—83,89.

[78] 周珂.中学体育教师职业认同研究[D].开封:河南大学,2010.

[79] 李芳,司虎克.国际学生体质健康领域的研究热点与前沿分析[J].首都体育学院学报,2014,26(1):40—45.

[80] 赵蓉英,王菊.图书馆学知识图谱分析[J].中国图书馆学报,2011,37(192):40—49.

[81] 范冬萍.复杂系统突现论——复杂性科学与哲学的视野[M].北京:人民出版社,2011,1

[82] 约翰霍兰.涌现—从混沌到有序[M].上海:上海科学技术出版社,2000.

[83] 钱学森.创建系统学[C].太原:山西科学技术出版社,2001,199.

［84］颜泽贤等.复杂系统演化论［M］.北京:人民出版社,1993,50.

［85］方锦清.令人关注的复杂性科学和复杂性研究［J］.自然杂志,2002,24(1):8—10.

［86］范冬萍.复杂系统突现论——复杂性科学与哲学的视野［M］.北京:人民出版社,2011,6,74,76,107.

［87］吴兰平,靳云全,吴时明.教育系统复杂性研究的方法论［J］.建材高教理论与实践,2001,20(2):26—27＋41.

［88］赵友元.论教育过程中的非线性关系［J］.教育探索,2001(12):53—54.

［89］［法］埃得加 莫兰,陈一壮译.复杂性理论与教育问题［M］.北京:北京大学出版社,2004,24,26,30,151,175.

［90］林陶.日本体育教师专业标准诠释［J］.体育学刊,2009,16(3):63—67.

［91］郭宝仙.新西兰教师资格与专业标准及其启示［J］.外国教育研究,2008(9):57—62.

［92］尹妙辉,陈莉.《英格兰教师专业标准》简论［J］.铜仁学院学报,2008,2(1):77—80.

［93］中华人民共和国教育部.中学教师专业标准(试行)［EB/OL］.http://www.gov.cn/zwgk/2012—09/14/content_2224534.htm,2014.11.20.

［94］卢正芝,洪松舟.我国教师能力研究三十年历程之述评［J］.教育发展研究,2007(1B):70—74.

［95］赵富学,王发斌,王俊莉.体育教师专业能力培训策略研究——基于《"国培计划"课程标准(试行)》［J］.课程.教材.教法,2014,34(11):98—103.

［96］陆玉林,高力翔.中学体育教师教学能力评估指标体系研究(二)——体育教师体育教学准备能力指标分析［J］.南京体育学院学报,2001,15(6):33—34.

［97］曾剑斌,吴嘉毅.新课程条件下体育教师专业素质的研究［J］.漳州师范学院学报(自然科学版),2004,17(2):112—116.

［98］刘志伟,周特跃.中学体育教师能力素质与高师体育专业人才培养研究［J］.湖南人文科技学院学报,2004(6):85—88.

[99] 杨军,闫建华,王会勤.中学体育教师业务能力评价体系建构——质性评价与量化评价的有效结合[J].首都体育学院学报,2011,23(1):49—55.

[100] 章莺,金一平,赵迪芳.体育教师综合能力的量化评价[J].体育学刊,2002,9(1):58—60.

[101] 张明伟.新课改下中学体育教师应具备的七种能力[J].现代中小学教育,2014(5):84—87.

[102] 袁鸿祥.普通高中体育教师教学基本能力构成与评价[J].教育探索,2013(6):119—123.

[103] 袁鸿祥.普通高中体育教师课程实施能力的现状及发展策略[J].体育学刊,2015,22(5):111—114.

[104] 吴长青,许瑞勋.专业化体育教师应具备的素质及其实现对策[J].湖北体育科技,2006,25(1):20—22.

[105] 杨烨.我国普通高校体育教育本科专业课程标准的建构——基于教师专业发展视角[D].上海:上海体育学院,2009.

[106] 尹志华.中国体育教师专业标准体系的探索性研究[D].上海:华东师范大学,2014.

[107] 张敏.国外教师职业认同与专业发展研究述评[J]比较教育研究,2006,27(2):77—81.

[108] 毛振明,王小美.体育课改论[M].北京:北京体育大学出版社,2009.

[109] 崔哲雄,张晓菲.体育教育专业人才培养与中小学体育教育人才需求脱节的原因及解决对策[J].体育学刊,2013,20(3):78—80.

[110] 莫豪庆.基于学生体育学习成绩的体育课堂教学质量监测探究[J].浙江体育科学,2010,32(1):69—71.

[111] 崔哲雄,张晓菲.体育教育专业人才培养与中小学体育教育人才需求脱节的原因及解决对策[J].体育学刊,2013,20(3):79.

[112] 薛薇.SPSS统计分析方法与应用[M].北京:电子工业出版社,2006,329—331,333.

[113] 吴明隆.问卷统计与分析实务——SPSS操作与应用[M].重庆:重庆大学出版社,2013,237—239.

[114] 杜长亮.竞技能力网络结构特征——以女子重剑项目为例[D].北京:北京体育大学,2011,67.

[115] 邓丹,李南等.基于小世界网络的NPD团队交流网络分析[J].研究与发展管理,2005,17(4):83—87.

[116] 李文博.企业知识网络复杂系统的结构与演化—产业集群情境下的实证研究[D].杭州:浙江工商大学,2009,57—58.

[117] 屈文建.基于复杂网络模型的高等教育科类结构分析[J].情报杂志,2011,30(1):63—70.

[118] 张珊.复杂网络的节点重要性及社区结构研究[D].西安:西安电子科技大学,2013.

[119] 汪小帆.复杂网络理论及其应用[M].北京:清华大学出版社,2006.

[120] 曾小舟,唐笑笑,江可申.基于复杂网络理论的中国航空网络结构实证研究[J].交通运输系统工程与信息,2011,11(6):175—181.

[121] 王燚,杨超.上海市轨道交通网络的复杂网络特性研究[J].城市轨道交通研究,2009,12(2):33—36.

[122] 冯锋.基于无标度网络的产学研合作网络功能及培育机制研究其系统科学意义[J].科技政策与管理,2009,30(9):27—30.

[123] 郝彬彬,井元伟,张嗣瀛.复杂网络度分布的异质性对其同步能力的影响[J].东北大学学报(自然科学版),2008,29(11):1521—1524.

[124] 王林,戴冠中.复杂网络的scale-free性、scale-free现象及其控制[M].北京:科学出版社,2009.

[125] 汪小帆.复杂网络理论及其应用[M].北京:清华大学出版社.2006:30—31.

[126] 范尧,姜立嘉.基于自组织理论的高等体育教育系统模式创新探究[J].学术交流,2011(4):198—201.

[127] 柴娇.我国中小学体育课堂教学设计的理论与实践研究[D].北京:北

京体育大学,2006.

[128] 张建滨,苏娟,胡丽萍.社会转型期的体育教学课程改革设计[J].体育与科学,2003,24(5):68,79—80.

[129] 李建军.从传统教案走向现代体育教学设计——对新课程理念下的体育课堂教学设计的思考[J].北京体育大学学报,2006,29(1):96—98

[130] 张明伟.体育教育专业学生教学设计能力的调查研究[J].江苏科技信息,2014,(12):77—79.

[131] 赵泽顺,周邦伦,娄晓红,等.高师体育教育专业学生体育教学设计能力的现状调查与分析[J].云南师范大学学报(自然科学版),2011,31(3):74—78.

[132] 伍天慧,谭兆风.体育教学设计与实践的系统观[J].体育与科学,2005,26(2):78—80.

[133] 仲宇,徐波锋,王利娥.体育课堂教学技能评价指标体系研究[J].西安体育学院学报,2011,8(4):504—508.

[134] 张瑞华.北京市高校体育教育专业实习生专业能力的调查与研究[D].北京:北京体育大学,2011,42—44.

[135] 唐炎.中小学体育课堂教学的社会学分析[D].北京:北京体育大学,2005.

[136] 竹艳.体育教师课堂管理结构、实施、评价[D].重庆:西南大学,2009.

[137] 张瑞华.北京市高校体育教育专业实习生专业能力的调查与研究[D].北京:北京体育大学,2011,47—49.

[138] 毛振明.体育课程与教材新论[M].沈阳:辽宁大学出版社,2001:48.

[139] 胡惠芳.体育院校体育教育专业学生教学能力的调查及对策研究[C].Proceedings of the 2011 International Conference on Education Science and Management Engineering(part 4),USA:Scientific Research Publishing,2011.

[140] 黄爱峰.体育教育专业的发展与改革[M].武汉:华中师范大学出版社,2008.

［141］苏益华,王金稳,李伟坚,等. 对体育教育专业课程方案中学科与术科比例问题的探讨[J].武汉体育学院学报,2006,40(2):85—88.

［142］唐炎.现行体育教育本科专业课程方案存在的问题与改进建议[J].体育学刊,2014,21(2):61—64.

［143］王健,季浏.体育教师教育课程改革的专业化取向[J].上海体育学院学报,2008,32(1):70—73,94.

［144］王健,黄爱峰,季浏.实用性与唯理性:体育教师教育实践观辨析[J].武汉体育学院学报,2007,41(11):61—64.

［145］彭健民.体育教育专业本科教育类课程设置的研究[J].西安体育学院学报,2005,22(2):104—107.

［146］彭健民.湖南省普通高校体育教育专业课程方案的研究[D].长沙:湖南师范大学,2008.

［147］熊彩霞.加拿大职前教师教育实践课程设置研究[D].重庆:西南大学,2015.

［148］陈威.“实践取向”小学教育专业课程设置研究[D].长春:东北师范大学,2013.

［149］刘华.实习教师专业发展深层次问题探析——兼论教师教育课程改革措施[J].教育发展研究,2012,(Z2):51—56＋61.

［150］尹龙,李芳.高校转型背景下体育教育专业的困境与消解[J].体育研究与教育,2014,29(5):67—71.

［151］潘懋元,董立平.关于高等学校分类、定位、特色发展的探讨[J].教育研究,2009(2):42.

［152］国务院.国务院关于加快发展现代职业教育的决定[EB/OL].[2014—05—02].http://www. Moe. gov. cn/publicfiles/business/htmlfiles/moe/s8263/201406/170691. Html.

［153］教育部.教师专业化的理论与实践[M].人民教育出版社,2003,279—280.

［154］陈威.“实践取向”小学教育专业课程设置研究[D].长春:东北师范大

学,2013,199—200.

[155] 成聪聪. 河南省体育教育专业学生职业认同现状研究[J]. 四川体育科学,2013,32(1):118—122,129.

[156] 王健,黄爱峰,季浏. 实用性与唯理性:体育教师教育实践观辨析[J]. 武汉体育学院学报,2007,41(11):61—64.

英文文献:

[1] Dunning C, Meegan S, Woods C, et al. The impact of the COPET programme on student PE teachers' teaching practice experiences[J]. European Physical Education Review,2011,17(2):153—165.

[2] Danielson C. Enhancing professional practice: A framework for teaching [M]. ASCD,2007.

[3] Mokgwathi J S M M. A discourse analysis of the National Sport and Recreation Policy for Botswana. [J]. Sport Education & Society,2007,12(2): 193—210.

[4] Georgakis S. Comparative Physical Education Pedagogy in Teacher Training:Innovation in Comparative Education[A]. Papers from the 8th International Conference on Comparative Education and Teacher Training [C]. 2010(8):33—37.

[5] Prahalad, c k, G Hame. l The core competence of the corporation[J]. Havard Business Review,1990,68(6):79—91.

[6] Lane D S, Ross V. The importance of defining physicians' competencies:lessons from preventive medicine. [J]. Academic Medicine Journal of the Association of American Medical Colleges,1994,69(12):972—4.

[7] http://www. ccupeka. ca/en/index. php/accreditation[EB/OL]. 2014/11/29

[8] Chróinín D N, Tormey R, O'Sullivan M. Beginning teacher standards for physical education:Promoting a democratic ideal[J]. Teaching and Teacher Education,2012,28(1):78—88.

［9］National Association for Sport and Physical Educa-tion. 2008 National Initial Physical Education Teacher Ed-ucation Standards［S］.

［10］The Standards［EB/OL］. http://www. nbpts. org/ the-standards/standards-by-cert? ID= 25&x= 56&y= 11.

［11］Susan Capel；Sid Hayes；Will Katene；Philipa Velija. The interaction of factors which influence secondary student physical education teachers' knowledge and development as teachers［J］. European Physical Education Review. 2011,17(2):187.

［12］Hong-Min Lee；Matthew D. Curtner-Smith. Impact of Occupational Socialization on the Perspectives and Practices of Sport Pedagogy Doctoral Students［J］. JTPE. 2011,30(3):296—313.

［13］Stran,Margaret；Curtner-Smith,Matthew. Impact of different types of knowledge on two pre-service teachers' ability to learn and deliver the Sport Education model. ［J］. Physical Education and Sport Pedagogy. 2010, 15 (3):243—256.

［14］Woods,Amelia Mays；Rhoades,Jesse Lee. National Board Certified Physical Educators：Background Characteristics,Subjective Warrants,and Motivations. ［J］. Journal of Teaching in Physical Education. 2010,29(3):318.

［15］Kirk,D. ；MacPhail,A. Teaching Games for Understanding and Situated Learning：Rethinking the Bunker-Thorpe Model［J］. Journal of Teaching in Physical Education. 2002,21:177—192.

［16］Nate McCaughtry. The Emotional Dimensions of a Teacher's Pedagogical Content Knowledge：Influences on Content,Curriculum,and Pedagogy［J］. JTPE. 2004,23(1):30—47.

［17］Susan Capel；Sid Hayes；Will Katene；Philipa Velija. The interaction of factors which influence secondary student physical education teachers' knowledge and development as teachers［J］. European Physical Education Review. 2011,17(2):192.

[18] Matthew Curtner-Smith; Seidu Sofo. Pre-service teachers' conceptions of teaching within sport education and multi-activity units[J]. Sport, Education and Society. 2004,9(3):347—377.

[19] Dowling, Fiona. Are PE teacher identities fit for postmodern schools or are they clinging to modernist notions of professionalism? 'A case study of Norwegian PE teacher students' emerging professional identities[J]. Sport, Education and Society. 2011,16(2):201—222.

[20] Bryan A. McCullick. Practitioners' Perspectives on Values, Knowledge, ands skills needed by PETE participant[J]. journal of teaching in physical education,2001,21:35.

[21] Bryan A. McCullick. Practitioners' Perspectives on Values, Knowledge, ands skills needed by PETE participant[J]. journal of teaching in physical education,2001,21:36.

[22] Gay L. Timken; Jeff McNamee. New Perspectives for Teaching Physical Education: Pre-service Teachers' Reflections on Outdoor and Adventure Education[J]. JTPE. 2012,31(1):21—38.

[23] Woods, Amelia Mays; Rhoades, Jesse Lee. National Board Certified Physical Educators: Background Characteristics, Subjective Warrants, and Motivations. [J]. Journal of Teaching in Physical Education. 2010,29(3):322.

[24] Bain, Linda L.. Undergraduate physical education majors' perceptions of the roles of teacher and coach. [J]. Research Quarterly for Exercise and Sport. 1983,54(2):112—118.

[25] Pamela A. Bechtel; Mary O'Sullivan. Enhancers and Inhibitors of Teacher Change Among Secondary Physical Educators[J]. JTPE. 2007, 26 (3): 221—235.

[26] McMahon, Eileen; MacPhail, Ann. Learning to teach sport education: The experiences of a pre-service teacher[J]. European Physical Education Review. 2007(2):229—246.

［27］Woods, Amelia Mays; Rhoades, Jesse Lee. National Board Certified Physical Educators: Background Characteristics, Subjective Warrants, and Motivations. ［J］. Journal of Teaching in Physical Education. 2010, 29(3): 325.

［28］Livingstone, MBE. Energy-expenditure and physical-activity in relation to fitness in children ［J］. proceedings of the nutrition society, 1994, 53 (1): 207—221.

［29］Watts D J, Strogatz S H. Collective dynamics of 'small-world9 networks ［J］. Nature, 1998, 393(6684): 440—442.

［30］Dodds P S, Watts D J. An Experimental Study of Search in Global Social Networks［J］. Science, 2003, 301(5634): 827—829.

［31］Barabasi A. Albert R: Emergence of scaling in random networks［J］. Science, 1999, 286(5439): 509—512.

［32］Watts D J. The'new'science of networks［J］. Annual Review of Sociology, 2004, 30: 243—270.

［33］Prahalad, c k, G Hame. The core competence of the corporation［J］. Havard Business Review, 1990, (5—6): 5～6.

［34］Lahti PK. Identifying and integrating individual level and organizational level core competencies ［J］. J Buspsychol, 1999, 14(1): 59—75.

［35］Durand T. Strategizing for innovation: competence analysis in assessing strategic change［J］. Competence-based strategic management, 1997: 127—150.

［36］Gallon M R, Stillman H M, Coates D. Putting core competency thinking into practice ［J］. Research-Technology Management, 1995, 38 (3): 20—28.

［37］Garud R, Nayyar P R. Transformative capacity: Continual structuring by intertemporal technology transfer ［J］. Strategic management journal, 1994, 15(5): 365—385.

［38］Drucker P. Management challenges for nurses and social workers ［J］. Am J Nurs, 2008, 108(9): 40—46.

附　　件

附件 1　访谈提纲

尊敬的专家：

　　您好！我是上海体育学院体育教育与训练学院体育教育训练学专业的在读博士生李芳(指导老师：司虎克教授)，目前正在进行"体育教育专业学生核心能力"相关课题的研究。本次调查的目的是为了了解体育教育专业学生核心能力的构成要素，其中核心能力界定为体育教育专业学位教育所应当重点培养的，学生将来成为体育教师所必须掌握的最基本、最重要的能力，是决定其将来能否成为优秀的体育教师的关键要素。此访谈提纲是整个学位论文的重要组成部分，你是本研究理想的访谈对象，恳请您接受我们的访谈。您的帮助会对我们的研究有重要的影响，我们承诺绝对不会泄露您的个人资料。谢谢！

　　1. 请您描述一下您心目中合格的中小学体育教师的形象？

　　2. 您认为您心目中优秀的体育教育专业毕业生应该具备哪些能力？

3. 您认为现在新中小学体育教师最缺乏哪方面的能力？

4. 您认为高校体育院系最应该培养体育教育专业学生哪方面的能力？

5. 您认为体育教育专业学生在校期间应该掌握哪些核心知识？

6. 您如何看待体育教育专业学生的运动技能和教学能力？大学阶段应该如何处理学科与术科的比例？

7. 您认为体育教育专业学生核心能力形成的主要动力是什么？

8. 您认为体育教育专业学生核心能力形成的基础是什么？

9. 您认为影响体育教育专业学生核心能力形成的关键因素有哪些？哪些最重要？

10. 您认为体育教育专业学生核心能力形成的重要环节有哪些？哪些最重要？

11. 您认为体育教育专业学生核心能力形成的重要保障有哪些？哪些最重要？

祝您身体健康，工作顺利！

附件 2　专家咨询问卷

体育教育专业学生核心能力指标体系
专家咨询问卷（第一轮）

尊敬的专家：

您好！

我是上海体育学院体育教育与训练学院体育教育训练学专业的在读博士生李芳（指导老师：司虎克教授），目前正在进行"体育教育专业学生核心能力"相关课题的研究。本次调查的目的是为了了解体育教育专业学生核心能力的构成要素,其中核心能力界定为体育教育专业学位教育所应当重点培养的,学生将来成为体育教师所必须掌握的最基本、最重要的能力,是决定其将来能否成为优秀的体育教师的关键要素。以下各项指标是课题组认为体育教育专业学生应具备的核心能力,这些指标是否能够全面正确的代表学生的核心能力? 请您进行评价和补充,您是该领域的专家,您的意见将成为我们研究的重要依据! 谢谢!

　　祝您身体健康,工作顺利!

　　联系人:李　芳

　　邮箱:88041047@qq.com

　　联系电话:15197478376

　　通信地址:湖南省衡阳市珠晖区衡花路 16 号衡阳师范学院体育系(421002)

第一部分　体育教育专业学生核心能力指标体系咨询

一、【填表说明】

　　表 1 中我们列出的体育教育专业学生核心能力指标体系的指标一览表,按照其重要程度分为五个等级:非常重要、重要、一般、较不重要、不重要,相应的对其赋值 5、4、3、2、1,请您在认为合适的栏内打"√"(每项只选一个答案);若您认为该项内容不准确或应该删除,请在"修改意见"栏内修改;若您认为我们还有没考虑到的项目,请在"需要补充项目栏内"增加,修改或补充项目同样需要判断其重要程度,请在相应栏内打"√",谢谢!

　　二、问卷设计的结构说明

　　通过查阅大量国内外文献和专家咨询,体育教师教育应该是"学科性"与"教育性"的统一,因此课题组认为体育教育专业学生核心能力主要包括三个维度：A 学科知识与能力、B 教学能力、C 个性特征与师德（表 1）。

其中维度一：A 学科知识与能力主要包括 8 个领域：A1 体育理论知识、A2 学校体育训练知识与技能、A3 学校体育竞赛知识与技能、A4 运动动作知识与技能、A5 体育与健康课程的理解、A6 对体育与健康课程的实践运用、A7 体育与健康课程的新要求、A8 体育与健康课程的实施要求；

维度二：B 教学能力主要包括 8 个领域：B1 体育课教学程序、B2 体育教学评价、B3 体育课程与教学的契合、B4 课程资源与教材的利用堂、B5 教学与管理、B6 创建教学情境的能力、B7 应用现代教育技术的能力、B8 区别对待，因材施教；

维度三：C 个性特征与师德主要包括 2 个领域：C1 个性特征、C2 师德（表 2）。

各领域下的具体指标见表 3。

表 1　一级指标评价

指标属性	非常重要	重要	一般	较不重要	不重要	修改意见
A 学科知识与能力						
B 教学能力						
C 个性特征与师德						
需补充项目						

表 2　二级指标评价

指标属性	非常重要	重要	一般	较不重要	不重要	修改意见
A1 体育理论知识						
A2 学校体育训练知识与技能						

（续　表）

指标属性	非常重要	重要	一般	较不重要	不重要	修改意见
A3 学校体育竞赛知识与技能						
A4 运动动作知识与技能						
A5 体育与健康课程的理解						
A6 对体育与健康课程的实践运用						
A7 体育与健康课程的新要求						
A8 体育与健康课程的实施要求						
B1 体育课教学程序						
B2 体育教学评价						
B3 体育课程与教学的契合						
B4 课程资源与教材的利用堂						
B5 教学与管理						
B6 创建教学情境的能力						
B7 应用现代教育技术的能力						
B8 区别对待,因材施教						
C1 个性特征						
C2 师德						
需补充项目						

表3　体育教育专业学生核心能力三级指标体系咨询表

体育教育专业学生核心能力构成要素 A 学科知识与能力 A1 体育理论知识	非常重要	重要	一般	较不重要	不重要	修改意见
A1—1 能将运动解剖学的知识运用到体育课堂中						
A1—2 能将运动生理学的知识运用到体育课堂中						
A1—3 能将运动生物力学的知识运用到体育课堂中						

（续　表）

体育教育专业学生核心能力构成要素 A 学科知识与能力 A1 体育理论知识	非常重要	重要	一般	较不重要	不重要	修改意见
A1—4 能将运动心理学的知识运用到体育课堂中						
A1—5 能将运动生物化学的知识运用到体育课堂中						
A1—6 能将理论知识与实际体育教学情境进行初步结合						
需补充项目						
A2 学校体育训练知识与技能						
A2—1 能掌握基本的学校运动员训练方法						
A2—2 能制定简单的学校运动员训练年度计划与学期计划等						
A2—3 能掌握基本的学校运动员速度、耐力、力量等身体素质的训练手段						
A2—4 了解青少年身体生长发育的基本规律						
A2—5 能基本了解青少年运动员的选材方法						
A2—6 了解运动训练疲劳的原理及恢复手段						
需补充项目						
A3 学校体育竞赛知识与技能						
A3—1 基本了解学校运动竞赛管理的基本程序						
A3—2 能初步编制学校运动会的赛程						

体育教育专业学生核心能力构成要素 A 学科知识与能力 A3 学校体育竞赛知识与技能	非常重要	重要	一般	较不重要	不重要	修改意见
A3—3 了解不同项目的基本裁判知识						
A3—4 能在小型的运动会上承担裁判工作						
需补充项目						
A4 运动动作知识与技能						
A4—1 能够展示运动技能的关键各国要素						
A4—2 能够组合动作技能提高动作技术的水平						
A4—3 对部分身体活动项目的演练能够达到自动化水平						
A4—4 能够分析造成某种动作优劣的原因						
A4—5 部分运动项目达到二级运动员以上水平(三项以上)						
需补充项目						
A5 体育与健康课程的理解						
A5—1 理解社会转型背景下三维健康观的实际含义						
A5—2 清楚体育与健康课程中四个学习方面的要求						
A5—3 了解目标引领内容的基本内涵						
需补充项目						
A6 对体育与健康课程的实践运用						

（续　表）

体育教育专业学生核心能力构成要素 A 学科知识与能力 A6 对体育与健康课程的实践运用	非常 重要	重要	一般	较不 重要	不重要	修改 意见
A6—1 知道如何上一堂健康教育课程						
A6—2 知道体育与健康课程的基本理念并能够具体化到教学中去						
A6—3 知道什么是体育学习水平，知道如何划分学习水平						
需补充项目						
A7 体育与健康课程的新要求						
A7—1 知道体育与健康课程对体育教师提出的不同以往的新要求						
A7—2 了解体育健康课程标准的基本体系						
A7—3 能够清楚的陈述体育与健康课程的基本性质						
需补充项目						
A8 体育与健康课程的实施要求						
A8—1 了解国家课程标准对地方体育课程实施方案的要求						
A8—2 了解国家颁布的体育课程标准						
A8—3 能够初步制定学校体育课程实施方案						
需补充项目						
B 教学能力						
B1 体育课教学程序						
B1—1 根据学生特点和学校实际情况制定教学目标						

体育教育专业学生核心能力构成要素 B 教学能力 B1 体育课教学程序	非常 重要	重要	一般	较不 重要	不重要	修改 意见
B1—2 能掌握多种实现教学目标的方法和手段						
B1—3 有效使用促进学生参与体育活动的教学策略						
B1—4 选定的教学内容符合教学目标的要求						
B1—5 能与学生共同营造和谐安全的体育课堂教学情境						
B1—6 设计的教学情境符合教学的需求						
需补充项目						
B2 体育教学评价						
B2—1 对学生的表现给予建设性的反馈意见						
B2—2 客观的辨别学生的优缺点						
B2—3 与学生及时沟通，了解学生的预期目标						
B2—4 对学生的期望现实可达						
B2—5 让学生积极强化良好的观察能力						
B2—6 及时纠正学生的错误而并不指责她们						
B2—7 不当着其他同学的面批评学生						
需补充项目						
B3 体育课程与教学的契合						

（续　表）

体育教育专业学生核心能力构成要素 B 教学能力 B3 体育课程与教学的契合	非常重要	重要	一般	较不重要	不重要	修改意见
B3—1 基本了解教育学科的基本知识						
B3—2 能够在体育课堂上融入其他学科的知识						
B3—3 了解体育教学过程要遵守的基本理论规则						
需补充项目						
B4 课程资源与教材的利用						
B4—1 能够根据学校的实际情况选择适合的教材版本						
B4—2 了解国外主流的体育教材并尝试将其运用到课堂中						
B4—3 能够灵活选择各种课程资源						
B4—4 所选用的体育课程资源能够被学生所理解						
需补充项目						
B5 课堂教学与管理						
B5—1 能创设宽松的教学氛围让学生都"动"起来						
B5—2 能营造民主、和谐的课堂教学氛围						
B5—3 能合理安排学生队形和调动学生队伍，教学环节安排紧凑						
B5—4 能根据教学内容合理布置和运用场地器材						

体育教育专业学生核心能力构成要素 B 教学能力 B5 课堂教学与管理	非常 重要	重要	一般	较不 重要	不重要	修改 意见
B5—5 能正确解析学生的行为,对学生进行民主的管理						
B5—6 能在学生出现意外情况时善于做出判断并及时进行处理						
B5—7 动作示范准确、优美、到位						
B5—8 能够将教学内容清楚明了的介绍给学生						
B5—9 讲解语言精练、口令清晰准确、语态亲切生动						
B5—10 在教学过程能突出教学重点						
B5—11 能够储备一些言简意赅的教学短语并加以利用						
B5—12 能够将学生的注意力吸引到课堂中						
B5—13 能够化解班级人数过多导致的学习机会不均等的困境						
B5—14 能够利用多种练习方式促进学生的体育学习参与						
B5—15 能够及时给予学生指导与帮助						
B5—16 及时掌握学生提出的问题并解决问题						
B5—17 鼓励学生参与讨论与展示						
需补充项目						
B6 创建教学情境的能力						

（续　表）

体育教育专业学生核心能力构成要素 B 教学能力 B6 创建教学情境的能力	非常重要	重要	一般	较不重要	不重要	修改意见
B6—1 能够对教学情境进行口头分析						
B6—2 为学生创设相互交流的教学情境						
B6—3 能够分析体育课堂教学的具体情境						
需补充项目						
B7 应用现代教育技术的能力						
B7—1 能够将现代教育技术领域最新成果应用到体育课堂教学中						
B7—2 能够应用信息技术发展自身的专业素养与技能						
B7—3 能够引导学生通过信息技术实现体育学习的及时交流、沟通						
B7—4 具备运用各种信息技术寻找各种教学资源的能力						
需补充项目						
B8 区别对待,因材施教						
B8—1 能够为特殊学生设计一些简单的课程						
B8—2 根据学生的个性特点设置课程内容和教学手段						
B8—3 关注特殊学生群体的学习状况并做出相应的措施						
B8—4 能够处理特殊学生群体学习中的突发情况						

（续　表）

体育教育专业学生核心能力构成要素 B 教学能力 B8 区别对待,因材施教	非常 重要	重要	一般	较不 重要	不重要	修改 意见
需补充项目						
C 个性特征与师德						
C1 个性特征						
C1—1 充满活力、自信						
C1—2 做事有条理						
C1—3 对自己能开展有建设性的 自我批评						
C1—4 善于从反思中获得进步						
需补充项目						
C2 师德						
C2—1 为学生提供支持与鼓励						
C2—2 鼓励学生相互之间互相尊重						
C2—3 善于听取学生的意见和建议						
C2—4 关爱学生,对学生展示出个 人兴趣						
C2—5 具备认真工作的态度和敬 业的精神						
C2—6 努力促使家庭、学校和社区 之间形成学生体育学习的合作 网络						
需补充项目						

对于表 1,您若还有其他建议,请在这里填写:

第二部分　专家基本情况

（请在适合您个人情况的选项上打"√"，或在＿＿＿处将有关情况填写清楚）

1. 性别：A. 男　　　　　　　B. 女

2. 年龄：A. 40 岁以下　　　B. 40—50 岁　　　C. 50 岁以上

3. 学历：A. 本科　　　　　　B. 硕士　　　　　　C. 博士

4. 职称：A. 副高　　　　　　B. 正高

5. 专业领域：A. 高等教育　B. 学校体育　　　C. 体育教育

6. 在本专业领域工作年限

　　A. 0—10 年　　　　　　B. 11—20 年

　　C. 21—30 年　　　　　　D. 30 年以上

7. 您对本次调查内容的熟悉程度：

　　A. 很熟悉　　　　　　　B. 熟悉

　　C. 了解　　　　　　　　D. 不太清楚

8. 您的姓名：＿＿＿＿＿＿＿＿＿＿＿＿＿＿＿＿＿＿＿＿＿＿

9. 您所在的院校：＿＿＿＿＿＿＿＿＿＿＿＿＿＿＿＿＿＿＿＿

问卷到此结束，在此感谢您的支持与帮助！

体育教育专业学生核心能力指标体系
专家咨询问卷（第二轮）

尊敬的专家：

　　您好！

　　首先，再次感谢您能参加我们这项研究的德尔菲法（Delphi）专家调查，感谢您在百忙中抽出时间来完成问卷填写工作，我对您所付出的辛勤劳动表示最诚挚的谢意！我是上海体育学院体育教育与训练学院体育教育训练学专业的在读博士生李芳（指导老师：司虎克教授），目前正在进行"体育教育专业学生核心能力"相关课题的研究。本次调查的目的是为了了解体育教育专业学生核心能力的构成要素，其中核心能力界定为体育教育专业学位教育所应当重点培养的，学生将来成为体育教师所必须掌握的最基本、最重要的能力素质，是决定其将来能否成为优秀的体育教师的关键要素。以下各项指标是课题组认为体育教育专业学生应具备的核心能力，这些指标是否能够全面正确的代表学生的核心能力？请您进行评价和补充，您是该领域的专家，您的意见将成为我们研究的重要依据，谢谢！

在相关专家的大力支持下，第一轮专家咨询已顺利完成。在此，我们向付出宝贵时间和辛勤劳动的专家表示万分的感谢！第一轮专家的积极系数是 100％，很多专家除了认真填写各项表格外，还对指标体系设计提出了建设性意见。

通过对第一轮回收咨询表的统计分析，综合各专家的意见，对体育教育专业学生核心能力指标进行认真修改，形成第二轮专家咨询表，本次咨询的主要目的是再次考量本问卷的内容效度。所有填答问题我们只用于研究分析，恳请各位专家放心填答，不要出现漏答。由于时间紧迫，恳请您在繁忙事务中抽出时间填答咨询表并尽快反馈。再次向付出辛勤劳动的您表示万分的感谢！并真诚期待您对本研究的指导与建议。顺祝您工作顺利！身体健康！

联系人：李　芳

邮箱：88041047@qq.com

联系电话：15197478376

通信地址：湖南省衡阳市珠晖区衡花路 16 号衡阳师范学院体

育学院(421002)

第二轮专家咨询填表说明

1.第一轮专家意见说明

在第一轮专家咨询中,多位专家对指标体系提出了建议,如有的专家建议一级指标教学能力改成教学知识与能力,个性特征与师德用专业理念与品格的表述方法更合适,此外,很多专家对指标项目的增减和命名也提出了实质性建议,因此经过认真分析,作者采纳了专家的大部分意见,具体体现在对量表指标项目的增删方面。

2.指标体系修改情况

根据专家建议和专家对指标内容重要性的评分结果(算术均数、标准差等),综合考虑各个方面的因素,我们对指标内容进行了一定的修改,形成了第二轮专家咨询问卷。

(1)修改的指标

根据专家的建议,我们将第二轮咨询问卷一级指标中的教学能力改为学科教学知识与技能;将个性特征与师德改为专业理念与品格。

(2)增加的指标

根据专家的建议,在专业学科知识的二级指标中增加运动项目内容知识这一指标;对专业理念与品格的二级指标增加专业理念与品格,将师德指标改为对学生的态度与行为指标,同时将个性特征改成个人修养。

三级指标也进行了相应的调整与更改,详见表3。

第一部分　体育教育专业学生核心能力指标体系咨询

一、【填表说明】

表1中我们列出的体育教育专业学生核心能力指标体系的指标一览表,按照其重要程度分为五个等级:非常重要、重要、一般、

较不重要、不重要,相应的对其赋值 5、4、3、2、1,请您在认为合适的栏内打"√"(每项只选一个答案);若您认为该项内容不准确或应该删除,请在"修改意见"栏内修改;若您认为我们还有没考虑到的项目,请在"需要补充项目栏内"增加,修改或补充项目同样需要判断其重要程度,请在相应栏内打"√",谢谢!

二、问卷设计的结构说明

通过查阅大量国内外文献和专家咨询,体育教师教育应该是"学科性"与"教育性"的统一,因此课题组认为体育教育专业学生核心能力主要包括三个维度:A 学科专业知识与能力;B. 学科教学知识与能力;C 专业理念与品格(见表 1 一级指标评价表)。

其中维度一:A 学科专业知识与能力主要包括 5 个领域:A1 运动技能、A2 运动训练能力、A3 组织竞赛能力、A4 运动项目内容知识、A5 体育理论知识;

维度二:B 学科教学知识与能力主要包括 7 个领域:B1 教学设计、B2 教学技能、B3 教学组织与管理、B4 教学方法与策略、B5 教学评价、B6 教师个人专业发展能力;

维度三:C 专业理念与品格主要包括 3 个领域:C1 职业理解与认同、C2 个人修养、C3 对学生的态度与行为(见表 2 二级指标评价表)。

各领域下的具体指标见表 3。

表 1　一级指标评价表

指标属性	非常重要	重要	一般	较不重要	不重要	修改意见
A 学科专业知识与能力						
B 学科教学知识与能力						
C 专业理念与品格						
需补充项目						

表2　二级指标评价表

指标属性	非常重要	重要	一般	较不重要	不重要	修改意见
A1 运动技能						
A2 运动训练能力						
A3 组织竞赛能力						
A4 运动项目内容知识						
A5 体育理论知识						
B1 教学设计						
B2 教学技能						
B3 教学组织与管理						
B4 教学方法与策略						
B5 教学评价						
B6 教师个人专业发展能力						
C1 职业理解与认同						
C2 个人修养						
C3 对学生的态度与行为						
需补充项目						

表3　体育教育专业学生核心能力三级指标体系咨询表

体育教育专业学生核心能力构成要素 A 学科专业知识与能力 A1 运动技能	非常重要	重要	一般	较不重要	不重要	修改意见
A1—1 至少一项体育运动技能获得二级运动员证（或相当于二级运动员水平）						
A1—2 在校期间专业术科成绩的平均分（新生按高考体育成绩折换成 100 分制得分）						

（续　表）

体育教育专业学生核心能力构成要素 A 学科专业知识与能力 A1 运动技能	非常 重要	重要	一般	较不 重要	不重要	修改 意见
A1—3 对大部分运动项目的展示能够达到自动化水平						
A1—4 能够分析造成某种动作优劣的原因						
A1—5 在术科课堂中的技能表现良好						
A1—6 各项体质健康素质达到国家体育锻炼标准优秀以上						
A1—7 代表学校参加省级及以上的比赛						
A1—8 比赛中能熟练展示出动作组合						
需补充项目						
A2 运动训练能力						
A2—1 能掌握基本的技、战术训练方法						
A2—2 能制定简单的训练年度计划与学期计划等						
A2—3 能掌握基本的速度、耐力、力量等身体素质的训练手段						
A2—4 能掌握青少年运动员的各项身体素质的训练敏感期						
A2—5 能了解青少年运动员的基本选材方法						
A2—6 能够合理安排青少年运动员的训练负荷						

（续　表）

体育教育专业学生核心能力构成要素 A 学科专业知识与能力	非常 重要	重要	一般	较不 重要	不重要	修改 意见
A2 运动训练能力						
A2—7 能了解运动训练疲劳的原理及恢复手段						
需补充项目						
A3 组织竞赛能力						
A3—1 基本了解学校运动竞赛管理的程序						
A3—2 能正确编制学校运动会等赛事的秩序册						
A3—3 能掌握中小学常见运动项目的基本裁判知识						
A3—4 能在中小学各级赛事中承担裁判工作						
需补充项目						
A4 运动项目内容知识						
A4—1 能够熟练掌握中小学常见运动项目的规则与礼仪						
A4—2 能够熟练掌握中小学常见运动项目的关键技术要点与战术						
A4—3 能够熟练鉴别中小学常见运动项目的技术易犯错误，并熟练掌握纠正的方法						
A4—4 能够熟悉中小学常见运动项目的发展历程与趋势						
需补充项目						
A5 体育理论知识						
A5—1 运动人体科学类课程成绩平均分≥75 分，并能将运动人体科学的知识运用到体育课堂中						

（续　表）

体育教育专业学生核心能力构成要素	非常重要	重要	一般	较不重要	不重要	修改意见
A 学科专业知识与能力						
A5 体育理论知识						
A5—2 人文社科类课程成绩平均分≥75 分，并能将人文社科课程的知识运用到体育课堂中						
A5—3 体育教育类课程成绩平均分≥75 分，并能将体育教育课程知识运用到体育课堂中						
A5—4 体育方法工具类（测量、统计等）课程成绩平均分≥75 分，并能将体育方法工具课程知识运用到体育课堂中						
A5—5 能将理论知识与实际体育教学情境进行初步结合						
需补充项目						
B 学科教学知识与能力						
B1 教学设计						
B1—1 能够根据国家颁布的体育课程标准制定合适的学期教学目标						
B1—2 能够根据学科特性、学生身心发展规律制定单元教学目标和课堂教学目标						
B1—3 能够根据学校的实际情况制定合适的单元教学目标						
B1—4 制定的教学目标能够为学生提供一定的挑战						
B1—5 制定的教学目标要设定具体标准，具备可测量性						
B1—6 能掌握多种实现课堂教学目标的方法和手段						

（续　表）

体育教育专业学生核心能力构成要素 B 学科教学知识与能力 B1 教学设计	非常 重要	重要	一般	较不 重要	不重要	修改 意见
B1—7 能够根据学生的水平差异选择不同教学方法与练习形式						
B1—8 选取的教学方法与练习形式能充分利用场地和器材，给学生提供足够的练习机会						
B1—9 选定的练习内容能够符合课堂目标的要求						
B1—10 能够根据学生的身心发展规律设置课程内容和教学手段						
B1—11 能够准确分析学生的个性特征和学习需求						
B1—12 能够将教学内容知识内化成适合教的知识，让学生学习得更容易						
B1—13 能够了解国外流行的体育教学模式并尝试将其运用到课堂中						
B1—14 能够灵活运用各种课程资源						
B1—15 所选用的体育课程资源能够被学生所理解						
B1—16 设置单元内课程内容时能够遵循循序渐进的原则						
B1—17 能够为特殊学生（残疾等特殊学生）设计一些简单的课程						
B1—18 关注特殊学生群体的学习状况并做出相应的措施						
B1—19 能够处理特殊学生群体学习中的突发情况						

体育教育专业学生核心能力构成要素 B 学科教学知识与能力 B1 教学设计	非常重要	重要	一般	较不重要	不重要	修改意见
B1—20 能够掌握划分体育学习水平的标准						
B1—21 能够初步制定体育课堂实施方案						
B1—22 教育学科类（教育学、心理学等）课程成绩平均分≥75 分，并能在教学设计时正确应用						
B1—23 能够在体育课堂上融入其他学科的知识						
需补充项目						
B2 教学技能						
B2—1 动作示范准确、优美、到位						
B2—2 讲解语言精练、口令清晰准确、语态亲切生动						
B2—3 在教学过程能突出重点、难点						
B2—4 能够储备一些言简意赅的教学短语并加以利用						
B2—5 能够将学生的注意力吸引到课堂中，提高学生学习兴趣						
B2—6 能根据教学内容合理布置和运用场地器材						
B2—7 学生练习关键技术动作环节能够及时给予语言提示						
B2—8 能够利用现代化的科技手段为学生提供练习反馈						
B2—9 能够利用现代化的科技手段为学生提供多元化的教学内容						

（续　表）

体育教育专业学生核心能力构成要素 B 学科教学知识与能力 B2 教学技能	非常重要	重要	一般	较不重要	不重要	修改意见
B2—10 面对新的教学环境和教学对象时，能够很好的展示出教学水平						
B2—11 能够根据学生的课堂变现和反馈及时调整教学策略						
B2—12 为学生创设相互交流的教学情境						
B2—13 能够为学生创建一个鼓励性和支持性的学习情境						
B2—14 能够分析体育课堂教学的具体情境						
B2—15 能够与学生共同营造和谐安全的体育课堂教学情境						
B2—16 设计的教学情境符合教学的需求						
需补充项目						
B3 课堂组织与管理						
B3—1 能合理安排学生队形和调动学生队伍，教学环节安排紧凑						
B3—2 能够对练习器材进行合理的分配和管理						
B3—3 能够引导学生对自己的课堂行为进行管理和约束						
B3—4 能正确分析学生的行为，对学生进行民主的管理						
B3—5 能在学生出现意外情况时及时做出判断并进行处理						

体育教育专业学生核心能力构成要素 B 学科教学知识与能力 B3 课堂组织与管理	非常 重要	重要	一般	较不 重要	不重要	修改 意见
B3—6 能够制定合理有效的课堂准则						
B3—7 能够引导学生开展合作学习、同伴教学						
需补充项目						
B4 教学方法与策略						
B4—1 能够化解学校场地器材不足或班级人数过多（50 人以上）导致的学习机会不均等的困境						
B4—2 能够利用多种练习方式促进学生的体育学习参与						
B4—3 能够及时给予学生指导与帮助						
B4—4 能够及时掌握学生提出的问题并解决问题						
B4—5 鼓励学生参与讨论与展示						
B4—6 有效使用促进学生参与体育活动的教学策略						
B4—7 掌握针对具体学科内容进行教学的方法与策略						
B4—8 能够分析和预测学生的掌握情况，及时进行诊断和反馈						
B4—9 能够使用新颖的教学方法，提高学生的学习兴趣						
需补充项目						
B5 体育教学评价						
B5—1 对学生的课堂表现能够给予建设性的反馈意见						

（续　表）

体育教育专业学生核心能力构成要素 B 学科教学知识与能力 B5 体育教学评价	非常 重要	重要	一般	较不 重要	不重要	修改 意见
B5—2 能够客观的辨别学生的优缺点						
B5—3 能够与学生及时沟通，了解学生的预期目标						
B5—4 能够运用激励性的语言进行过程性评价						
B5—5 能够引导学生进行自我评价						
B5—6 能够引导学生之间进行相互评价						
B5—7 能够引导学生对教师的教学进行评价						
B5—8 能够掌握多元评价形式如应用相对性评价与绝对性评价相结合的方式对学生进行评价						
B5—9 能够使用定量评价与定性评价相结合的评价技术						
B5—10 能够对学生的学习进行横向（学生之间）和纵向（个人学习前后）评价						
B5—11 能够自我评价教育教学效果，及时调整和改进教育教学工作						
B5—12 能够对他人的体育课堂教学进行合理的评价						
需补充项目						
B6 教师个人专业发展能力						
B6—1 能够将现代教育技术领域最新成果应用到体育课堂教学中						

（续　表）

体育教育专业学生核心能力构成要素 B 学科教学知识与能力 B6 教师个人专业发展能力	非常 重要	重要	一般	较不 重要	不重要	修改 意见
B6—2 能够应用信息技术发展自身的专业素养与技能						
B6—3 能够引导学生通过信息技术实现体育学习的及时交流与沟通						
B6—4 具备运用各种信息技术寻找各种教学资源的能力						
B6—5 掌握教育研究方法,能够发现和改进教学实践中的问题						
B6—6 能对自己开展有建设性的自我批评						
B6—7 善于从反思中获得进步						
需补充项目						
C 专业理念与品格						
C1 专业理解与认同						
C1—1 认同体育教师的专业性和独特性,注重自身专业发展						
C1—2 具有良好职业道德修养,为人师表。						
C1—3 具有团队合作精神,积极开展协作与交流。						
需补充项目						
C2 个人修养						
C2—1 充满活力、自信乐观、有亲和力						
C2—2 富有爱心、责任心和耐心						
C2—3 善于自我调节情绪,保持平和心态						

（续　表）

体育教育专业学生核心能力构成要素 C 专业理念与品格 C2 个人修养	非常 重要	重要	一般	较不 重要	不重要	修改 意见
C2—4 衣着整洁得体、语言规范健康、举止文明礼貌						
需补充项目						
C2 对学生的态度与行为						
C3—1 为学生提供支持与鼓励						
C3—2 鼓励学生相互之间互相尊重						
C3—3 善于听取学生的意见和建议						
C3—4 具备认真工作的态度和敬业的精神						
C3—5 公平对待每一个学生						
C3—6 信任学生，积极创建促进学生自主发展的氛围						
C3—7 不讽刺、挖苦、歧视学生，不体罚或变相体罚学生						
C3—8 引导学生自主学习、自强自立，培养良好的思维习惯和适应社会的能力						
需补充项目						

　　对于表 3，您若还有其他建议，请在这里填写：

_____

_____

第二部分　专家基本情况

　　请在适合您个人情况的选项上打"√"，或在____处将有关情

况填写清楚

1. 您的姓名：_____，您所在的院校（单位）：_____

2. 性别：A. 男　　　　　　B. 女

3. 年龄：A. 40 岁以下　　　B. 40—50 岁　　　C. 50 岁以上

4. 学历：A. 本科　　　　　B. 硕士　　　　　C. 博士

5. 职称：A. 副高　　　　　B. 正高

6. 您的行政职务_____

7. 您从事本专业领域相关工作年限

A. 0—10 年　　　　　　B. 11—20 年

C. 21—30 年　　　　　D. 30 年以上

问卷到此结束，在此感谢您的支持与帮助！

附件 3　预调查问卷

体育教育专业学生核心能力测量问卷（预调查）

尊敬的同学：

　　您好！以下题项是用于测量体育教育专业学生的核心能力指标，敬请您逐项阅读后根据您的实际情况进行选择。如果您觉得题项的描述完全符合您的情况选 4；如果您觉得题项的描述完全不符合您的情况选 0；如果您觉得介于两者之间，请根据您对自己的评价在 1—3 之间选择任意一个数字（请在您认可的选项上打√）。本研究所有的数据仅用于科学研究，且为匿名填写。敬请您如实填写，谢谢合作！如果您有任何疑问或者对我们的研究有不同的意见，敬请您通过下面的方式与我们交流（电话：

15197478376,邮箱:88041047@qq.com)。

《体育教育专业学生核心能力网络结构演化机制研究》

课题组(上海体育学院)

1.您所就读的学校_____

2.您所就读的年级:

A 大一　　　　　B 大二　　　　C 大三　　　　　D 大四

3.您的性别:　　A 男　　　　　B 女

具体陈述	非常符合(4)	符合(3)	一般(2)	较不符合(1)	完全不符合(0)
1 我至少有一项体育运动技能获得二级运动员证(或相当于二级运动员水平)					
2 我在校期间专业术科成绩的平均分(新生按高考体育成绩折换成 100 分制得分)	90 分以上	80—90 分	70—80 分	69—70 分	60 分以下
3 我能较好的展示中小学常见运动项目的技术动作					
4 我能够分析造成某种动作优劣的原因					
5 我在术科课堂中的技能表现良好					
6 我的各项体能达到国家体育锻炼标准优秀以上					
7 我代表学校参加过省级及以上的比赛					
8 我能掌握基本的技、战术训练方法					
9 我能制定简单的训练年度计划与学期计划等					
10 我能掌握基本的速度、耐力、力量等体能的训练手段					
11 我能掌握青少年运动员的各项身体素质的训练敏感期					
12 我能了解青少年运动员的基本选材方法					

具体陈述	非常 符合 （4）	符合 （3）	一般 （2）	较不 符合 （1）	完全 不符合 （0）
13 我能够合理安排青少年运动员的训练 负荷					
14 我能了解运动训练疲劳的原理及恢复 手段					
15 我基本了解学校运动竞赛管理的程序					
16 我能正确编制学校运动会等赛事的竞赛 规程、秩序册					
非常符合···························→非常不符合					
18 我能在中小学各级赛事中承担裁判工作					
19 我能协调好中小学运动会期间各部门之 间的关系					
20 我能够熟练掌握中小学常见运动项目的 规则与礼仪					
21 我能够熟练掌握中小学常见运动项目的 关键技术和战术					
22 我能够熟练鉴别中小学常见运动项目的 技术易犯错误，并熟练掌握纠正的方法					
23 我能够熟悉中小学常见运动项目的发展 历程与趋势					
24 我的运动人体科学类课程成绩平均分≥ 75 分，并能将运动人体科学的知识运用到 体育实践					
25 我的人文社科类课程成绩平均分≥75 分， 并能将人文社科课程的知识运用到体育实践					
26 我的体育教育类课程成绩平均分≥75 分，并能将体育教育课程知识运用到体育 实践					

（续　表）

具体陈述	非常符合 (4)	符合 (3)	一般 (2)	较不符合 (1)	完全不符合 (0)
27 我的体育方法工具类（测量、统计等）课程成绩平均分≥75 分，并能将体育方法工具课程知识运用到体育实践					
28 我能将理论知识与实际体育教学情境进行初步结合					
29 我能够根据国家颁布的体育与健康课程标准制定合适的学期教学目标					
30 我能够根据学科特性、学生身心发展规律制定单元教学目标和课堂教学目标					
31 我能够根据学校的实际情况制定合适的教学目标					
32 我制定的教学目标能够为学生提供一定的挑战					
33 我制定的教学目标设定了具体标准，具备可测量性					
34 我能掌握多种实现课堂教学目标的方法和手段					
35 我能够根据学生的水平差异选择不同教学方法与练习形式					
36 我选取的教学方法与练习形式能充分利用场地和器材，给学生提供足够的练习机会					
37 我选定的练习内容能够符合课堂目标的要求					
38 我能够根据学生的身心发展规律设置课程内容和教学手段					

非常符合·······················➡非常不符合

具体陈述	非常 符合 (4)	符合 (3)	一般 (2)	较不 符合 (1)	完全 不符合 (0)
40 我能够将教学内容知识内化成适合教的 知识,让学生学习得更容易					
41 我能够了解国外流行的体育教学模式并 尝试将其运用到课堂中					
42 我能够灵活运用各种课程资源					
43 我所选用的体育课程资源能够被学生所 理解					
44 我设置单元内课程内容时能够遵循循序 渐进的原则					
45 我能够为特殊学生(残疾等特殊学生)设 计一些简单的课程					
46 我能够掌握划分体育学习水平的标准					
47 我能够制定体育课堂实施方案					
48 我能够在体育课堂上融入其他学科的 知识					
49 我教育学科类(教育学、心理学等)课程 成绩平均分≥75 分,并能在教学设计时正 确应用					
50 我的动作示范准确、优美、熟练					
51 我的讲解语言精练、口令清晰准确、语态 亲切生动					
52 我在教学过程能突出重点、难点					
53 我能够储备一些言简意赅的教学短语并 加以利用					
54 我能够将学生的注意力吸引到课堂中, 提高学生学习兴趣					

（续　表）

具体陈述	非常符合（4）	符合（3）	一般（2）	较不符合（1）	完全不符合（0）
55 我能根据教学内容合理布置和运用场地器材					
56 我在学生练习关键技术动作环节能够及时给予语言提示					
57 我在课堂上能够利用现代化的科技手段进行教学					
58 我能够很好的适应新的教学环境和教学对象					
59 我能够根据学生的课堂变现和反馈及时调整教学策略					
60 我能够为学生创设相互交流的教学情境					
61 我能够为学生创建一个鼓励性和支持性的学习情境					
62 我能够分析体育课堂教学的具体情境					
63 我能够与学生共同营造和谐安全的体育课堂教学情境					
64 我具备一定的体育课堂风险规避意识					
65 我设计的教学情境符合教学的需求					
非常符合·······························→非常不符合					
66 我能口头述说课堂设计的理论依据和教学过程(说课)					
67 我能在没有教学对象和器材的情况下模拟讲课					
68 我能合理安排学生队形和调动学生队伍,教学环节安排紧凑					
69 我能够对练习器材进行合理的分配和管理					

（续　表）

具体陈述	非常符合(4)	符合(3)	一般(2)	较不符合(1)	完全不符合(0)
70 我能够引导学生对自己的课堂行为进行管理和约束					
71 我能正确分析学生的行为,对学生进行民主的管理					
72 我能在学生出现意外情况时及时做出判断并进行处理					
73 我能够制定合理有效的课堂准则					
74 我能引导学生在练习过程中建立合作意识,培养学生的团队精神和集体荣誉感					
75 我能注重学生组织纪律性、拼搏精神的培养					
76 我能够化解学校场地器材不足或班级人数过多(50人以上)导致的学习机会不均等的困境					
77 我能够利用多种练习方式促进学生的体育学习参与					
78 我能够及时给予学生指导与帮助					
79 我能够及时掌握学生提出的问题并解决问题					
80 我会鼓励学生参与教学讨论与展示					
81 我能有效使用促进学生参与体育活动的教学策略					
82 我能掌握具体运动项目教学的方法与策略					
83 我掌握了一些常见的提高学生健康体适能的方法与手段					
84 我能够使用新颖的教学方法,提高学生的学习兴趣					

（续　表）

具体陈述	非常 符合 （4）	符合 （3）	一般 （2）	较不 符合 （1）	完全 不符合 （0）
85 我会关注特殊学生群体的学习状况并做出相应的措施					
86 我能够处理特殊学生群体学习中的突发情况					
87 我能够对学生的课堂表现给予建设性的反馈意见					
88 我能够与学生及时沟通，了解学生的预期目标					
89 我能够运用激励性的语言进行过程性评价					
非常符合·····························→非常不符合					
90 我能够引导学生进行自我评价					
91 我能够引导学生之间进行相互评价					
92 我能够引导学生对教师的教学进行评价					
93 我能够使用定量评价与定性评价相结合的评价方法					
94 我能够对学生的学习进行横向（学生之间）和纵向（个人学习前后）评价					
95 我能够自我评价教育教学效果，及时调整和改进教育教学工作					
96 我能够对他人的体育课堂教学进行合理的评价					
97 我能够将现代教育技术领域最新成果应用到体育课堂教学中					
98 我能够应用信息技术发展自身的专业素养与技能					
99 我能够引导学生通过信息技术实现体育学习的及时交流与沟通					

（续　表）

具体陈述	非常符合（4）	符合（3）	一般（2）	较不符合（1）	完全不符合（0）
100 我具备了运用各种信息技术寻找各种教学资源的能力					
101 我能掌握教育研究方法,发现和改进教学实践中的问题					
102 我能对自己开展有建设性的自我批评					
103 我善于从反思中获得进步					
104 我认同体育教师的专业性、独特性和重要性,注重自身专业发展					
105 我具备认真工作的态度和敬业的精神					
106 我热爱体育教师事业,并愿意从事体育教师工作					
107 我具有良好职业道德修养,为人师表					
108 我具有团队合作精神,积极开展协作与交流					
109 我充满活力、自信乐观、有亲和力					
110 我富有爱心、责任心和耐心					
111 我会经常去帮助需要帮助的人					
112 我善于自我调节情绪,保持平和心态					
113 我衣着整洁得体、语言规范健康、举止文明礼貌					
114 我会为学生提供支持与鼓励					
115 我经常鼓励学生相互之间互相尊重					
116 我会经常听取学生的意见和建议					
117 我会经常引导学生建立自尊自信的理念					
118 我会公平对待每一个学生					

非常符合------------------------→非常不符合

（续　表）

具体陈述	非常 符合 (4)	符合 (3)	一般 (2)	较不 符合 (1)	完全 不符合 (0)
119 我会信任学生,积极创建促进学生自主 发展的氛围					
120 我从不讽刺、挖苦、歧视学生,不体罚或 变相体罚学生					
121 我会引导学生自主学习、自强自立,培 养良好的思维习惯和适应社会的能力					

问卷到此结束,再次感谢您的支持与帮助!

附件4　正式问卷

体育教育专业学生核心能力测量问卷(正式稿)

尊敬的同学:

您好! 以下题项是用于测量体育教育专业学生的核心能力指标,敬请您逐项阅读后根据您的实际情况进行选择。如果您觉得题项的描述完全符合您的情况选 4;如果您觉得题项的描述完全不符合您的情况选 0;如果您觉得介于两者之间,请根据您对自己的评价在 1—3 之间选择任意一个数字(请在您认可的选项上打√)。本研究所有的数据仅用于科学研究,且为匿名填写。敬请您如实填写,谢谢合作! 如果您有任何疑问或者对我们的研究有不同的意见,敬请您通过下面的方式与我们交流(电话:

15197478376,邮箱:88041047@qq.com)。

《体育教育专业学生核心能力网络结构演化机制研究》

课题组(上海体育学院)

1. 您所就读的学校_____

2. 您所就读的年级:

A 大一　　　　B 大二　　　　C 大三　　　　D 大四

3. 您的性别:　　A 男　　　　B 女

具体陈述	非常符合(4)	符合(3)	一般(2)	较不符合(1)	完全不符合(0)
1 我在校期间专业术科成绩的平均分(新生按高考体育成绩折换成 100 分制得分)	90 分以上	80—90 分	70—80 分	69—70 分	60 分以下
2 我能较好的展示中小学常见运动项目的技术动作					
3 我能够分析造成某种动作优劣的原因					
4 我在术科课堂中的技能表现良好					
5 我能制定简单的训练年度计划与学期计划等					
6 我能掌握基本的速度、耐力、力量等体能的训练手段					
7 我能掌握青少年运动员的各项身体素质的训练敏感期					
8 我能了解青少年运动员的基本选材方法					
9 我能够合理安排青少年运动员的训练负荷					
10 我能了解运动训练疲劳的原理及恢复手段					

（续　表）

具体陈述	非常符合(4)	符合(3)	一般(2)	较不符合(1)	完全不符合(0)
11 我能正确编制学校运动会等赛事的竞赛规程、秩序册					
12 我能掌握中小学常见运动项目基本裁判知识					
13 我能在中小学各级赛事中承担裁判工作					
14 我能协调好中小学运动会期间各部门之间的关系					
非常符合┄┄┄┄┄┄┄┄┄┄→非常不符合					
15 我能够熟练掌握中小学常见运动项目的规则与礼仪					
16 我能够熟练掌握中小学常见运动项目的关键技术和战术					
17 我能够熟练鉴别中小学常见运动项目的技术易犯错误,并熟练掌握纠正的方法					
18 我的动作示范准确、优美、熟练					
19 我的讲解语言精练、口令清晰准确、语态亲切生动					
20 我在教学过程能突出重点、难点					
21 我的运动人体科学类课程成绩平均分≥75分,并能将运动人体科学的知识运用到体育实践					
22 我的人文社科类课程成绩平均分≥75分,并能将人文社科课程的知识运用到体育实践					
23 我的体育教育类课程成绩平均分≥75分,并能将体育教育课程知识运用到体育实践					

（续　表）

具体陈述	非常符合（4）	符合（3）	一般（2）	较不符合（1）	完全不符合（0）
24 我的体育方法工具类（测量、统计等）课程成绩平均分≥75 分，并能将体育方法工具课程知识运用到体育实践					
25 我能够根据学校的实际情况制定合适的教学目标					
26 我制定的教学目标能够为学生提供一定的挑战					
27 我能掌握多种实现课堂教学目标的方法和手段					
28 我选取的教学方法与练习形式能充分利用场地和器材，给学生提供足够的练习机会					
29 我选定的练习内容能够符合课堂目标的要求					
30 我能够根据学生的身心发展规律设置课程内容和教学手段					
31 我能够准确分析学生的个性特征和学习需求					
32 我能够将教学内容知识内化成适合教的知识，让学生学习得更容易					
33 我能够了解国外流行的体育教学模式并尝试将其运用到课堂中					
34 我能够灵活运用各种课程资源					
35 我所选用的体育课程资源能够被学生所理解					
36 我设置单元内课程内容时能够遵循循序渐进的原则					
37 我能够为特殊学生（残疾等特殊学生）设计一些简单的课程					

（续　表）

具体陈述	非常符合（4）	符合（3）	一般（2）	较不符合（1）	完全不符合（0）
非常符合·······························→非常不符合					
38 我能够掌握划分体育学习水平的标准					
39 我能够制定体育课堂实施方案					
40 我能够在体育课堂上融入其他学科的知识					
41 我教育学科类（教育学、心理学等）课程成绩平均分≥75 分，并能在教学设计时正确应用					
42 我能口头述说课堂设计的理论依据和教学过程（说课）					
43 我能在没有教学对象和器材的情况下模拟讲课					
44 我能合理安排学生队形和调动学生队伍，教学环节安排紧凑					
45 我能够对练习器材进行合理的分配和管理					
46 我能够引导学生对自己的课堂行为进行管理和约束					
47 我能够制定合理有效的课堂准则					
48 我能引导学生在练习过程中建立合作意识，培养学生的团队精神和集体荣誉感					
49 我能注重学生组织纪律性、拼搏精神的培养					
50 我能够化解学校场地器材不足或班级人数过多（50 人以上）导致的学习机会不均等的困境					

（续　表）

具体陈述	非常符合（4）	符合（3）	一般（2）	较不符合（1）	完全不符合（0）
51 我能够利用多种练习方式促进学生的体育学习参与					
52 我能够及时给予学生指导与帮助					
53 我能够及时掌握学生提出的问题并解决问题					
54 我能有效使用促进学生参与体育活动的教学策略					
55 我能掌握具体运动项目教学的方法与策略					
56 我掌握了一些常见的提高学生健康体适能的方法与手段					
57 我能够使用新颖的教学方法,提高学生的学习兴趣					
58 我能够处理特殊学生群体学习中的突发情况					
59 我能够对学生的课堂表现给予建设性的反馈意见					
60 我能够与学生及时沟通,了解学生的预期目标					
61 我能够运用激励性的语言进行过程性评价					
62 我能够引导学生进行自我评价					
63 我能够引导学生之间进行相互评价					
64 我能够引导学生对教师的教学进行评价					
65 我能够使用定量评价与定性评价相结合的评价方法					

（续　表）

具体陈述	非常符合（4）	符合（3）	一般（2）	较不符合（1）	完全不符合（0）
66 我能够对学生的学习进行横向（学生之间）和纵向（个人学习前后）评价					
67 我能够自我评价教育教学效果，及时调整和改进教育教学工作					
68 我认同体育教师的专业性、独特性和重要性，注重自身专业发展					
69 我具备认真工作的态度和敬业的精神					
70 我热爱体育教师事业，并愿意从事体育教师工作					
71 我具有良好职业道德修养，为人师表					
72 我具有团队合作精神，积极开展协作与交流					
73 我充满活力、自信乐观、有亲和力					
74 我富有爱心、责任心和耐心					
75 我会经常去帮助需要帮助的人					
76 我善于自我调节情绪，保持平和心态					
77 我衣着整洁得体、语言规范健康、举止文明礼貌					
78 我会为学生提供支持与鼓励					
79 我经常鼓励学生相互之间互相尊重					
80 我会经常听取学生的意见和建议					
81 我会经常引导学生建立自尊自信的理念					
82 我会公平对待每一个学生					
83 我会信任学生，积极创建促进学生自主发展的氛围					

（续　表）

具体陈述	非常 符合 （4）	符合 （3）	一般 （2）	较不 符合 （1）	完全 不符合 （0）
84 我从不讽刺、挖苦、歧视学生，不体罚或 变相体罚学生					
85 我会引导学生自主学习、自强自立，培养 良好的思维习惯和适应社会的能力					

问卷到此结束，再次感谢您的支持与帮助！

图书在版编目(CIP)数据

体育教育专业学生核心能力网络结构特征研究/李芳著.
--上海:上海三联书店,2020.10
ISBN 978-7-5426-7207-0

Ⅰ.①体… Ⅱ.①李… Ⅲ.①体育教育—教学研究—
高等学校 Ⅳ.①G807.4

中国版本图书馆 CIP 数据核字(2020)第 186432 号

体育教育专业学生核心能力网络结构特征研究

著　　者　李　芳

责任编辑　钱震华
装帧设计　陈益平

出版发行　上海三联书店
　　　　　　中国上海市漕溪北路 331 号
印　　刷　上海昌鑫龙印务有限公司

版　　次　2020 年 11 月第 1 版
印　　次　2020 年 11 月第 1 次印刷
开　　本　700×1000　1/16
字　　数　230 千字
印　　张　19.5
书　　号　ISBN 978-7-5426-7207-0/G・1574
定　　价　68.00 元